小红书运营速成指南

麋鹿先生Sky（李明）
编著

人民邮电出版社
北京

图书在版编目（CIP）数据

小红书运营速成指南 / 麋鹿先生Sky编著. -- 北京 : 人民邮电出版社, 2023.2
ISBN 978-7-115-60059-2

Ⅰ. ①小… Ⅱ. ①麋… Ⅲ. ①网络营销－指南 Ⅳ. ①F713.365.2-62

中国版本图书馆CIP数据核字(2022)第172617号

内 容 提 要

本书围绕小红书平台的账号运营展开，主要介绍小红书账号的运营知识，同时结合作者丰富的行业经验，深入分析了小红书的商业模式和未来发展趋势。

本书共 7 章，内容全面，逻辑清晰，语言通俗易懂，包含了账号运营和品牌营销两大方面的知识。在账号运营方面，本书讲解了小红书平台当前的发展情况、如何从零开始成为一个成熟的小红书博主、博主常用的运营工具、小红书账号运营方法及变现等内容；在品牌营销方面，本书讲解了小红书专业号运营、小红书的品牌营销方法等内容，以帮助读者快速了解小红书，学会运营小红书账号。

本书适合小红书的一线运营人员与新人博主，以及营销公司、品牌方、电商公司、 MCN（多频道网络）机构等的相关人员阅读学习。

◆ 编　　著　麋鹿先生 Sky（李明）
责任编辑　王　冉
责任印制　马振武

◆ 人民邮电出版社出版发行　北京市丰台区成寿寺路 11 号
邮编　100164　电子邮件　315@ptpress.com.cn
网址　http://www.ptpress.com.cn
北京天宇星印刷厂印刷

◆ 开本：700×1000　1/16
印张：15　2023 年 2 月第 1 版
字数：276 千字　2025 年 9 月北京第 18 次印刷

定价：69.90 元

读者服务热线：(010)81055410　印装质量热线：(010)81055316
反盗版热线：(010)81055315

推荐序

RECOMMENDATION

如今，很多消费者习惯主动寻求购买意见。小红书作为辅助消费决策的平台，“内容多元”和“社区活跃”两大优势明显，以社区为底色，不断破圈，探寻新的消费场景，突破了用户增长的瓶颈。小红书将内容和用户深度绑定，用户在平台上不仅是内容的创造者，也是内容价值的消费者。对品牌来说，小红书是品牌建设的重要阵地，它能够帮助品牌快速提升知名度，迅速圈定一批核心用户；对于创业者来说，小红书是一个非常友好的去中心化平台，运营得法，收获流量和变现也会变得相对容易。

2021 年，我结识了麋鹿先生 Sky，针对团队的很多疑问，他能够深入浅出、比较系统全面地做出解答，并为品牌量身打造了一套实操性很强的方案，品牌也因此利用小红书在声量、美誉度、传播价值方面都有所收获。

麋鹿先生 Sky 是零克互动的创始人，深耕小红书多年，深谙平台的底层逻辑，对于品牌的投放和账号的孵化运营，有大量成功的实战经验。本书内容翔实，案例生动实用，底层逻辑清晰透彻，知识点切实中肯，为品牌的推广和个人账号的孵化运营提供了大量有效、可行的指导。希望所有对小红书运营感到迷茫，以及想要快速提升小红书运营能力的朋友或品牌方都可以细读此书，迅速厘清思路，相信那些曾经困扰你的问题，都能在此得到解决。本书涵盖了大量实操干货，能帮助你避免在实践中走很多弯路，每读一次都会有新的感悟，无论对个人还是品牌来说，都可以称得上是一本干货满满的行动指南，值得大家反复阅读。

瑞霖医药副总经理

PREFACE

前言

2019年初，我逐渐对小红书产生了浓厚的兴趣，也发现身边越来越多的人开始使用小红书。但这时外界对于小红书的了解还不多。例如，小红书的商业模式、运营方法、平台规则等，在互联网上都找不到详细的资料。谈起内容平台，很多人都只知抖音，不知小红书。

“我是不是可以帮助小红书博主成长呢？”“我是不是可以帮助外界了解小红书呢？”我怀着这样的想法，凭借早年在拉勾网和腾讯音乐集团做运营工作的经历，迅速开展相关工作。由此，我成了小红书平台的观察者。

从2019年到2021年，在近3年的时间里，我在“麋鹿先生Sky”微信公众号累计发布的小红书相关原创文章超过500篇，累计字数超过150万字。在此期间，我还创办了零克互动MCN（Multi-Channel Network，多频道网络）机构，成功加入小红书官方内容合作队伍，累计签约博主超过150位。与此同时，零克互动的其他业务也取得了不小的成绩，例如，小红书运营工具累计被行业使用超过1000万次，零克俱乐部累计超过3000位行业从业者加入，每年帮助超过100家品牌做内容营销服务等。

在这近3年的时间里，小红书App的发展非常迅速。内容从早期的分享海外购物经验到现在的美妆经验、护肤经验、生活经验、运动经验、美食经验、装修经验等，几乎你想问的一切，都能在小红书中找到答案。截至2022年初，小红书已取得了月活（月度活跃用户）两亿人次的辉煌成就。

现如今，越来越多的人使用小红书，也有越来越多的博主和品牌希望通过小红书获得进一步发展。我有了把自己运营小红书平台的经验整理成书的想法，一方面是希望可以对相关从业人员有所帮助，另一方面也是想把自己3年来的工作做一个总结。

本书涉及小红书的整体认知、从零开始运营小红书账号、MCN机构内部运营方法、账号运营方法、小红书变现途径、专业号运营方法、品牌营销方法等内容，共7章。

第1章会带读者认识一个全新的小红书，了解小红书的发展历史和商业模式，并对当下小红书平台的生态构成和运营方法做一个非常细致的介绍，以帮助读者判断是否适合在小红书开展运营工作。

第2章会分享树立正确的小红书运营思维的方法。我始终认为，运营的核心在于思维，思维清楚了，其他工作都会变得简单。除此之外，我还会分享如何选择合适的账号定位，如何发布笔记，如何写笔记标题和内容等，希望帮助零基础的读者学会运营一个小红书账号。

第3章内容是第2章内容的升级。第2章是写给零基础博主看的，目的是让他们了解平台并且成功发布一篇笔记。第 3 章则面向一些非初级阶段的博主，目的是让他们更加高效地做出高质量的内容。例如，讲述了头部博主都在用的内容制作工具，小红书平台的权重算法，是否需要在内容上模仿 KOL（Key Opinion Leader，关键意见领袖），遇到平台限流时的判断和处理方法等。

第 4 章是关于在小红书中变现的内容，这是很多博主最关心的一点。本章会比较详细地介绍小红书平台上合规的多种变现方式与具体操作方法，让博主能够在早期阶段就了解如何在小红书中变现，以便调整运营方法。

第 5 章和第 6 章都是针对品牌方和企业的。在小红书上，企业和品牌方需要做的最重要的两件事，一是运营官方账号，二是通过小红书 KOL 去“种草”吸引用户。许多品牌方和企业对这种新型的运营方法还不太了解，“平台规则是什么”“官方账号用来做什么”“如何制订 KOL 投放策略”“如何去伪存真选到真正优质的账号”等问题时刻都在困扰着品牌方和企业。相信这两章内容会给他们带来一些帮助和启发。对于博主而言，这两章内容能让他们更加懂得品牌方想要的是什么，以便于调整账号的定位和运营策略，获得更多的品牌合作机会。

第 7 章是本书的补充内容。关于小红书运营，很多人常问我两个问题，一个是我对小红书未来发展的预测，另一个是如何架构一个小红书运营团队。这两个问题涉及的因素和关系太多，且很难归类，我无法给出确切的回答。所以仅把自己的经验和想法写在了这一章里，希望能为读者带来一些启发。

在我看来，运营这个技能如同小红书的首页推荐一般，是千人千面的，每个人都对其有不同的理解，经过反复实践和思考，每个人都会形成独一无二的方法论。但条条大路通罗马，方法论最后可能是殊途同归的，这非常有趣。

本书的特色在于内容中融入我真实的从业经验及独特视角，早期我是一名一线的内容运营者，后来我在行业里继续深耕，成为一家 MCN 机构的负责人，因此，我提供的运营方法在微观层面真实可复制，在宏观层面有完整的思路和逻辑。

本书非常适合小红书平台运营一线的从业人员与新人博主阅读，也比较适合营销公司、新媒体公司、品牌方、电商公司及 MCN 机构的相关人员参考。

运营无绝对，小红书 App 在不断地更新，我也在不断地学习，这本书中的很多内容可能会存在一些不足，恳请读者见谅。

本书基于小红书 7.4.1.0 版本编写，操作界面与最新版本 App 可能存在细微差异，但不影响读者参考学习。

最后，衷心希望这本书能为在小红书平台运营的品牌和博主带来启发。未来，我们小红书里见。

编者

2022 年 12 月

艺术设计教程分享

本书由“数艺设”出品，“数艺设”社区平台（www.shuyishe.com）为您提供后续服务。

“数艺设”社区平台，为艺术设计从业者提供专业的教育产品。

与我们联系

我们的联系邮箱是 szys@ptpress.com.cn。如果您对本书有任何疑问或建议，请您发邮件给我们，并请在邮件标题中注明本书书名及 ISBN，以便我们更高效地做出反馈。

如果您有兴趣出版图书、录制教学课程，或者参与技术审校等工作，可以发邮件给我们。如果学校、培训机构或企业想批量购买本书或“数艺设”出版的其他图书，也可以发邮件联系我们。

关于“数艺设”

人民邮电出版社有限公司旗下品牌“数艺设”，专注于专业艺术设计类图书出版，为艺术设计从业者提供专业的图书、视频电子书、课程等教育产品。出版领域涉及平面、三维、影视、摄影与后期等数字艺术门类，字体设计、品牌设计、色彩设计等设计理论与应用门类，UI 设计、电商设计、新媒体设计、游戏设计、交互设计、原型设计等互联网设计门类，环艺设计手绘、插画设计手绘、工业设计手绘等设计手绘门类。更多服务请访问“数艺设”社区平台 www.shuyishe.com。我们将提供及时、准确、专业的学习服务。

目录

CONTENTS

第1章

认识小红书 ——你不曾懂过的小红书

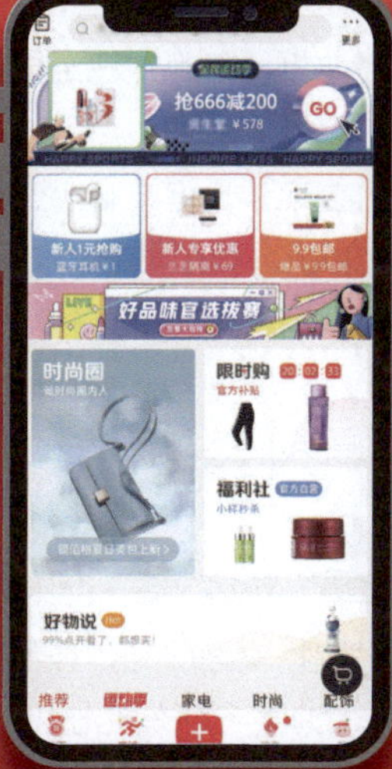

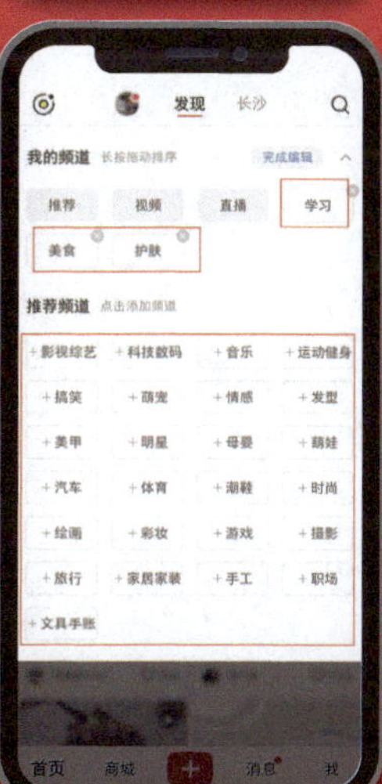

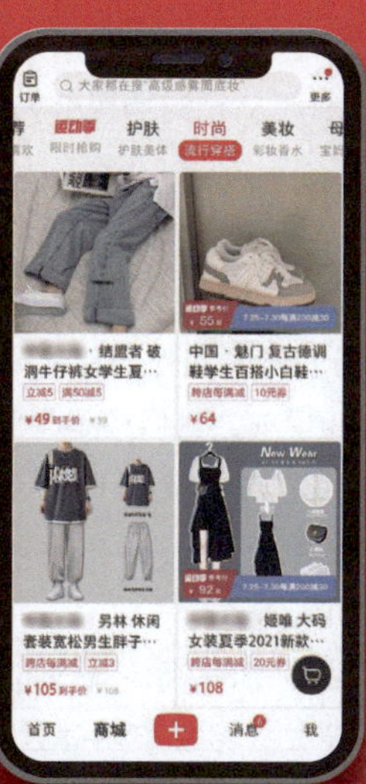

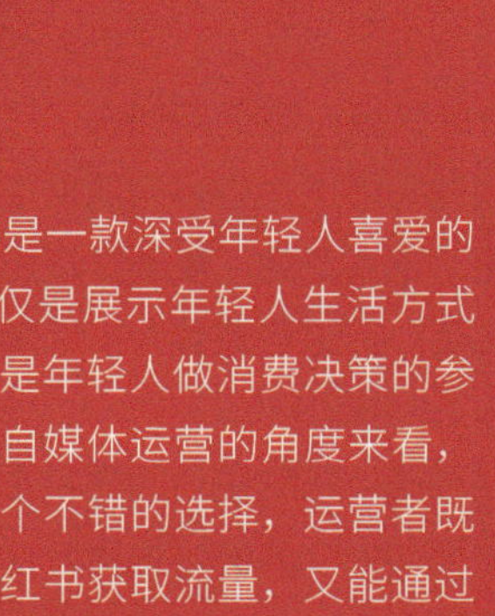

小红书是一款深受年轻人喜爱的App，它不仅是展示年轻人生活方式的平台，也是年轻人做消费决策的参考平台。从自媒体运营的角度来看，小红书是一个不错的选择，运营者既可以借助小红书获取流量，又能通过流量变现盈利。

本章将从基础认知的角度出发，介绍小红书的特点与生态构成，同时还会面向运营新手讲解如何判断自己是否适合运营小红书。

1.1 为什么选择小红书

本节将介绍小红书的基础知识，主要包括小红书的商业模式、发展历史、用户群体和平台优势等方面，让读者对小红书有全面的认识。

1.1.1 小红书运营——难以定义的商业模式

小红书的创立有些传奇色彩，其发展过程虽有些波折，但现在已经成为年轻人的消费决策平台和新消费品牌营销的必争之地。

很多人认为小红书的商业模式只是简单的“广告变现”，但了解小红书的人知道，小红书的商业模式并不适合被简单定义。从发展前景来看，小红书确实有自成生态闭环的可能性，而且它也在为创建多元的场景努力着，其商业模式要从平台和电商行业的发展讲起。

1. 回归初心——小红书的商业模式选择

2013 年，小红书借助分享海外购物攻略切入市场，获得了第一批种子用户。此时的小红书还没有清晰的商业模式，其目标是为用户提供购物攻略服务，虽然目标比较单一，但击中了许多用户的痛点。在小红书平台的激励下，博主不断地晒出非海外购物的笔记和攻略，从而逐渐有了小红书“UGC 内容社区”的雏形（UGC 全称为 User Generated Content，意为用户原创内容）。

小红书在创立之初运营得很顺畅，遇到的唯一问题是商业模式不成熟。

2014 年，小红书决定从购物攻略社区向跨境电商平台转型。购物攻略就像是用户的“导购”，用户看到购物攻略之后可直接在小红书平台上进行购买，从而缩短商品的成交路径。

2015 年，巨大的资源投入和营销推广让小红书的跨境电商业务迎来了“开门红”，但随之而来的市场竞争、跨境电商政策变更、用户消费习惯不适应等问题，使业务变得不温不火。为了改变这种状况，小红书在 2016 年调整了电商业务，着重打造用户社区，平台口号也从“全世界的好东西”换成“全世界的好生活”，这些调整为小红书社区赋予了新的意义。

调整前的小红书社区的定位是分享海外购物攻略和高端精致生活的内容平台，这让小红书很难走入大众生活。调整后的小红书社区定位为面向大众的美好生活分享平台，同时邀请名人为其代言，这也表明了小红书向大众市场下沉的决心。

2013～2021 年这 8 年时间里，小红书数次调整发展方向，最终决定成为一个生活方式分享平台，为用户提供消费决策和生活决策，而变现也自然会以社区为核心进行延展。目前，在小红书的商业模式中，盈利核心为广告收入，其中广告的商业形式有蒲公英品牌合作、效果广告、资源位 + 平台合作、薯条投放这 4 种形式，如图 1-1 所示。

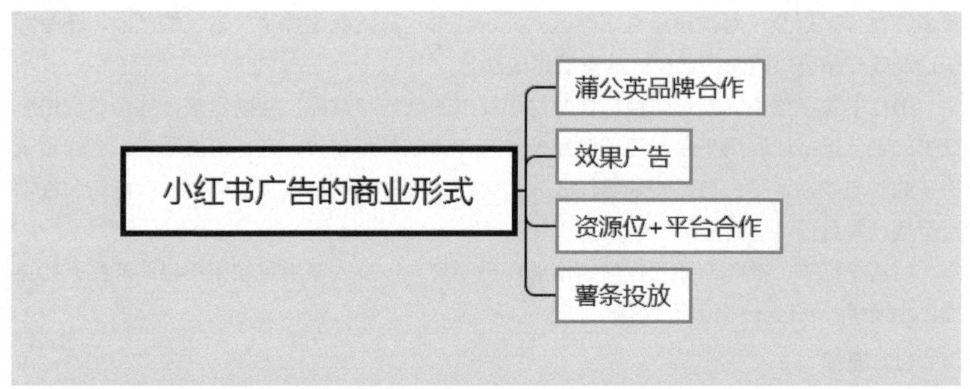

图 1-1

(1) 蒲公英品牌合作

蒲公英平台是小红书推出的供品牌与博主合作的交易平台，品牌可以通过蒲公英平台下单，让博主在笔记内容里植入品牌广告。所有合规的品牌合作都将在蒲公英平台上完成交易，每次交易时小红书都将收取合作金额的 10% 作为基础服务费。小红书通过蒲公英品牌合作能够得到丰厚的广告收入。

(2) 效果广告

效果广告即按照实际效果来收费的一种广告投放模式，它可以对含有品牌合作的小红书笔记或专业号发布的小红书笔记进行额外曝光，但会按照曝光后笔记的实际点击量来进行收费。

效果广告根据展示位置不同分为信息流广告和搜索广告两种。因为小红书在投放广告时可以选择匹配的精准人群，同时又按照实际效果进行收费，所以也能得到可观的广告收入。

(3) 资源位 + 平台合作

很多平台都有固定的广告资源位，如开屏展示、热搜词等，小红书也不例外。除此之外，平台与品牌之间的联合推广活动也会产生合作收入，如“双 11”期间的广告优惠券发放等。

(4) 薯条投放

薯条投放是开放给博主与品牌使用的流量工具，博主可通过购买薯条为笔记做推广，是按照曝光次数收费的，这一点与效果广告有较大的不同。因为适用人群更广泛，使用方式更灵活，所以薯条投放的使用率非常高，能带来巨大的广告收入。

以上这些类型广告的创收都是小红书的核心收入，同时也是被外界所熟知的小红书变现方式。有人会觉得小红书的收益方式很单一，实际上小红书还有更多的“收益第二曲线”，现已蓄势待发。

2. 共创生态——小红书的赋能产品

社区是小红书的核心资产，正因为有数不清的有价值的内容才能不断地吸引用户来阅读、创作，以及一起建设小红书社区。而小红书也开始考虑除了广告上的创收，还有哪些功能或产品可以成为商业模式的有机组成部分。

小红书做了很多的尝试，目标都是为小红书的创作者赋能，目前看来，这可以说是小红书的绝佳选择。利用平台优势帮助每一位创作者成长和创收，在这一过程中，创作者获得了成长与收益，平台自然也能增加收入。这样的生态一旦形成良性循环，就能持久性地自运营，并且很难受到冲击。

目前小红书的赋能产品还在持续增加，已经有许多投入使用且效果不错的产品，如直播、小清单、号店一体化和专栏等。

（1）直播

小红书直播是博主与品牌都可以使用的功能，也是小红书最早为创作者赋能的产品。借助直播，博主与品牌不仅能与用户直接沟通，还能通过直播带货的形式进一步实现变现。从其他平台的直播效果来看，小红书直播的发展潜力不可小觑。

（2）小清单

小清单是一种带货模式，其界面如图 1-2 所示。博主可以通过选品来配置购物清单，凡是通过购物清单购买的产品，博主都可以获得佣金收入，对于一些不愿在内容里植入广告的博主来说，这是一种不错的创收方式，既满足了客观、公正的内容属性，又能获取不菲的收益。

图 1-2

（3）号店一体化

号店一体化是小红书的一种商业模式，简单理解是博主和品牌都可以更低门槛开店了，哪怕是没有粉丝的个人博主也可以在小红书开店卖货。这对于很多希望在小红书上做私域变现的博主有着极大的吸引力，而且对于月销 1 万元以下的销售额，小红书采取“零佣金不抽成”的合作形式，让这种模式更具吸引力。

在这样的思路下，小红书商城中的商品会越来越丰富，还会出现越来越个性化的产品，例如，有些母婴博主将手工制作的绘本放在店铺里进行售卖。同时，这种商业模式还能促成更多用户在小红书商城里购买商品，形成一个更大的生态组织。

(4) 专栏

专栏是小红书推出的一项知识付费功能，简单理解就是用户可以购买博主出品的一些课程，如图 1-3 所示。这些课程有些是专业型的，如教用户掌握某项技能，有些是个性化的，如教用户如何调整体态。

图 1-3

这对小红书部分博主来说是极大的利好，因为有些类目的博主很难通过广告植入或者直播带货的方式进行变现。比如，有一位音乐博主很会弹吉他，有很多人喜欢他的音乐，但很少有品牌方与他进行品牌合作，因为他的内容里无法植入广告。有了专栏产品之后，该音乐博主可以通过售卖吉他教学课程来进行变现，这也是平台赋能的体现。

对于小红书的这种商业模式，很难用一些词去定义。在商业模式上，小红书与其他平台相似，都是通过广告来进行变现，但除此之外，小红书还推出很多为创作者赋能的产品，如果还按照以前的“广告模式”“内容 + 电商”去定义小红书，都会显得十分狭隘。这种模式创造出来的时间还不长，行业内对它也没有特别明确的称呼，也许在未来会有很好的词语来概括它，因为它是属于未来的商业模式。

1.1.2 小红书的发展历史

提起小红书就不得不提起两个关键人物——毛文超和瞿芳。

1. 小红书的创立

2013 年，28 岁的毛文超在斯坦福大学读完 MBA 回国。他与大学好友瞿芳发现，在现有的信息分享平台中，专注于出境旅游信息分享的平台很多，但分享海外购物信息的平台却很少。毛文超认为海外购物信息分享在未来会是一个巨大的市场，于是决定在这个领域创业，随后在上海创立了小红书。

2013 年末，“小红书香港购物指南”App 在应用市场上架。当时正值圣诞节，App 上出现了很多有关在香港购物的问题，通过 PGC（Professional Generated Content，专业生产内容）的回答方式，小红书积累了第一批用户，并且 App 名称由“小红书香港购物指南”正式更改为“小红书购物笔记”。

2. 从社区转型为内容电商

2014 年，毛文超认为，女性用户在一个购物分享社区中逛久了，会很自然地产生购买需求，小红书应该满足用户的购物需求。尽管当时所有人都认为没有电商经验的小红书团队做自营商业模式难度较大，但毛文超还是坚持推出跨境电商平台福利社。这个决定，使小红书成为国内内容电商的开创者。

图 1-4 所示为小红书电商的购物页面。

图 1-4

早期福利社上的商品，无论品类还是单品数量，每天都在增加，可依旧有 95% 的商品会在上架 2 小时内售罄。那段时间小红书的所有员工都身兼多职，很多其他部门的员工深夜还在给商品贴物流单，这种拼搏的精神很有毛文超的个人特色。

通过这种拼搏的精神和快速学习的经验，小红书用了短短不到 6 个月的时间组建了海外采购、仓储物流、客服、关务团队，使这个当时不过 30 人的电商小团队一下子扩张到了 100 人。

销售额超过了 2 亿元人民币，对于电商平台来说，这是相当成功的，但那年的毛文超对小红书的希望仍然是“跑得更快一些”。这是小红书从纯粹的内容社区向内容电商的转变。

3. 从内容电商转型为生活方式分享平台

2016 年，电商公司越来越多，流量越来越贵，整个互联网行业遇到了瓶颈。一二线城市的移动互联网用户趋于饱和，市场开始向三四线城市下沉。而此时，小红书决定要做所有分享信息的人都是真实用户的社区。

从“物品”到“生活”是小红书在这一次转型中最大的改变。曾经的小红书无论是做攻略还是做电商，始终聚焦在购物上，“物品”是小红书的核心，而这一年，小红书上的内容变得越来越丰富。由于用户有生活领域信息的分享和阅读需求，小红书开始尝试打造内容多元化的社区，并在 2016 年初引入千人千面的算法推荐机制，从购物分享演进到覆盖美食、旅行、学习、育儿、健身等在内的各类生活方式分享。

小红书面临转型的时候，选择了自我升级和市场下沉，从消费购物分享到生活方式分享，从 0 广告到邀请名人代言，加大了宣传力度，社区也从刚开始的“高端生活方式分享”为主，下沉到日常生活方式分享。自此，小红书从一个单纯的好物分享平台，变成一个对年轻人极具影响力的生活方式分享平台和消费决策平台。

4. 成为人人参与的生活方式分享平台

从 2017 年开始，小红书没有改变生活方式分享平台的属性，但改变了用户参与方式。

2017 年小红书的口号从“全世界的好生活”改为“标记我的生活”，强调了用户的共同参与。以前的小红书内容分享集中在头部用户，分享的内容都是精致生活，尽管强有力的消费能力为小红书带来更强的商业变现可能性，但这终究是一个小圈子的产品。想真正成为生活方式分享平台，就需要更多的人参与，迅速扩大用户规模“破圈”。因此，小红书邀请了众多名人入驻小红书社区分享日常生活，并且一改创业初期的广告零投放模式，赞助现象级的综艺节目。这些举措使得小红书在 2018 年实现用户数量的新一轮爆发式增长。2018 年 6 月，小红书完成阿里巴巴集团领投的超过 3 亿美元财务融资，公司估值超过 30 亿美元。

现在随着小红书的发展，其生态结构也越来越清晰，小红书团队对小红书 App 的认知也有了新的理解。毛文超认为小红书是一座受年轻人喜爱的“虚拟城市”，“小红书之城”里有许多用户每天跟大家分享自己的日常生活，无论是买了什么好玩的，吃了什么好吃的，还是看了什么电影，或者是去了什么有趣的地方，他们都会记录在小红书上。这些内容都是基于这座城市的核心精神“美好、真实、多元”而成为组成这个城市的砖瓦，从而让小红书居民在这个城市中能够生活得更好。

在整个互联网行业里，小红书发展的最大困难在于没有参照物，只能摸着石头过河。随着小红书生态的逐渐丰富和平台商业化，毛文超与他的小红书团队也将面临更多的机遇和挑战，只有在探索中不断地学习和进步，才能让小红书这座虚拟城市呈现勃勃生机。

1.1.3 小红书的受众

小红书 CMO（Chief Marketing Officer，首席营销官）之恒在 2022 小红书商业生态大会上分享了小红书平台的数据情况。根据小红书数据显示，截至 2022 年第一季度，小红书月活已达 2 亿人次，小红书拥有 4300 万以上的分享者，有 50% 的用户来自一二线城市，男女用户的比例为 3∶7。另外，小红书用户呈年轻化趋势，其年龄主要集中在 18 ～ 34 岁。

一二线城市的都市白领是小红书的主要用户群体，这些用户有较强的消费能力，并且渴望在平台上分享自己的生活方式。这部分用户为小红书提供了大多数的精品内容，如穿着搭配、旅行购物攻略到生活家居笔记等，涉及生活的方方面面。图 1-5 所示为小红书中关于家居和美食的笔记示例。

图 1-5

除此之外，小红书上的其他用户群体也不少，如学生群体。他们主要在小红书上分享学习经验，寻找学习方法。这一类笔记在小红书上能收获不少好评，如图 1-6 所示。学生群体利用小红书社区不断营造良好的学习氛围，让小红书社区更加多元化，更加积极向上。

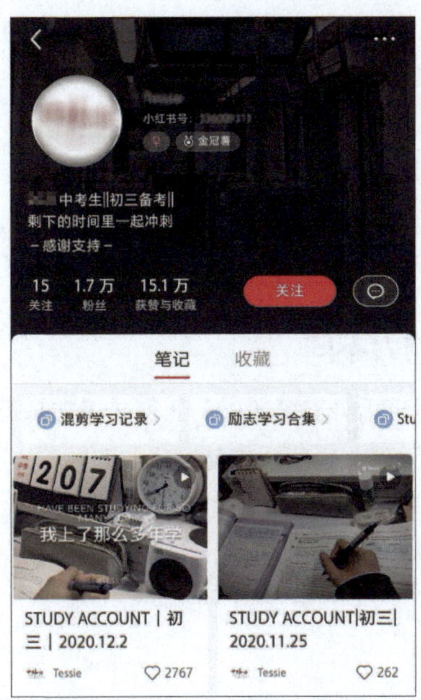

图 1-6

都市白领和学生只是小红书使用人群的一部分，还有许多其他职业的用户，因为小红书对女性用户有着极强的吸引力，从购物经验到兴趣爱好、从美食到情感都吸引了不少创作者及喜爱此类内容的用户。

近年来，小红书上除了主流的美妆和时尚的内容外，还新增了许多户外运动、科技数码、汽车游戏等与男性生活有关的内容。另外，小红书对外发起了MCN男性内容激励计划，多方引进数码、潮流、运动、汽车等男性内容创作者，并投入巨大的流量扶持。随着内容逐渐丰富，男性用户也会越来越多，但这并不会导致原有的女性用户流失，因为千人千面的算法推荐，可以很好地针对不同人群提供不同的用户体验。

也许在不远的将来，我们很难依据某些职业或者某些人群去建立小红书的用户画像了，因为那时小红书的用户会是所有热爱生活的人。

1.1.4 在小红书里 KOC 也能有春天

谈起 KOC，大部分人对此比较迷茫。但与之相近的 KOL 大家一点都不陌生，因为 KOL 很早就被人们熟知，如微博上的“大 V”、微信公众号的“头部”都是 KOL。

KOL 是 Key Opinion Leader 的简称，意思是关键意见领袖，而 KOC 是与 KOL 对应的一个变体，全称为 Key Opinion Consumer，即关键意见消费者。

KOC 和 KOL 主要有以下两点不同。

1. KOL 和 KOC 的内容角度不同

KOL 和消费者并非朋友关系，而像是一种上下层次的内容传播关系。从传播的路径来看

KOL 是传播中心，对消费者是单向传播的触达，因此在创作内容时就与 KOC 有非常明显的区别。既然 KOL 采用的是灌输型的单向传播，那么内容就会以科普、说教为主。从普通人角度来看，KOL 的角色类似于“老师”。

KOC 与消费者则更倾向于朋友与朋友之间的关系，他们分享生活经验、真实的消费感受、兴趣爱好等，不存在上下层次的差异，采用的是平级的交流方式。从普通人的角度来看，KOC 更像是与我们交流的一个朋友。

2. KOL 和 KOC 的影响力不同

KOC 的影响力与 KOL 不同，KOC 影响的人群普遍在几百人至几千人，而 KOL 影响的人群则一般是几万人至几百万人，所以在某一行业的影响力上，KOC 与 KOL 有着较大的差距。KOC 的内容角度决定了它成为 KOL 的过程是相对缓慢的，但这并不代表 KOC 不能成为 KOL，只是需要的时间要更久。

图 1-7 所示为小红书 KOL 个人主页的示例，图 1-8 所示为小红书 KOC 个人主页的示例。

图 1-7

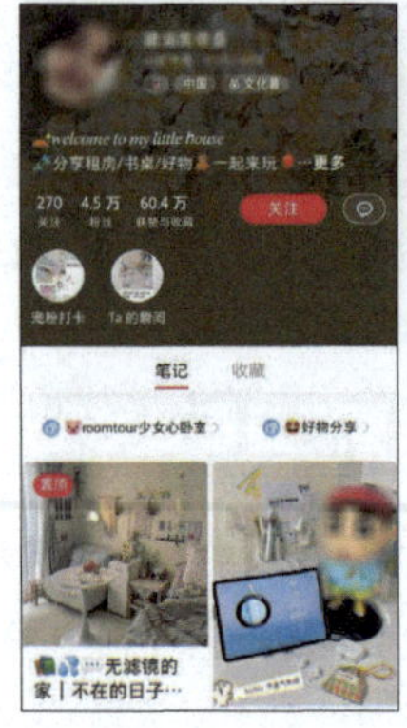

图 1-8

对于品牌方来说，KOL 和 KOC 并不存在冲突关系，因为在品牌营销的过程中，KOC 和 KOL 都有其相应的作用。

KOC 能够帮助品牌实现更真实的口碑传播，帮助用户对一些不太熟知的产品做出消费决策。而 KOL 则能够帮助品牌快速增加声量和讨论，使用户形成对品牌定位的认知。

随着国内品牌营销的发展，企业近两年尤其重视 KOC 的推广，因为随着用户消费越来越理性，在消费产品越来越多的情况下，品牌营销自然向着影响用户消费决策的方向靠拢，也就是平台上常说的“种草”。

小红书正是有着“种草”属性的热门平台，因此越来越多的品牌选择在小红书开展营销活动，而这其中“种草”的最佳媒介正是 KOC。

KOC 拥有形成良好营销传播的可能性，同时营销费用也比 KOL 少很多。虽然单个 KOC 的声量较小，但聚沙成塔，总体的声量却未必比投放 KOL 小，而且因为小红书千人千面的属性，投放的多篇笔记无疑有更高的出现爆款的概率。从品牌的角度来说，投放 KOC 的性价比更高。

品牌对营销的重视，对小红书的 KOC 来说是变现的好机会。在抖音、微博、B 站等互联网平台上，粉丝数没有几十万的博主都不容易接到广告，而变现对于博主涨粉的内容要求会更高。相较于其他互联网平台，小红书用户有更多的机会在 KOC 阶段实现变现，并且小红书平台变现的金额也比较丰厚。

1.2 小红书的生态构成

在运营小红书账号前需要对小红书有较为全面的了解，尤其需要了解它复杂的生态构成。很多新手在没有充分掌握基础知识的情况下盲目投身于运营，难免会走弯路。

本节主要围绕小红书生态构成的几个重要部分——平台方、MCN 机构、博主、品牌方和广告公司这 5 个方面进行细致的介绍。

1.2.1 平台方：一切的开始

小红书是一个社区平台，运营者口中的“平台方”“平台”其实指的是维护整个小红书运营的官方，它是小红书生态的重要组成部分。

在互联网行业，平台的作用主要是提供多边市场的互联网服务。以淘宝为例，淘宝是一个典型的互联网购物平台，其中既有提供商品的卖方，也有作为买方的消费者，同时还有淘宝运营方等，这样多方集合提供服务就构成了一个完整的平台。而小红书通过内容构建了一个多边市场，这其中由内容创作者、内容消费者、内容合作机构、监管方（小红书官方）、品牌方等几个部分构成。

相较于淘宝等互联网购物平台，小红书的多边市场构成部分更多一些，这是由于平台的自身特色不同。在小红书平台上，用户的内容占据了很大一部分，因为有内容才会有更多内容消费者，进而才有品牌方来投放广告。但实际上，内容的生产和发布是需要平台引导和把控的。

例如，在 2020 年末，小红书推出了以“神奇知识在哪里”为话题的知识分享活动，如图 1-9 所示。举办这个话题活动是为了促进博主产出更多知识类内容，同时也为了引导用户去搜索相关的内容。这样的话题活动能让博主更加积极地发布笔记，同时吸引更多的用户阅读并加入讨论，激励更多的博主产出更多优秀的作品。

图 1-9

除了引导博主进行内容创作，营造小红书良好的社区氛围也是平台方需要一直努力去做的。良好的社区氛围能有效提升用户的使用体验，因此，平台方需要严格监管社区中每一位用户发布的内容是否合规。此外，还需给予行为不当的用户相应的处罚。

1.2.2 MCN 机构：专业博主的孵化器

MCN 是 Multi-Channel Network 的简称，又称矩阵，指互联网行业中一种新的网红经济运作模式。这种模式将不同类型的 PGC 联合起来，在资金的有力支持下，保障内容的持续输出，从而实现稳定的商业变现。

MCN 机构就像是一个小型的内容生产工厂，不但有专业的团队负责吸引品牌进行商业合作，还有众多风格迥异的内容创作者根据要求定制产出内容。图 1-10 所示为小红书上某 MCN 机构的账号主页。

图 1-10

从内容创作的角度来看，尽管有平台的引导，但内容创作者想要创作出足具吸引力的内容还有很多困难，尤其在内容的分发传播方面面临不少难题，这就导致了内容创作者的辛苦付出不一定能满足用户需求、获得用户认可。

MCN 机构的出现让内容创作更加标准化、流程化，尤其对于一些创作能力尚可但经验不够丰富的创作者，MCN 机构能帮助他们迅速成长并适应当前的商业模式。除内容创作者外，平台和资方也是 MCN 机构运营的受益方。MCN 机构能为平台提供源源不断的优质内容，再加上资方和商业的介入使得 MCN 的运作最终能让创作者、平台、资方等多方受益。

MCN 机构的商业模式和目前演艺圈的经纪人模式在本质上是类似的，只是因为所处的行业不同，运作方式和经济投入都有较大的差异，因此不能相提并论。不过目前 MCN 机构也处在发展中，一些机构也开始变得越来越像经纪公司了，并且给内容创作者提供了经纪人一对一服务。

1.2.3 博主：社区生态里的 UGC

UGC 是互联网常用的术语，其含义是用户原创内容。在小红书平台，用户发表的图文笔记、短视频等内容是由用户自己创作并上传至平台的，因此，在小红书的社区生态中，上传内容的用户成了重要的一环，人们通常把这些在小红书平台创作内容的用户称为“小红书博主”。

图 1-11 所示为小红书博主的个人主页示例。小红书博主通常用图文和视频的形式分享不同的内容，当这些内容根据算法推荐给用户时，用户可以对喜爱的笔记进行标记或者关注该博主成为他的粉丝。对博主而言，其他用户的肯定无疑是一种激励。

图 1-11

小红书能在短短的几年时间里迅速发展壮大，社区中的每一位博主都是有功之臣。博主们不断将时下流行的内容与现在人们喜闻乐见的表现形式相结合，创作出生动有趣的内容，而正是这些源源不断的创新内容为小红书持续吸引着活跃用户。

对小红书平台而言，吸引更多博主开通小红书账号并激励他们创作出优秀的内容是维持平台发展的长久之计。一个平台的口碑取决于用户的使用体验，用各种方法提高博主发布内容的质量是提升用户体验的有效途径。

对博主自身而言，经营一个账号的意义是通过发布内容让自己获得足够的流量加持，然后将流量成功变现。如果一个博主不能将优势内容成功变现，意味着他的经营成本远高于收益，这样的账号很难获得长久发展。因此，小红书的博主除了需要掌握创造爆款内容的秘诀，还需要深谙经营变现之道。

不同性格、不同年龄、不同身份的人，因为某些共同的兴趣或者追求聚集在同一个互联网平台上，并且全体都可以在平台上发表自己的内容，这些内容也会成为平台的主体形式，并且平台全员之间有一个交互关系，我们就可以称该平台为网络社区。

社区与普通网站的主要区别在于，人人能够发布自己的内容，并且用户所发布的内容会作为社区的主体形式。以新闻网站为例，虽然大家都因为共同的兴趣而聚集在新闻网站，但由于新闻是记者或者权威账号才能发布的，所以新闻网站不算社区。

小红书既是一个生活方式平台，也是一个线上的网络社区。用户由于对一些内容有共同的兴趣而聚集在小红书平台，每一个用户都可以在小红书发布笔记，而这些笔记正是平台的核心内容。

博主在小红书里的作用非常重要。因为小红书 App 本身没有任何内容，其内容均为博主创作，如果没有博主也就意味着没有内容，小红书也会失去意义。所以，小红书平台的主要运营任务就是通过物质上或者精神上的激励，不断促进博主创作更多的内容，如不定期举办创作激励活动，如图 1-12 所示，博主们参与创作活动可以获得现金奖励或者流量扶持等平台支持。

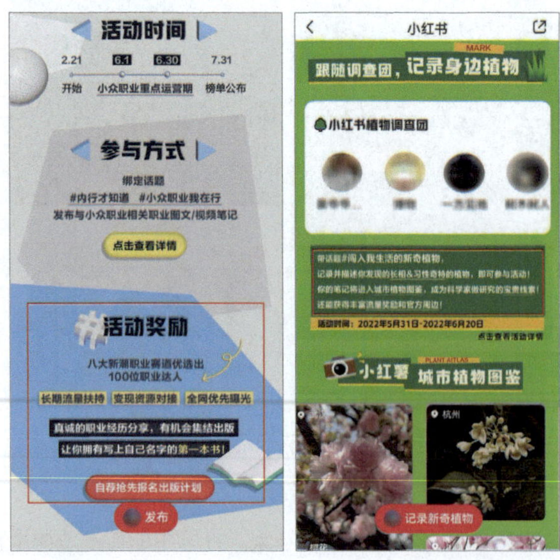

图 1-12

另外，小红书平台生态发展至今，博主也并非公益地为其提供内容。小红书上聚集了大量喜欢浏览与互动的用户，如果博主创作的内容能够影响这些用户，则可以获得广告商与品牌方的青睐或者得到强大的产品营销影响力，从而产生商业上的收益。

在小红书平台中，博主可以通过多种形式将流量与人气进行变现。例如，通过在笔记中植入推广获取收益，通过直播带货获得佣金分成，在小红书上开店卖货获取利润等。

截至目前，小红书平台和博主已经形成了相互依赖的关系。

1.2.4 品牌方：在小红书中买流量

小红书与普通的自媒体平台不同，除了包含传统自媒体平台的内容之外，小红书还是一个购物平台。每一个用户都可以在小红书平台中直接下单，小红书商城的商品更多是由品牌方或者符合资质的经销商售卖的。

小红书用户精准且购买力强的特点，为小红书吸引了众多品牌的入驻，美妆、日化、家居等领域的很多知名品牌都在小红书平台开通了账号，希望能够以此进行更高效的品牌推广。

图 1-13 所示是某化妆品品牌在小红书开通的账号，账号内容主要是对品牌旗下的各类产品进行宣传，品牌还会借助小红书平台定期开展相应的活动以促进消费者下单消费。

图 1-13

通过官方开设账号进行产品宣传，往往需要品牌方投入不少的时间和精力，但是有时却会因为广告过“硬”而导致产品的宣传效果并不理想。因此，很多品牌方会通过商务合作，雇佣部分小红书里较为优质的 KOL 或 KOC 发布专属的产品推广内容，如图 1-14 所示，借助其流量进行更为有效的推广，这就是人们常说的“买流量”。

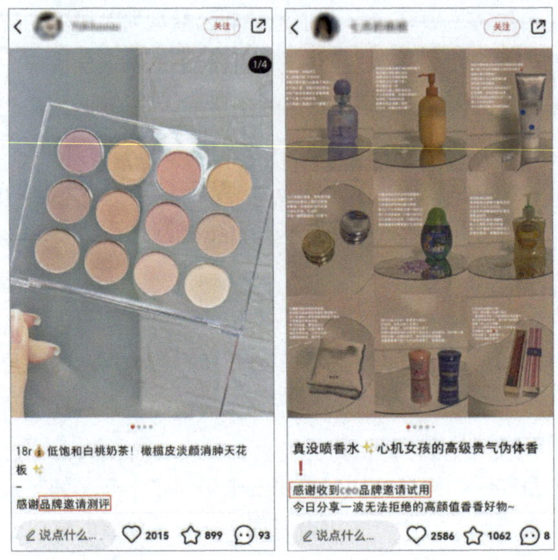

图 1-14

“买流量”的合作方式既能满足品牌方的推广需要，又能让小红书的达人利用发布和内容实现变现，是一种共赢的营销手段。在此种合作方式的推动下，博主会为了能争取和更好的品牌合作而不断努力提升自己，品牌在达人的推广下能提升产品的销量，部分品牌的成功经验又会吸引更多品牌入驻小红书。

小红书有许多博主，这些博主创作了丰富的内容，丰富的内容吸引了大量用户。根据小红书官网发布的消息，早在 2019 年 7 月，小红书总用户数就已突破 3 亿，并且用户规模仍然处于增长状态。截至 2022 年第一季度，小红书的月活用户数就已经超过了 2 亿，如图 1-15 所示。

图 1-15

能影响用户消费决策的平台，一定是品牌方必须要做营销的平台。

超过 1 亿的月活用户每天在小红书里浏览信息，并参照小红书中的内容进行消费决策，使得小红书内容的商业价值水涨船高，成为品牌方进行产品营销的必争之地。因此，从 2018 年至今，已有大量品牌方入驻小红书，通过小红书账号进行产品宣传。

尽管互联网营销的形式有很多种，但它们都是以流量为基础，通过购买流量的形式完成的。因此，可以说是品牌方撑起了小红书平台的大部分商业收入。而这些营销形式里，品牌方会将预算投入重点放在博主投放和效果广告两个方面。

1. 博主投放

博主投放是小红书平台的传统营销形式，也就是在博主的内容里植入品牌的产品信息。常见的植入形式有两种，一种是博主分享一篇关于主题好物的笔记时，在其中放入来自于合作品牌方某产品的相关信息；另一种是博主对合作的品牌方进行综合测评体验后，跟大家分享自己的真实体验及当下的品牌优惠，如图 1-16 所示。

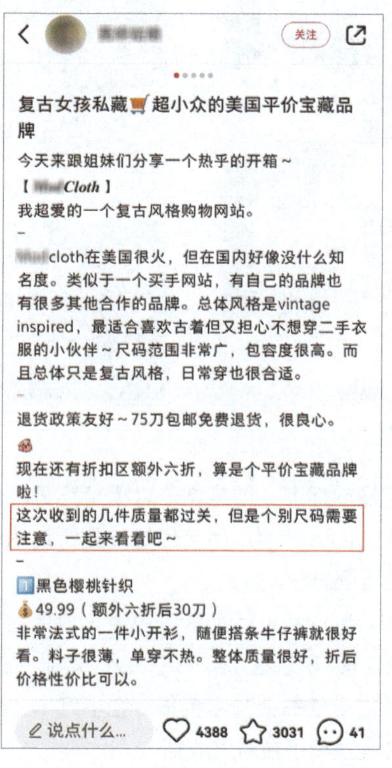

图 1-16

这种形式在小红书里不仅是传统的营销形式，也是目前为止比较主流的营销形式，每天都有大量的合作笔记产生，同时也带动了平台和博主的收益。因为品牌方要通过小红书蒲公英平台下单与博主达成合作，在下单的过程中小红书要收取一定的手续费。

在这个过程里，品牌是付费的一方，平台和博主是收费的两方，但品牌也不是做公益的，品牌投放营销费用会要求带来品牌产品销量的增长。因此这也形成了一个商业的闭环，在未来，只要小红书可以保持其商业价值，就会有更多的品牌持续不断地投入营销费用。

2. 效果广告

效果广告相对博主投放来说算是一个增强式的营销方法。品牌找博主投放笔记，如果笔记的效果不好，浏览量不高，需要让更多的用户看见，或者笔记的浏览量很高，效果很好，需要让笔记维持这种热度，给品牌带来更多的曝光时，博主可以通过效果广告的形式增强内容营销效果。

效果广告即按照效果付费的广告形式，可以分为在小红书信息流中展示广告和在小红书搜索结果页展示广告两种营销方法，如图 1-17 和图 1-18 所示。

图 1-17

图 1-18

这两种方法都需要制订投放标准，即具体是以哪篇笔记来作为投放的素材，这就说明还是要有博主投放的笔记作为内容参照，而这也是前面所说的增强式的营销方法——在品牌合作的笔记基础上做营销增强。

因为投放效果广告并不限制次数，而且是按效果来付费的，所以对品牌来说，效果广告是一种长期不间断的营销工具，所以在小红书平台上，效果广告也是品牌付费的主要形式。

其他的营销形式还包括在小红书上开店卖货、在小红书上做直播等，总结起来，依然是品牌作为付费的一方，给博主和平台带来收益。

1.2.5 广告公司：串通整个生态的一条线

小红书里的商业生态主要由品牌和博主构成，多数情况下，平台并不直接参与到品牌与博主的合作过程中，只是起到规范交易流程的作用。

在品牌合作的过程中总会衍生很多新的需求，例如，找博主合作的品牌很多，如果品牌对小红书平台的运营方法不擅长，也不理解规则，就很容易造成投放结果出现问题，也就是投放的效果并不好。

为了更有效地进行广告投放，出现了一种介于品牌和博主之间的公司，它们大部分是广告公司，仅有小部分是 MCN 机构，因此笔者在此暂且以广告公司统称这部分群体。

广告公司的作用和功能十分明确，主要有两个部分。

1. 针对小红书平台制订营销策略

平台不断在更新迭代，其中的规则和运营方法也是在不断更新迭代的，只有在一个平台上真正实践过，并且总结了经验的人群才更容易将小红书平台的营销做得出色。而广告公司便可以立足于小红书平台，根据品牌的调研和分析情况，有针对性地为客户提供营销策略，制订营销预算，让零经验的品牌也能快速做好小红书平台的营销。

2. 提升博主投放效率

仅仅有好的营销策略是不够的，因为需要落地执行才能将营销策略真正实现，这部分的落地执行指就是的博主投放和效果广告。

尽管品牌方可以联系博主合作，但此举无疑效率较低。联系博主是一个非常消耗时间的事情，因为并非每个博主都能实时保持联系，在对接合作的过程中可能还涉及产品的邮寄、确认合作的排期等需要沟通的事宜，极其耗费时间，因此品牌方在不熟悉相关博主但又想在短时间内完成大量博主的投放的情况下，很难实现内容的高效营销。

广告公司同时与多个品牌合作，拥有大量博主的联系方式，在需要的时候可以快速触达，所以能够较高效地完成品牌的组织投放。图 1-19 所示为以小红书运营闻名的某广告公司官网页面。

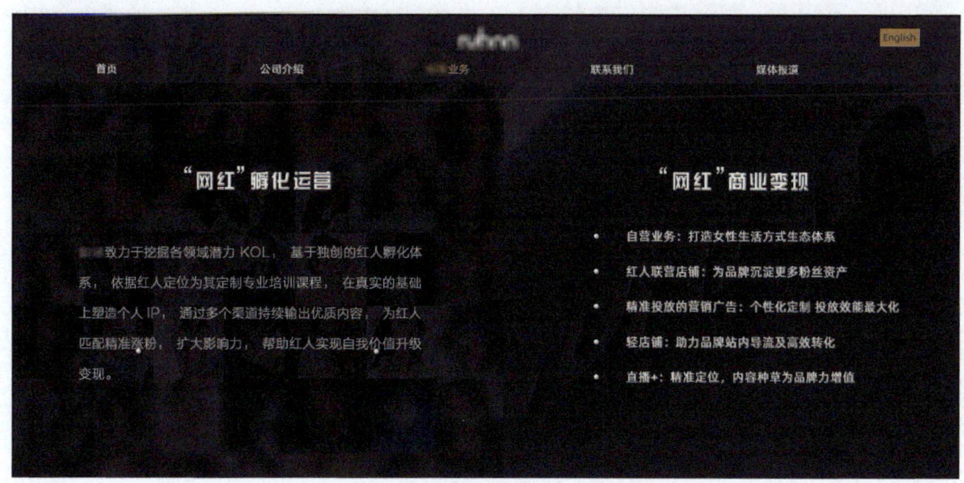

图 1-19

小红书的交易流程简单、效率高，使得广告公司成了同时对接博主、平台与品牌这三方的一个中介。这一独特的优势让广告公司成为小红书生态里不可分割的一部分。

1.3 怎样判断自己是否适合运营小红书

本节将从博主和企业两个角度，为大家介绍如何判断自己是否适合运营小红书。

1.3.1 如果你是博主

平台会直接影响博主的收益和发展前景，因此，自媒体博主选择一个合适的运营平台非常重要，需要参考不同的标准后再精心挑选平台。

博主可以从内在因素和外在因素来综合考虑，挑选适合运营的平台。下面围绕这两方面因素，为大家介绍怎样做才能更好地运营小红书。

1. 内在因素

内在因素是指博主自身的各项能力和特征。能成功在小红书运营的博主通常具有以下几个特征。

（1）善于总结

小红书上的内容多数是经验类的，作为博主一定要善于总结和归纳，把平日里遇到的解决问题的经验总结起来，形成通俗易懂的知识，再分享给别人。但将经验形成有逻辑性知识的能力并不容易习得，所以具有这样特长的博主有天然的优势。

图 1-20 所示为小红书某穿搭博主分享的笔记。博主将自己的穿搭拍摄成图片，并总结目前的潮流搭配和流行趋势，再结合细腻、可爱的语言风格，创作的笔记很受用户喜爱。

图 1-20

(2) 喜欢分享

总结了经验和知识之后，下一步就是分享，毫无保留地将自己的知识分享给大家。

分享是没有任何利益相关性的，是完全的公益行为，所以也不会产生任何收入，如果博主能在这种前提下还有较高的意愿分享知识，也因为分享的知识帮助了很多人而感到满足，定会吸引很多粉丝。

(3) 持续稳定更新

博主不能凭借一篇笔记就获得成功，也不是一朝一夕就能成为知名博主，而是通过不断地优化内容，日复一日地更新笔记才能获得成功。做一个博主没有想象中那么轻松有趣，一定要能持续稳定地更新，才有机会成为优秀的博主。

2. 外在因素

外在因素是指博主的账号定位是否适合小红书受众的调性。作为一个博主，一定要保障自己的内容在平台上有足够多的受众，如此才能保证有好的运营效果。比如，小红书是年轻人青睐的生活内容与方式的分享平台，一名擅长中老年广场舞编排和教学的博主入驻小红书进行运营，可能无法取得理想的结果。

1.3.2 如果你是企业

小红书发展至今已推出多个产品为品牌提供营销服务，如专业号、效果广告、品牌合作、直播带货等，为企业在小红书进行营销提供了很多助力。

不难看出，小红书对企业的商业运营一直保持开放的态度，能不能在小红书上做营销只取决于企业是否合适。我们可以从以下两个点判断企业是否适合在小红书做营销。

1. 人群匹配

人群匹配比较容易理解，就是企业面向的精准客户人群。因为企业向精准客户营销时，理论上会更容易取得成功。

根据小红书官方公布的数据显示，目前，小红书月活用户数已超过 2 亿，每天产生超过 80 亿次的笔记曝光。小红书用户以年轻女性为主，主要集中在一线和二线城市，并以沿海城市居多，以此分析得出该类型用户群体的消费能力应该是较强的。

我们也可以去小红书里找粉丝比较多的 KOL，根据这些 KOL 发布的内容情况，分析得出小红书用户向往的生活方式是什么样的，这也代表着一定的用户画像。

2. 不急于做转化

小红书官方定义小红书是一个分享生活方式的社区。但从商业价值的角度来看，也可以认为小红书是一个消费决策平台，即能够在用户消费前对其起到的决定性影响的平台。

例如，用户想买一双鞋，但是对该鞋的品质、品牌、外观等都不太确定，这时可以在小红书中搜索到对应的鞋来看用户的评价，也可以与其他用户讨论鞋的相关信息。这些消费的经验与内容，都可以在小红书上找到，最终用户会参考小红书上的消费经验来决定要买哪个品牌的鞋。

小红书在这个过程中没有为品牌带来直接的销售和转化，带来的是间接的销售和转化，这种转化方式是目前品牌营销最依赖的形式——半熟人推荐。依靠 KOL 为产品背书，将用户对 KOL 的信任传递给品牌，用户对品牌产生连带的信任，最终转化为购买行为。

图 1-21 所示为小红书上的种草笔记。

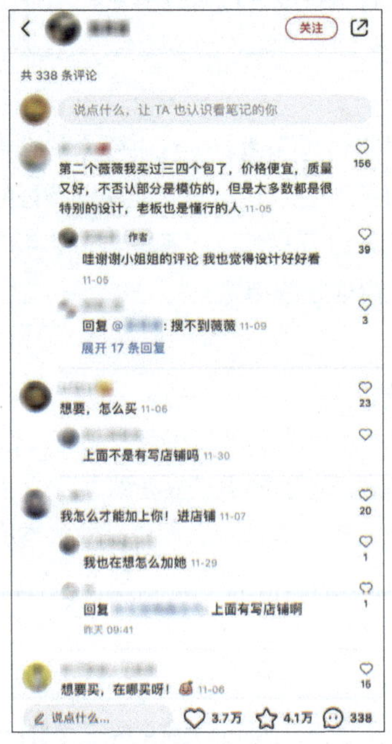

图 1-21

以前社会供需能力较低，消费便利性不够强，只要提供一定的产品种类，就可以满足用户的需求。买方能买什么，完全取决于商家卖什么。

现在随着社会的进步，供需情况发生了改变，消费便利性有了极大的提升，此时商品供给过于丰富，已经远远超出了消费者的需求。曾经在某个类目下可以选择的商品品牌就那么几个，而现在变成了几十个甚至上百个，品牌数量增速很快，商品的数量也更庞大，这极大地增加了消费者的购物决策成本。再加上电商公司的迅速发展，打破了地域的界限。“去哪买”和“买什么”是现在的消费者在购物时面临的最大问题，而小红书恰好提供了这种消费决策参考。

图 1-22 所示的消费决策图很好地说明了目前小红书社区影响消费者决策的方式。综合来看，消费决策是一种消费背书，也就是现在常说的“种草”，它不能带来直接的销售转化，而需要等待一个从量变到质变的过程。如果某企业的产品不急于做快速销售，而是

希望能多一些布局时间，将长远的社区内容沉淀作为消费背书，那么该企业的产品比较适合在小红书运营。

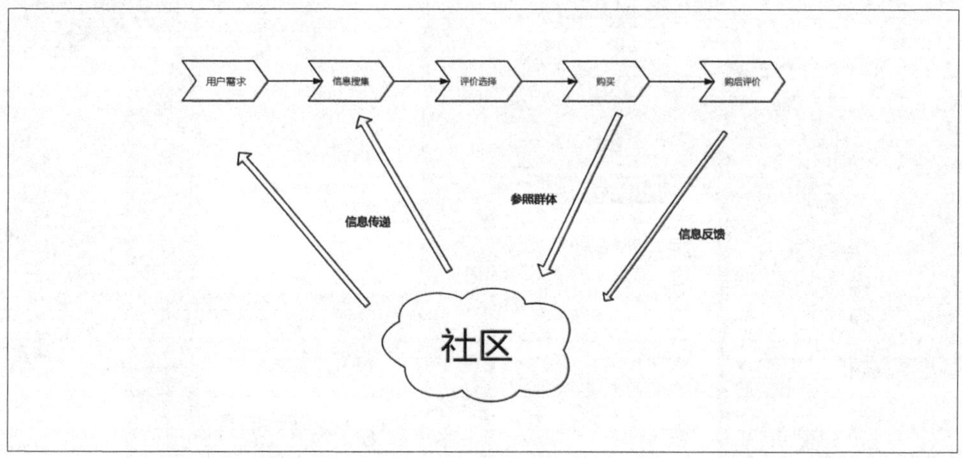

图 1-22

第 2 章

MCN 机构怎样运营一个小红书账号

如果大家已经决定加入小红书这个平台，那接下来就要正式学习如何做好小红书的运营了。本章将以专业的 MCN 机构视角，介绍怎样运营一个小红书账号。

2.1 开始前的准备工作

磨刀不误砍柴工，在运营小红书账号之前，务必先了解现阶段小红书平台中账号运营的基本情况。

2.1.1 小红书里的“行话”

现在的互联网以平台为界，就如同划分出了一个个特别的圈子，其中自然会产生一些内部通用的“行话”。每天平台里都会有这样一些特有的词语，如知乎的“谢邀”、微信公众号的“在看”、微博的“热搜”等。

大家在初步接触这些互联网平台，或者阅读相应的平台运营文章时，可能会对该平台一些特定的用语不理解，因此，开始小红书运营的第一步就是理解其中的“行话”。

1. UGC

UGC 全称为 User-generated Content，指由用户生产内容的一种平台运营模式——平台本身不生产任何内容，所有的内容都由用户进行生产。当下广受欢迎的知乎、微博、抖音等互联网平台都属于 UGC 运营模式的平台。

图 2-1 所示为小红书在 UGC 运营模式下产生的平台内容示例。

图 2-1

2. PGC

PGC 全称为 Professionally-generated Content，是指由专家或者专业人士生产内容的一种平台运营模式，如 36 氪、虎嗅网、GQ 等由专业的编辑、记者或者行业权威的专家提供内容的互联网平台。

采用 PGC 运营模式的互联网平台与采用 UGC 运营模式的互联网平台，其典型区别在于平台方提供内容的动机不同。在 UGC 模式下，用户出于自身喜好或需要，自发地提供内容，平台只需要维护运行秩序即可；而在 PGC 模式下，专业人员为了获取平台给予的物质或相关奖励从而形成内容产出，平台既需要维护运行秩序，还需要为内容产出者提供酬劳或奖励。

随着互联网的发展，PGC 和 UGC 的界限也越来越模糊，一般一个平台可能会同时存在两种运营模式。

3. 个人 IP

“个人 IP”中的“IP”是 Intellectual Property 的简称，指个人知识产权。

IP 的本体可以是虚拟的，也可以是现实的，可以是一种文化，也可以是一个产品。因此，在某种意义上，IP 是影响力和形象的结合体。例如，漫威漫画里的超级英雄是 IP，故宫博物院是 IP，安踏的球鞋也是 IP。

只要具备一定的影响力和能让人构成想象的形象就是 IP。而我们在小红书里希望打造的个人 IP，就是要构建一个能被别人完整想象出来的形象，并以此放大自己的社会影响力。

4. KOL

KOL 即关键意见领袖（Key Opinion Leader），是营销学上的一种概念。在某个圈子里具备较大影响力的人或者某个领域中的权威人士都可以被称为 KOL。

例如，用户在小红书中搜索关键词“平板电脑推荐”后，与之相关的内容将按照热度、时间等因素展示出来，如图 2-2 所示。而这些展示出来的内容将对用户的想法和购买决策产生影响，其中笔记互动数量最大、影响最大的部分博主就可以称为 KOL。

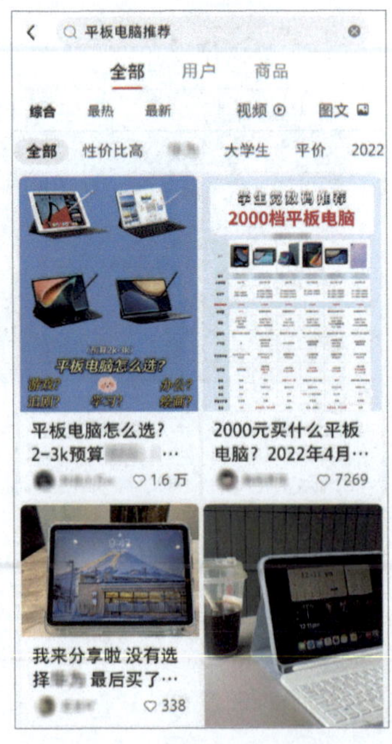

图 2-2

5. KOC

KOC 全称为 Key Opinion Consumer，意为关键意见消费者，也是一种营销学上的概念，对应 KOL。KOC 的说法在近几年才开始流行。KOC 指的是能小范围影响周围人群的人，可能不一定是某个行业的权威人士，但能通过自己的亲身经历和体验来发声。

很多用户下载小红书就是为了看那些和自己差不多的人分享的经验，这也是 KOC 具备的巨大价值。图 2-3 所示为某品牌中性笔的试用笔记，作者还在评论区与其他用户进一步就产品的质量进行讨论，这些笔记和讨论能够为更多用户的消费决策提供参考。

图 2-3

6. MCN

MCN 的全称为 Multi-Channel Network，是一种新的网红经济运作模式，最早起源于美国。这种模式将不同类型的 KOL 和 KOC 联合起来，帮助它们打造个人 IP，保障内容的持续输出，形成一种巨大的规模效应，从而使对接品牌或者广告公司产生远超出 KOL 或者 KOC 个体能产生的经济效益。

在小红书里，MCN 机构是一种广泛存在且与小红书官方合作的公司。在小红书里所说的达人签约或者达人孵化，指的就是与 MCN 机构合作。

图 2-4 所示为某 MCN 机构在小红书平台中对自身运营情况和 KOL 孵化相关问题的回答，从中可以看出 MCN 机构主要为博主提供内容、直播和商务三个方面的合作支援。

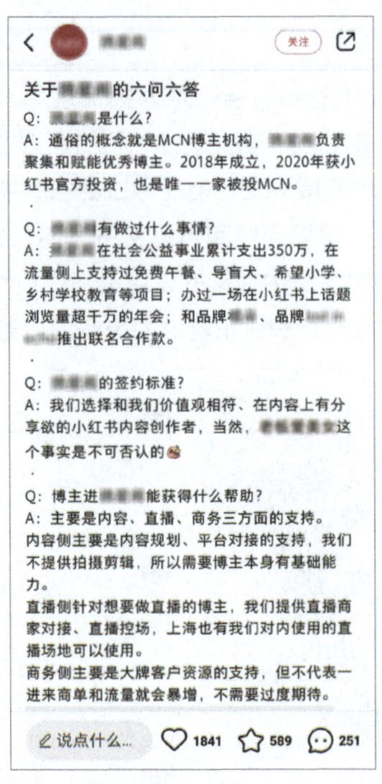

图 2-4

在内容方面，MCN 机构为账号运营提供内容规划及平台对接的支持；在直播方面，MCN 机构帮助博主进行商家对接和直播控场，还能提供少量的直播场地；在商务方面，MCN 机构为博主提供大牌客户资源，促成博主和品牌方之间的商务合作。

7. 笔记

笔记是小红书里对发布内容的一种独特称呼。小红书早期希望用户分享的是一种生活记录，因此用户发布的内容被定义为笔记。笔记在本质上与公众号里的文章、贴吧里的帖子、知乎里的回答并没有什么区别，只是因为产品的形式不同，叫法略有区别。

8. 私域流量

私域流量是一个相对于公域流量而言的概念。

在小红书里，依靠系统分发获取的流量都叫公域流量，如系统将笔记推送至小红书首页的流量曝光。私域流量则是指账号或博主所私有的用户流量，如小红书账号的主页或者粉丝给笔记带来的浏览和曝光。

博主获取公域流量进而触达用户的行为是依赖于平台的，并且存在内容制作成本或者购买曝光的金钱成本，而私域流量对用户的触达几乎是无任何成本的。创作者在小红书发布一篇笔记后，其粉丝可以在关注列表的信息流中看到，这种“推送”无须依赖算法的推荐。

9. 千人千面

在小红书里绝大部分内容的流量都来源于系统的推荐，每个人的喜好是不同的，喜欢的内容也不能一概而论。因此，小红书根据算法为每个人定制了内容推荐页，每个人打开小红书时出现的内容都不相同，这一特点也称为千人千面。

图 2-5 所示是小红书的首页推荐，其推送的内容同用户近期阅读和搜索的内容息息相关，还会推送一些所关注的博主近期发布的优质内容。推荐页面是小红书“千人千面”这一特点的重要体现。

除了首页的笔记推荐，在“搜索发现”页面，系统会提供一些用户可能感兴趣的搜索词，这些搜索词也是根据用户近期的兴趣智能推荐的，如图 2-6 所示。

图 2-5　　图 2-6

10. 薯条

薯条是小红书推出的一项付费购买流量的功能，2022 年的价格为 5000 次曝光/75 元。薯条只能保障曝光达标，并不对点击效果负责，因此，投放的内容和时间不同，投放的效果会有一定的差异。薯条是个人用户在小红书里唯一可以购买的付费推广笔记的功能。

11. 视频号

视频号是小红书官方给优质作者的一个身份，推出视频号的目的是鼓励用户创作更多的优质视频内容。小红书平台赋予了视频号博主一些额外的权益，例如，上传视频的时长增加到 15 分钟，上传视频时可自定义上传封面等，如图 2-7 所示。

图 2-7

关于视频号的详情内容，用户可以在“创作中心”中查看，也可以在“小红书视频号”官方账号中了解，如图 2-8 所示。

图 2-8

12. 创作者

创作者是小红书官方对于博主的一种称呼方式，实际上创作者与运营者、博主、达人都是相同的意思。另外，小红书还为一些创作能力强、流量大的创作者提供了“优质作者”这一认证称号，以此鼓励创作者坚持原创并不断提高创作能力，如图 2-9 所示。

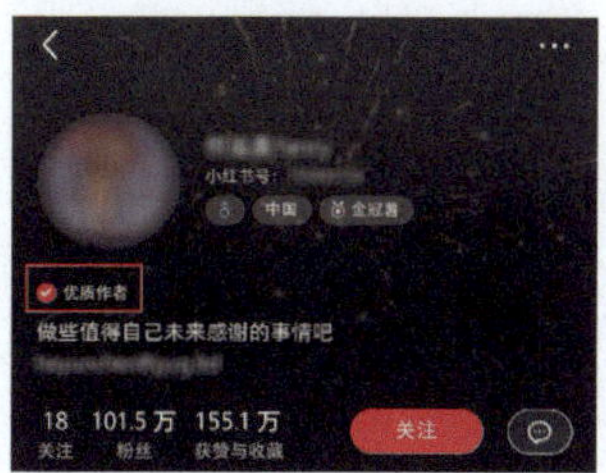

图 2-9

13. 品牌合作人

在小红书里，博主与品牌方的广告合作是要经过平台来进行交易的，但并非所有博主都可以参与合作，这个限制门槛或合作资格被称为品牌合作人身份，只有具备品牌合作人身份的博主才可以参与广告合作。除了不违反平台的规则，小红书博主还要粉丝数达到5000 及以上才能申请品牌合作人身份。

成为品牌合作人后，创作者就可以发布品牌合作笔记。图 2-10 所示为某品牌同小红书创作者进行商业合作所投放的小红书笔记，在笔记配图的左下角有图标与合作品牌的名称，表示该笔记为商业合作笔记。

图 2-10

2.1.2 小红书账号的类目

运营小红书账号，首先需要确定账号内容的所属内容领域，以便博主后续的内容创作能够顺利锁定账号的目标人群。

小红书平台正如其口号“标记我的生活”所言，其中的笔记内容十分广泛，涉及现代生活的方方面面，根据其所属领域的不同，划分为美食、护肤、职场、家居家装、好物、手工、舞蹈、知识科普、影视、文具手账等共 38 个频道，如图 2-11 所示。

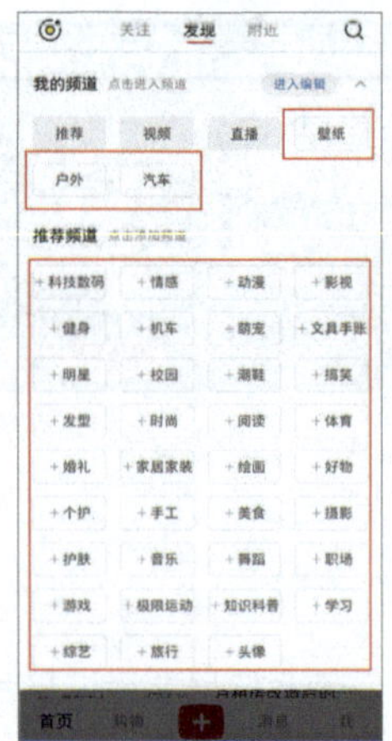

图 2-11

2.1.3 小红书里热门的笔记类目

小红书笔记虽然类目众多，但不同类目之间的热度区间也有所差异。热门类目的竞争更加激烈，热度上限也更高，有利于长期运营与变现。笔者接下来为大家介绍六种小红书的热门笔记类目。

1. 彩妆

彩妆以其目标人群同小红书用户的高度重合，成为小红书的热门笔记类目之一，其中包括两类创作主题，即产品测评、经验分享与教程。

产品测评是指对彩妆产品进行介绍、使用和评价的笔记。由于彩妆产品种类繁多，品牌更是数不胜数，面对大量的产品，用户可以通过测评笔记进行有效筛选，避免“踩雷”，如图 2-12 所示。

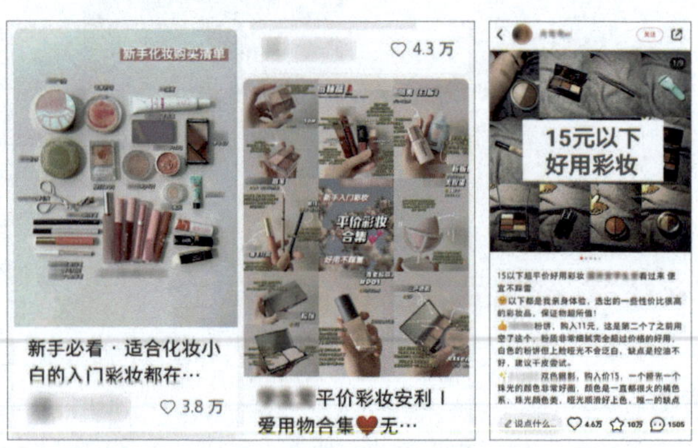

图 2-12

经验分享与教程是指创作者自身使用彩妆产品的经验分享和使用教程，包括如何选择和使用彩妆产品、各类妆容教程等，这类笔记通常创作于购买产品后的使用阶段，如图 2-13 所示。

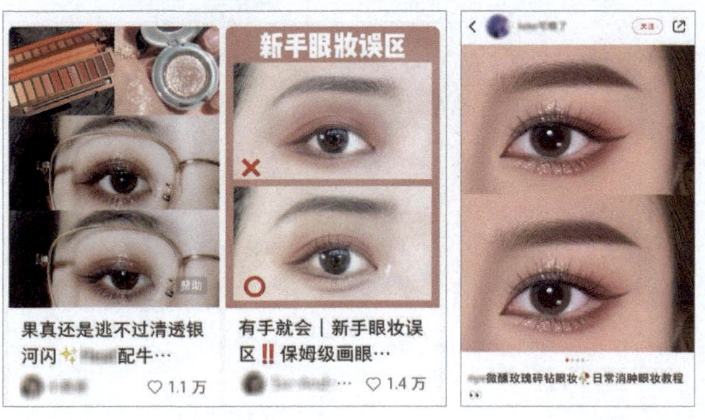

图 2-13

2. 时尚

时尚类笔记内容比较广泛，笔记中只要包含时尚元素，都可以归入这一类型。其中热门的创作主题主要是单品推荐和穿搭教程。

单品推荐，顾名思义，就是进行单一产品的推荐，如图 2-14 所示。一般需要创作者自身具备一定的审美能力，这类笔记一方面考验创作者是否能够挑选出符合用户喜好的单品，另一方面也考验创作者的制图或视频制作能力，做到让用户认可你的内容是创作的关键。

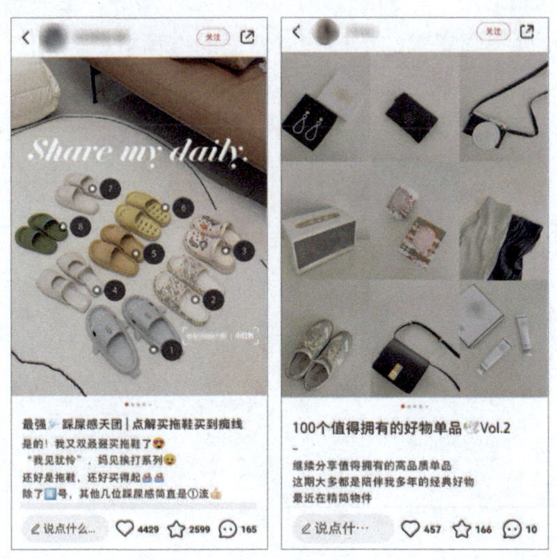

图 2-14

穿搭教程不拘泥于个别单品，而是侧重如何将不同单品搭配起来，并在整体上呈现出不同的时尚风格。创作者既可以选择固定风格进行不同的穿搭尝试，也可以追随热点不断调整穿搭风格，如图 2-15 所示。

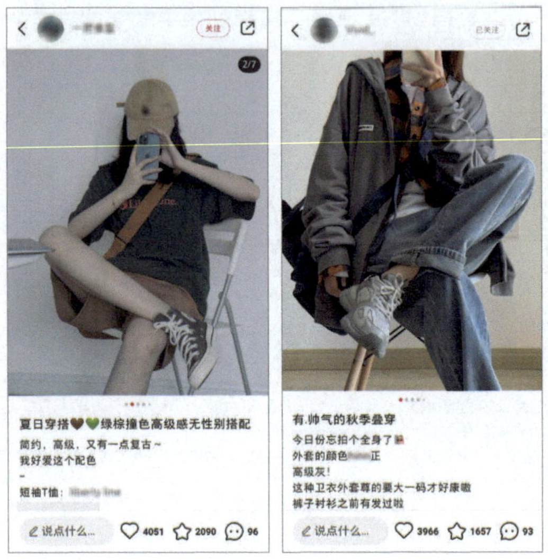

图 2-15

3. 护肤

护肤是颇受小红书用户关注的一大领域。护肤类笔记主要可以分为产品推荐、知识科普与教程两类。由于护肤产品的选择和使用受到个体肤质的限制，以经验分享为主的创作者通常需要先锁定目标人群，再进行有针对性的创作。

产品推荐包括护肤品的测评、新品的特点与功能介绍等，主要是通过亲身体验、专业分析、横向对比等形式为不同需求的用户提供合适的推荐意见，如图 2-16 所示。

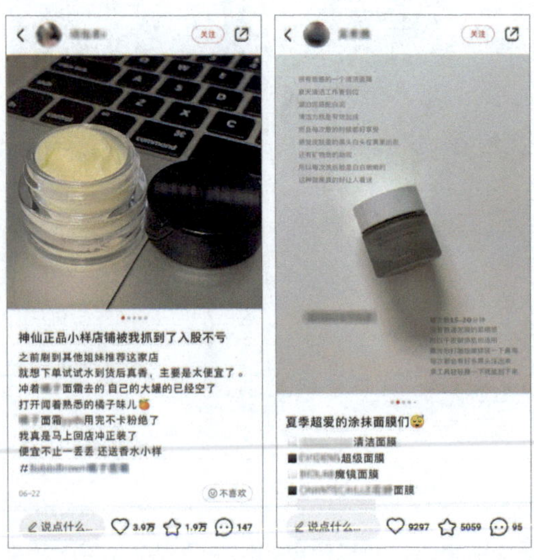

图 2-16

知识科普与教程是对护肤知识进行科普，并为经验不足或对护肤不甚了解的用户介绍如何使用护肤产品，如图 2-17 所示。

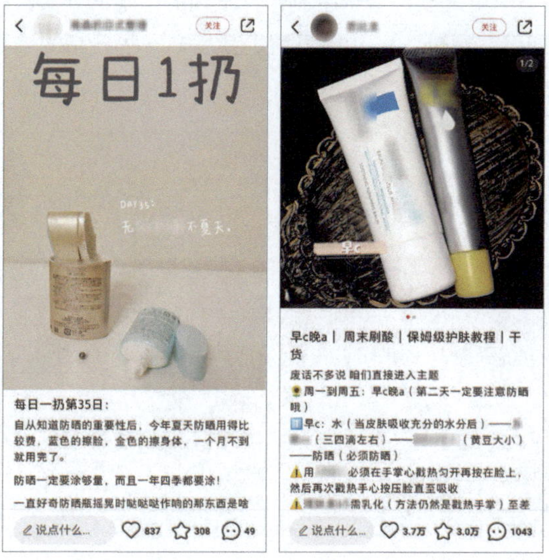

图 2-17

4. 美食

俗话说“民以食为天”，美食自然也是小红书笔记中必不可少的热门主题。美食类笔记主要包括食谱、饮食记录、探店或各类测评这三种。

食谱即美食的制作方法，如图 2-18 所示。但需要注意的是，食谱也需要体现原创性，如创作者自己探索的食材搭配、简便的食物制作方法等。

图 2-18

饮食记录是创作者对日常饮食的记录，通常是由美观的图片和介绍食材的文案搭配构成的精美笔记。食物不一定是创作者亲手制作，发现的好吃的外卖、购买的速食产品等皆可记录，如图 2-19 所示。另外，一些健身博主会发布一些日常的减脂餐记录，这也可以归入饮食记录笔记。

图 2-19

探店或各类测评即围绕美食进行的测评，实体店铺和线上店铺中的产品都可以作为测评的对象，如图 2-20 所示。

图 2-20

5. 摄影

小红书是重视图像内容的平台，因此精美的摄影作品很容易吸引用户的注意，获得较高的热度。摄影类笔记大致可以分为摄影作品展示和摄影教程两大类。在小红书平台，摄影作品展示主要分为旅拍和写真这两种，而摄影教程中的调色教程尤为火爆。

旅拍是创作者在各旅行城市、景点等地进行采风和拍照，游客照和风景照都可以归入旅拍的范畴，如图 2-21 所示。

图 2-21

写真则以拍摄人物为主体，大多是一些专业度和完成度较高的约拍作品。要想做出爆款笔记，摄影师和模特都需要具备一定的专业素养，如图 2-22 所示。

图 2-22

调色教程主要是分享各修图软件的调色参数，同时搭配调色前后的效果对比图，方便用户学习和参考，如图 2-23 所示。

图 2-23

6. 手工

小红书平台上有大量同手工作品相关的笔记，其中既有作品展示，又有成品制作教程，包括旧物改造、刺绣、钩针等。精美的手工制品往往受到用户的喜爱，如图 2-24 所示。

图 2-24

2.1.4 小红书里的官方"薯"

小红书里有很多平台官方账号，如薯队长、薯管家、知识薯、生活薯等，而这些"薯"就是小红书官方用来和博主或者品牌建立连接的账号，用户通过关注这些账号可以更高效地了解平台的最新动态和活动。

小红书平台没有汇总全部的官方账号，所以笔者在此对目前能够检索到的，并且用户知晓的官方账号进行了分类整理。

1. 平台通用类官方账号

通用类的官方账号分享的是整个小红书平台的动态和消息。无论博主运营何种类目或领域的小红书账号，都可以关注这些官方号，主要有以下几个。

(1) 薯队长

薯队长是小红书的官方账号，代表整个小红书社区，主要发布小红书平台的一些动向及大事件，如图 2-25 所示。

图 2-25

(2) 薯管家

薯管家会发布一些小红书的社区规则，以及平台在规则上做出的最新改进事项。

(3) 创作者小助手

创作者小助手主要发布一些创作者激励活动、小红书各项内容榜单，以及宣传帮助平台创作者提高创作运营能力的各项功能与知识课程，如图 2-26 所示。

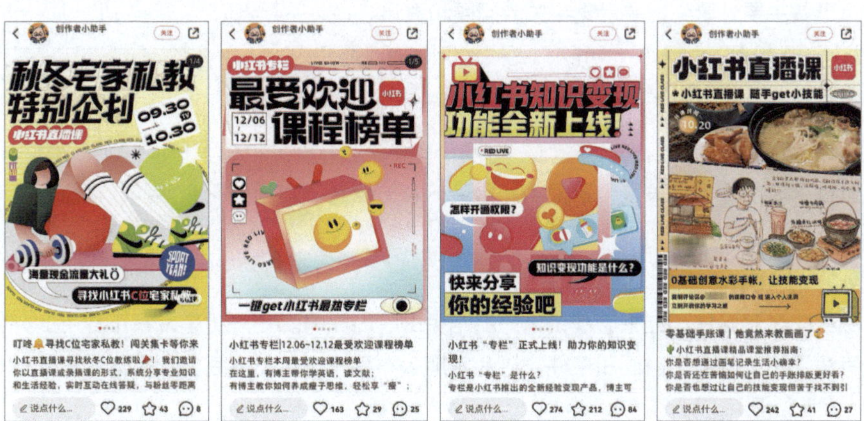

图 2-26

（4）小红书视频号、视频薯

小红书视频号主要发布与视频号相关的信息，如产品动态、话题推荐等。建议以做视频为主的博主关注此账号。

视频薯是类似于小红书视频号的官方账号，用于发布视频相关的笔记，内容有所重合，建议大家关注其中一个就够了。

（5）小红书创作学院

小红书创作学院主要发布面向新人博主的小红书运营教程，涉及的运营内容比较基础。

（6）薯条小助手

薯条小助手负责发布薯条功能相关的一些动态，以及薯条投放优化相关的内容。

（7）蒲公英小助手

蒲公英小助手主要发布蒲公英平台的更新动态及报备笔记的相关问题，如图 2-27 所示。建议粉丝数在 5000 及以上或开始进行品牌合作的博主关注此账号。

图 2-27

（8）校园薯

校园薯主要面向大学生，发布与学生人群相关的校园活动笔记。

（9）逛逛薯

逛逛薯主要分享与博主带货相关的问题和资讯。

（10）带货薯

带货薯是小红书有关直播带货的官方账号。

（11）直播薯

直播薯是小红书有关整个直播功能服务的官方账号。直播的平台活动、功能更新等内容都可以在这里找到。

（12）小红书体验站

小红书体验站是小红书管理试用产品相关的官方账号。账号主要发布小红书的好物宣传及其适用资格的申请时间和条件，还会定期公布用户试用产品后的优秀体验官的榜单，如图 2-28 所示。

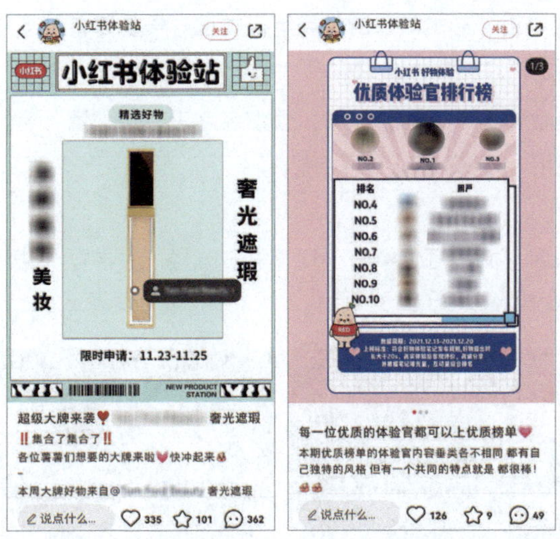

图 2-28

2. 类目运营类官方账号

小红书重视内容类目的垂直运营，所以小红书开始按照类目分别组建相应的运营团队，这些类目的官方账号会发布一些对应内容类目的激励活动和优质内容，帮助相关类目的博主进行小红书运营。

类目运营类官方账号通常以“类目 + 薯”的形式取名，通常用户看到账号的类目名称就能知晓该账号所发布的内容。例如，生活薯是生活类的小红书官方账号，账号会发布生活领域笔记的创作激励活动宣传及生活领域的优质笔记，如图 2-29 所示。

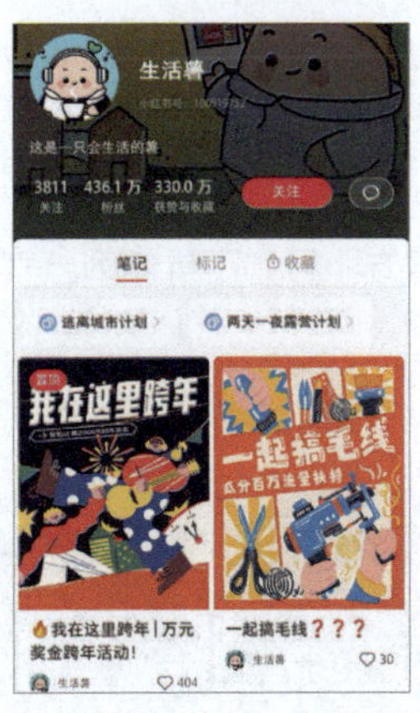

图 2-29

此类账号除生活薯外，还有心情薯、走走薯、知识薯、VLOG 薯、运动薯、潮流薯、玩家薯、音乐薯、汽车薯、数码薯、游戏薯、吃货薯、薯宝宝、穿搭薯、娱乐薯、宠物薯、日常薯、电影薯、美妆薯等。

其他以非“类目＋薯”形式取名的类目运行类官方号主要有以下几个。

（1）吃不饱同学

吃不饱同学是美食类小红书官方账号，虽然名字没有带“薯”字，但确实是官方号，主要发布美食推荐笔记，如图 2-30 所示。

（2）城市情报官

城市情报官是探店、城市打卡类的小红书官方账号，会推荐一些不同城市比较热门的店和景点，更新频率较低，如图 2-31 所示。

图 2-30

图 2-31

（3）时髦小姐姐

时髦小姐姐是小红书时尚穿搭类的小红书官方账号，建议做穿搭类内容的博主关注。

（4）辣妈成长日记

辣妈成长日记是母婴类小红书官方账号，主要是推荐优质的母婴相关内容。

（5）蜜桃小姐姐

蜜桃小姐姐是自律类小红书官方账号，主要发布女士的运动、健身、塑形等相关内容。

（6）Geek 小哥哥

Geek 小哥哥是专属男士的数码类小红书官方账号。

（7）小红叔

小红叔是男士专属的小红书官方账号，不具体细分其内容所属类目。

（8）生活研究所

图 2-32 所示的生活研究所是生活家居类小红书官方账号，建议家居博主关注。

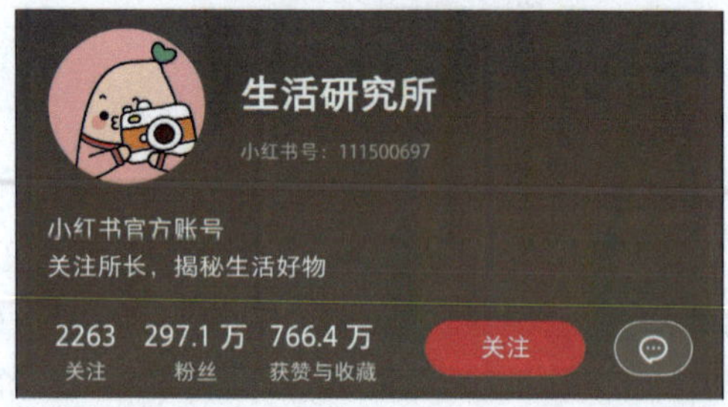

图 2-32

3. 品牌运营类官方账号

小红书平台支持品牌入驻及内容运营，并且为满足相关品牌的运营需求，开设了多个品牌运营类官方账号，该类账号主要有以下 4 个。

（1）薯店长

薯店长是小红书薯店官方账号，会分享薯店相关的运营信息与资讯，建议运营薯店的商家和博主关注。

（2）商家培训薯

商家培训薯是小红书商城官方账号，会分享商家的运营方法和品牌官方活动，建议品牌方的运营人员关注。

（3）小红书生态营销

小红书生态营销官方账号会分享小红书的营销方法和营销案例。

（4）专业号助手

专业号助手是小红书官方账号，如图 2-33 所示，品牌方一定要关注该账号。

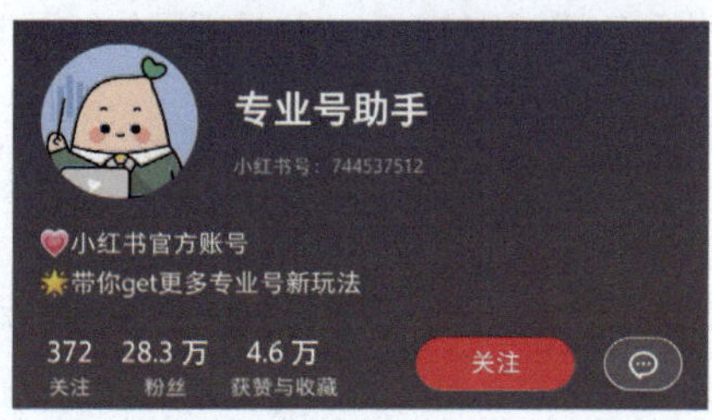

图 2-33

4. 小红书团队的官方账号

小红书的官方团队在小红书平台开设了多个官方账号，该类账号主要有以下 9 个。

（1）小红书成长笔记

图 2-34 所示为小红书成长笔记，该账号是记录小红书公司发展的官方账号。

图 2-34

（2）安全薯

安全薯是记录小红书审核与风控团队成长的官方账号。

（3）招聘薯

招聘薯是小红书人力资源官方账号，偶尔发布招聘信息和企业文化相关信息。

（4）小红书之家

小红书之家是上海小红书线下店的官方账号。

（5）RED Studio

RED Studio 是小红书官方摄影工作室账号，会分享一些团队的工作经验和心得。

（6）小红书 UED

小红书 UED 是小红书体验部门账号，会分享产品体验相关的工作动态。

（7）小红书 REDesign

小红书 REDesign 是小红书周边产品官方账号。

（8）RED CLUB

RED CLUB 是小红书拟人化形象的吉祥物的官方账号。

（9）薯队长经纪人

薯队长经纪人是小红书用来接收用户对官方账号使用体验反馈的官方账号。

5. 小红书活动专用官方账号

除上述几类小红书官方账号外，小红书还会根据某些特定的运营活动需求开设新的活动专用官方账号。此类账号有小红心、惊喜盒子、红卡薯、圈子助手、小红书经典唤醒计划、新品薯、薯博士、公益薯、巨星薯等，有些账号是为了满足特定时期运营需求而开设的，活动结束后会停止更新，大家可以根据实际运营需要去关注相关官方账号。

2.1.5 小红书运营思维

不管大家选择在哪一个互联网平台上运营，所有的运营技巧与方式都是建立在运营者了解平台特点、掌握平台运营思维的基础上的。笔者将在本节为大家介绍小红书的运营思维。

1. 小红书的特点

要了解小红书的运营思维，就要先了解小红书的平台特点。

小红书是一款社区氛围极强的产品，发布到小红书上的内容必须针对某一群体的痛点，如果内容对用户没用，就不会有互动数据产生。优质内容能为博主带来粉丝、关注、点赞量等。如果用户本身不是能自带流量的 KOL、名人等，想做好小红书运营，其内容必须有价值。

简单来说，一个没有特殊流量加成的创作者同时在小红书及微信朋友圈这两个互联网平台各发布一条图文内容——晴朗天气下的蓝天白云的图片并搭配文案“难得的好天气，出来走走”。这两个平台的反馈通常是完全不一样的，该内容在朋友圈可能会收获若干点赞与评论，而在小红书上，该内容大概率是无人问津的。

小红书基于有效内容来链接用户之间的关系，而不像朋友圈这样基于人际关系网进行互动。所以，博主想做好小红书运营，就必须创作出对目标用户群体有价值的内容。

2. 小红书需要的内容

在明确了小红书的核心在于内容之后，接下来就需要了解小红书究竟需要什么样的内容。

小红书之所以能够在多个互联网公司的激烈竞争下存活，正是因为其内容价值非常高。例如，平台创立之初的购物攻略，当下在平台中十分热门的教程、科普类笔记等，这些内容能够帮助用户解决实际问题，为用户提供实质性的帮助，是有价值的内容，因此受到众多用户的喜爱。

小红书现在是年轻人中的主流生活方式分享平台，其平台内容长久以来打造的平台印象就是分享生活干货、获得生活干货的平台。很多使用小红书的用户有明确需要的内容，例如，用户想要购买某个或某类产品，会来小红书搜索产品的评测，或者是产品的使用体验分享的相关笔记，如图 2-35 所示；如果用户周末想好好放松娱乐，会来小红书搜索居住地附近的美食、游乐类的相关笔记，如图 2-36 所示。

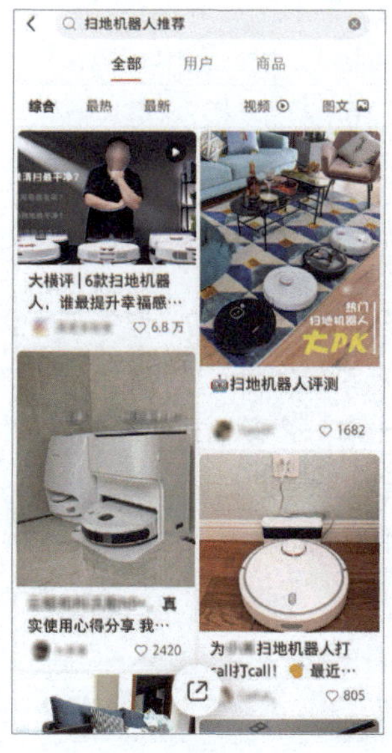

图 2-35

图 2-36

由此可见，小红书平台上发布的内容需要贴近生活，是有具体群体指向性的使用笔记。

另外，小红书的用户群体以年轻女性为主，因此，目前平台内容以年轻女性感兴趣的美食、美妆、时尚、服饰、美甲等内容为主，但其他生活领域内容的发布数量也在快速增长中。

值得一提的是，不管博主发布的笔记属于哪个内容领域，合集类笔记和攻略类笔记在小红书的同类笔记中都是十分受欢迎的，如图 2-37 所示。用户自己搜集整理笔记费时费力，若是看到整理好的内容有效、言之有物的笔记，用户就会觉得内容非常实用。尽管笔记里介绍的内容可能暂时用不上，那也可以收藏起来，以备不时之需。这再次印证了，对用户有帮助、有价值的内容，在小红书社区中是非常受欢迎的。

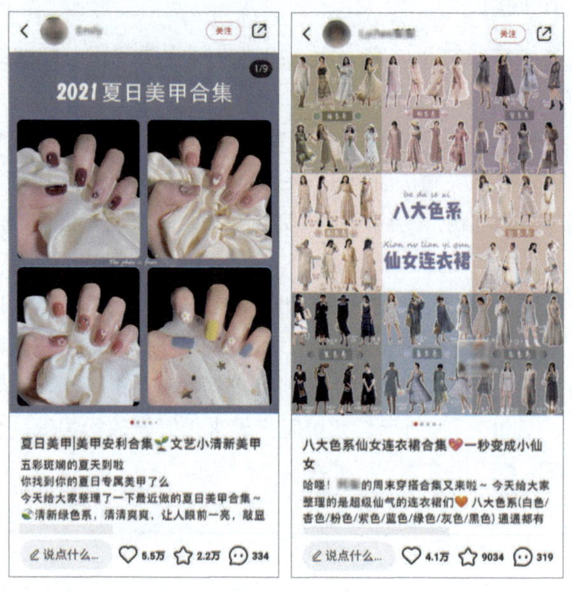

图 2-37

3. 实现思维方式的转变

了解平台的特点和各项功能，掌握运营技巧是相对简单的，博主在运营小红书账号时，最难的是实现运营思维方式的转变。运营思维方式包括导向思维、用户思维及逻辑思维等多个思维类型，笔者不过多赘述，而是给大家分享一个概括式的思考方式，希望帮助大家用明了易懂的步骤化内容，将正确的思维方式融入账号的日常运营过程中。

接下来介绍如何通过三个步骤快速实现思维方式的转变，如图 2-38 所示。

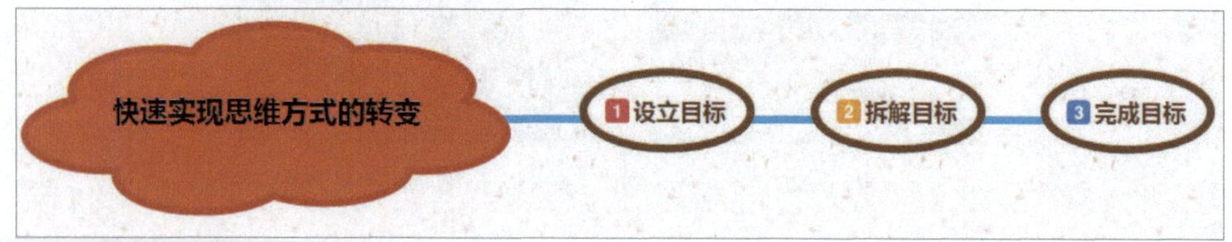

图 2-38

（1）第一步：设立目标

博主创作的每一篇笔记，都需要有一个明确的内容运营小目标。比如，这篇笔记发出来主要是为了吸粉还是增加点赞量和收藏量，抑或是重发限流内容，帮助账号恢复权重。

要想成为一个优秀的 KOL，就必须有的放矢地完成每一步的运营。有了明确的运营目标，才能高效使用对应的运营技巧，为成功的运营创造条件。

（2）第二步：拆解目标

设立目标以后，我们需要将目标进行拆解，将大的目标拆解为若干个小目标。

例如，创作者希望提升笔记的收藏量，那么他在创作笔记时就要考虑三个问题：用户是否能看见该笔记；用户是否愿意点击该笔记；该笔记是否具备收藏价值。这三项内容就是对“提升收藏量”这个大目标进行拆解的成果，根据这三项内容，创作者就可以完成对应的内容设置了。

（3）第三步：完成目标

完成目标需要根据拆解的成果进行针对性设置。根据上一步拆解出的三个小目标，创作者可以这样做。

第一，要让用户看到该笔记。一方面，创作者要确保笔记被平台收录，即必须确保笔记的原创性，且不能有违规行为；另一方面，要让笔记在关键词排名下得到有效展现，那么就要在内容中多提及关键词，提升笔记排名，至于如何提升笔记排名，后面将详细介绍，此处仅为举例说明，因此不做赘述。

第二，要让用户愿意点击该笔记。根据逆向用户思维可以得知，用户对标题有趣、图片精致的内容更容易产生点击的意愿，因此，创作者就可以在标题和图片上下功夫，比如，在标题中使用反问式、陈述式、惊叹式的写作方法，提升图片的清晰度，为图片适当增加装饰元素，提升图片美观度等。

图 2-39 所示为一篇手账排版教程笔记，创作者使用模板对图片进行整理和拼接，达到画面简洁清晰、标题突出的作用，使笔记具有较强的吸引力。

图 2-39

第三，必须确保笔记具备收藏价值。创作者仍然需要站在用户的角度思考问题，什么样的内容会让用户想要收藏呢？通常是合集类、攻略类或“种草”能力较强的笔记。而且在创作笔记时要尽可能详细，适当添加一些表情图案为笔记做分段，如图 2-40 所示，但注意不要超过小红书 1000 字的笔记字数限制。

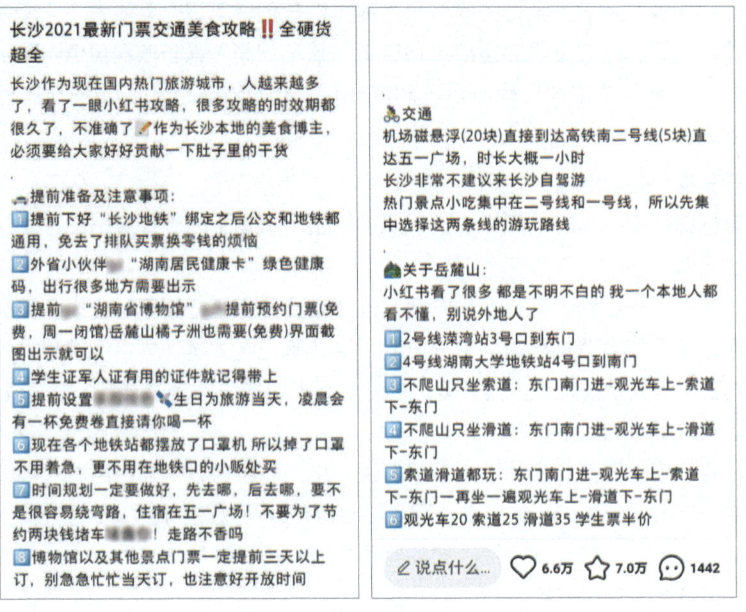

图 2-40

2.2 账号定位和内容选择

定位是指小红书账号的运营方向。没有明确账号的定位，账号笔记的持续输出就难以维系。

本节将围绕“构建账号定位”这个话题，为大家介绍构建账号定位的方法、如何根据账号定位选择笔记类型，另外还为大家介绍账号垂直度的相关内容。

2.2.1 构建账号定位的方法

定位是账号运营的基础，它为账号运营与内容创作划定了边界。简单来说，就是告诉创作者什么可以做，什么不可以做。有了账号定位，创作者才能围绕这个定位进行深度的内容创作并长期坚持下去。

图 2-41 所示为构建账号定位的七步法。接下来笔者将为大家介绍如何通过这七个步骤，找到账号定位。

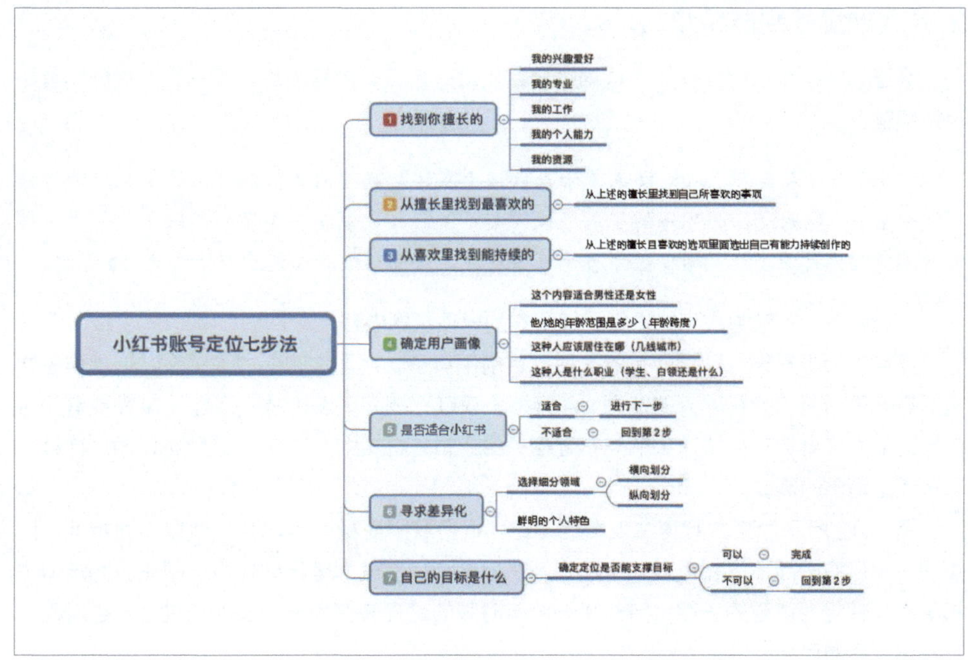

图 2-41

1. 找到你擅长的

笔者在这里所说的擅长的是指创作者做得比大多数人好的地方或者有什么特别的资源。每个人都有自己的特点，只要用心想，这个“擅长”绝不会是零。创作者可以根据以下几个方向将自己擅长的方面罗列出来。

（1）我的兴趣爱好。我曾经因兴趣学过哪些，或者坚持过哪些？如手账制作、电影鉴赏等。

（2）我的专业。我曾学过的专业是否让我具备一些能力或经验？如托福、雅思的备考经验，某些名校的硕博申请的经历等。

（3）我的工作。我现在所做的工作是什么？如插画师、新媒体运营等。

（4）我的个人能力。我有哪些能力特质？如总结能力比较强、语言能力比较强等。

（5）我的资源。我拥有哪些资源？如某个领域的人脉资源、丰富的国外生活经验等。

2. 从擅长里找到最喜欢的

兴趣是最好的动力源泉，创作者需要根据以上罗列出来的一条条“擅长”，考虑其中哪些是自己真正感兴趣的。除此之外，兴趣也能使创作者在运营中尽可能减少抵触情绪的产生。

思考完成后，将罗列出来的擅长逐项打上标签，喜欢的保留，不喜欢的删去。但是，喜欢的可以不是唯一的，可以先保留多条，在之后的逐一筛选中再确定自己最想要的。

3. 从喜欢里找到能持续的

这里的持续是指创作者能否根据账号定位进行持续的内容创作，简言之就是创作者能否持续输出。

举个例子，A 某有十双运动鞋，于是以这十双运动鞋为对象做测评，这十双鞋的测评写完之后，A 某就没什么可写的了。假设 A 某不买新鞋，他就失去了持续输出的能力，抑或 A 某对其他鞋不了解，即便买了也无法做测评，这也意味着 A 某没有持续输出的能力。

创作者要从兴趣中找到能进行持续写作的一项主题内容。

任何人都不是天生就懂所有的东西，目前不具备长期写作的能力没关系，但创作者要判断自己是否具备持续输入的能力。A 某那十双鞋评测完了没关系，但是 A 某需要有购买新鞋的能力或者拥有能快速了解与新鞋相关的逻辑分析能力，这样 A 某就可以通过持续输入来满足输出的需要。

图 2-42 所示为某减脂博主发布的笔记。很多减脂瘦身的笔记会以体重作为标准，比如"一个月瘦十斤""减重至九十斤"等，但这种标准就为笔记创作作了限制。而该博主却将瘦身转化为体重的长期维持，将一个有时限的过程转变为一个长期的过程，这就确保了笔记创作的可持续性。

图 2-42

根据上述原则，从第 2 点中筛选里自己喜欢且能持续输出的内容方向，此条结果仍然可以不唯一，可以保留多个选项进入下一步。

4. 确定用户画像

确定了笔记制作方向之后，接下来就要把这个方向的用户画像做出来。用户画像来源于数据分析，但在准备阶段能够获取的数据有限，如果是企业账号或许可以花费人力、财力去做市场调研，对于个人账号而言这就未免成本过高，操作起来也比较困难。所以，创作者可以通过思考以下几个问题描绘出大致的用户画像。

① 这个内容适合男性还是女性？

② 目标用户的年龄范围是多少（年龄跨度）？

③ 目标用户应该居住在哪（几线城市）？

④ 目标用户是什么职业（学生、白领、自由职业还是其他工作）？

图 2-43 所示为一个简易的用户画像，仅供大家参考。

图 2-43

5. 是否适合小红书

创作者需要了解一些小红书平台的背景数据，如果自己所喜欢、擅长且能持续输出的内容的目标人群是老年人，那就不用在小红书做账号运营了。因为小红书的主要用户群体是年轻人，老年人受众比较有限，这个内容不适合小红书。

这一步就是将上一步中得出的用户画像和小红书的背景数据进行对比。切记用户画像不一定非得是典型的小红书人群，毕竟有些创作者做的有可能是小众生意，但是也不能与背景数据相差太大，能够吻合肯定是最好的，但是有一些接近也不错。

如果答案是适合的，那么就可以确定一个大致的账号定位，进入下一步骤；如果答案是不适合的，那么创作者还得回到第 2 步，重新筛选自己擅长的内容，直到在这里得到最合适的答案。

6. 寻求差异化

本步骤的目标是确定最终的内容方向。了解过自媒体运营的创作者都明白，光是做内容很难在竞争中脱颖而出。在当前的互联网时代下，每个领域都有多个头部账号在竞争，几乎没有哪个领域是只有一个账号在做，即便有，也很难有足够的受众。

综上所述，创作者要做的是寻求内容的差异化，避免与他人直接竞争。那么该如何寻求差异化呢？可以从以下几个方面入手。

（1）选择细分领域

经过前面几个步骤的筛选，创作者已经确定了大致要做的内容方向，但这个方向往往都是大方向，而在这个大的方向里，创作者可以找到一些细分的小方向。

举个例子，美妆是小红书笔记中的一个热门大类，无数的小红书博主都在做这一领域的内容，因此在这个方向中，新人创作者很难脱颖而出，那么就可以在美妆这个大类中继续寻找细分领域，从而获取更多的机会。

在内容细分方面，有横向划分和纵向划分这两种细分的方向。接下来分别介绍这两种细分方向。

横向划分即在同层级的内容中寻找特别的小众分类。例如，化妆教程和评测就是美妆横向划分得出的两个结果。当然，这两类内容的竞争都十分激烈，那么就可以继续寻找其他横向划分的结果，比如化妆品的购物教程，介绍如何更快地购入新品、如何甄别正版产品和盗版产品等，如图 2-44 所示。

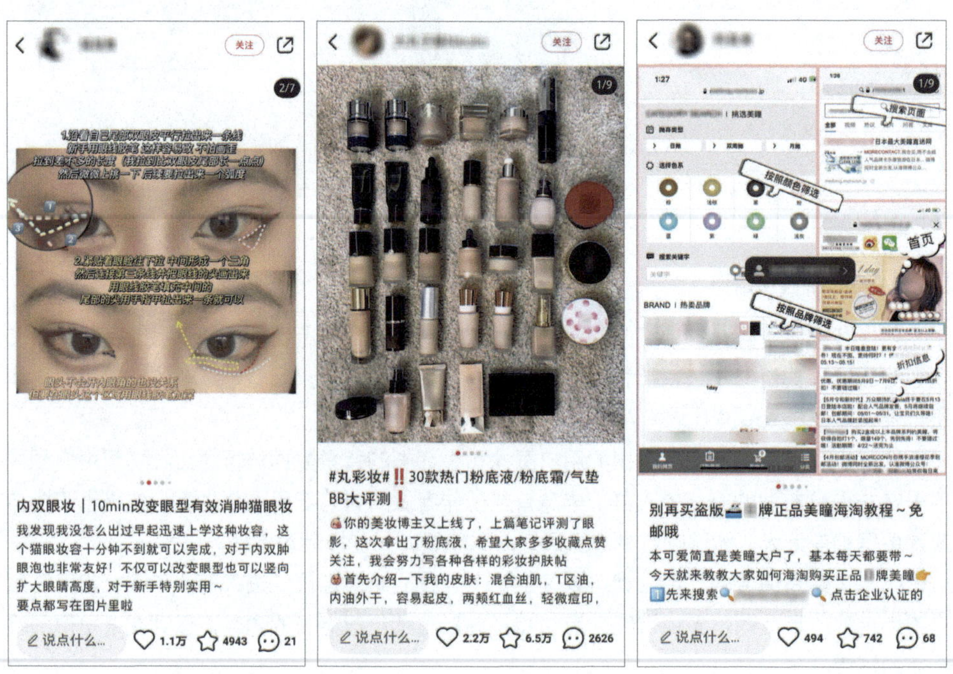

图 2-44

纵向划分即从大类中分出小类。美妆是大类，可以瞄准竞争较小的小类，图 2-45 所示的博主就专注做唇妆这个小类的内容。唇妆属于美妆的范畴，但相对而言竞争就会小很多。

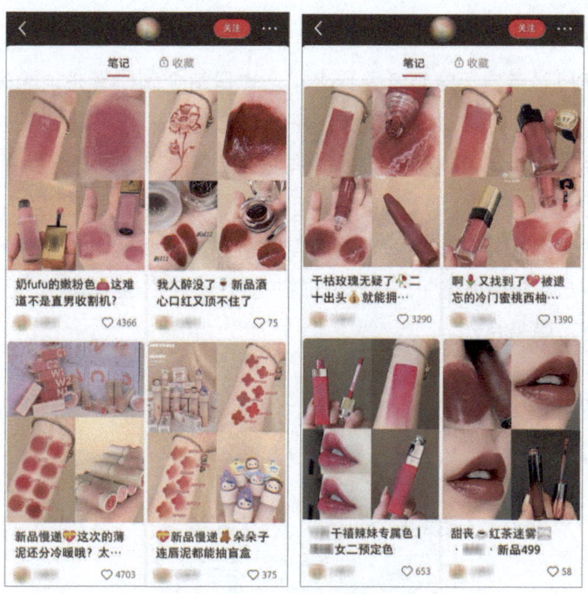

图 2-45

（2）鲜明的个人特色

除上述的细分领域之外，鲜明的个人特色也能避免竞争。例如，创作者可以在 Vlog 中加入一些幽默风趣的话术，或者经常说的口头禅等，这些都是能让内容具有鲜明的个人特色，成为独一无二的个人特征元素，这样积累的时间久了，会逐渐地被用户所记住和接受。

例如，直播行业的一个高人气主播，其口头禅“OMG”显然已经成为他在互联网上鲜明的个人标签，如图 2-46 所示。

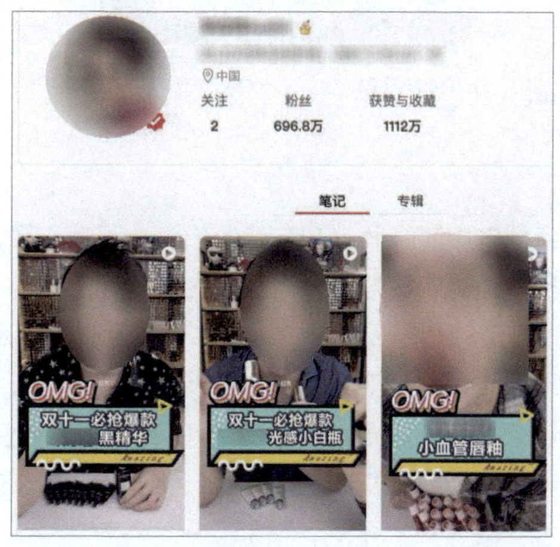

图 2-46

当然，讨论这些内容的前提还是内容质量够硬，如果内容质量不够好，创作者在哪个领域都难以出头，所以内容还是运营的基础。

7. 自己的目标是什么

最终的问题就是确定自己的目标是什么，这也是每个创作者必须明确的问题。例如做这个账号的意义是什么？是通过账号盈利，还是通过这个账号获得精神支持？

之所以在选择定位时必须要明确目标，是因为有些内容领域不容易变现。

图 2-47 所示为电影剪辑领域的笔记。可以看到这一类笔记的热度是比较可观的，很容易获得大量的关注度和播放量，但是当创作者希望将热度转化为商业利益的时候就会发现，主动找来投放广告的品牌是很少的，问题主要出在内容垂直度上，用户不精准，自然也就没品牌会来进行商务合作。

图 2-47

对创作者来说，辛苦地做出账号后，却在商业价值上不尽人意，就得不偿失了。所以创作者一定要先明确目标，明确到底为什么而做，之前确定的内容方向是否能支撑自己完成这个目标。如果答案是肯定的，那么至此，小红书账号定位就确定好了。

除了本节介绍的“七步法”，确定账号定位还有其他的方法，如 SWOT 分析法就是比较常用的方法。但“七步法”不仅通俗易懂，每个人都能理解和使用，它还足够流程化，即便是运营新人，也可以跟着本节的讲述逐步操作，最终找到自己的账号定位。

2.2.2 笔记类型的选择

早期小红书笔记一直是以图文内容为主，近几年随着短视频的发展，小红书在社区内大力推广视频内容，上线了视频功能，增加了视频号权益。

小红书的笔记有“图片＋文字”和“短视频＋文字”的形式，且视频和图片都位于文字上方。图 2-48 所示为“图片＋文字”形式的笔记，图 2-49 所示为“短视频＋文字”形式的笔记。

图 2-48

图 2-49

对于想要在小红书中长久发展的创作者来说，到底是选择创作图文笔记还是视频笔记，可以在了解图文笔记和视频笔记各自的优劣势，以及适合的内容再做选择。

1. 图文笔记

图文笔记作为小红书的传统内容形式，一直以来都有很大的受众。

（1）图文笔记的特点

用户在小红书内搜索内容时，是想要直观、方便地来获取各种产品的使用信息和感受的，所以相较于需要反复拉进度条的视频，同一主题的图文笔记的内容更加简单直观，点击量会更高。但是小红书笔记内容有最多 1000 字的限制，不适合制作较长篇幅的图文笔记。

另外，图文笔记对于拍摄设备的要求没有视频笔记那么严格，在制作上也更简单，创作成本会低很多。但是因为制作简单，所以图文笔记的内容更容易被复制和模仿，没有办法凸显博主的个人特色，所以笔记内容同质化现象严重。

虽然笔记阅读量高，很多图文笔记的点赞量和收藏量也很不错，但是不同账号所发布的同一类型的笔记对于用户来说没有很大的区别，所以用户的粉丝转化率低，做图文笔记的博主涨粉速度相对较慢，除非是在内容质量特别好的情况下。

除此之外，小红书对平台内笔记的审核日益严格，虽然是对全平台的笔记进行筛查，但对图文笔记的影响会更大。再加上平台对于视频内容的扶持，部分图文笔记的流量可能会受到影响。所以大家如果想要依靠图文笔记成功运营账号，做好内容最为关键。

(2) 适合图文笔记的内容

图文笔记最大的特点就是直观，用户阅读起来能够一目十行，快速找到自己所需的信息和重点。适合图文笔记的内容类型有以下五种。

① 大量产品合集类。

介绍产品合集内容时，少量的产品信息可以通过视频来讲解，但如果是大量的产品合集信息，则适合用图文笔记的形式来介绍，图文形式清晰明了，用户看起来更轻松。

图 2-50 所示为多个拍照姿势的内容介绍合集。由于拍照姿势较多，图文形式能够通过拼图和文字相结合的形式向用户展示笔记内容，并且方便用户反复观看。

② 对比类。

对比类笔记内容的吸睛之处在于对比前后反差巨大，通过图片能够直观地表现出这种反差，如图 2-51 所示。

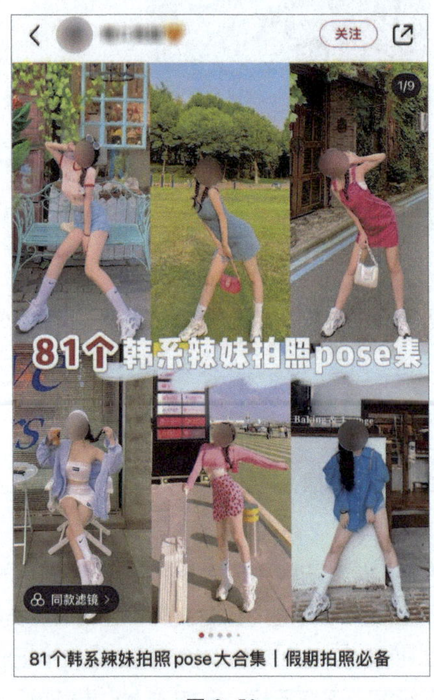

图 2-50

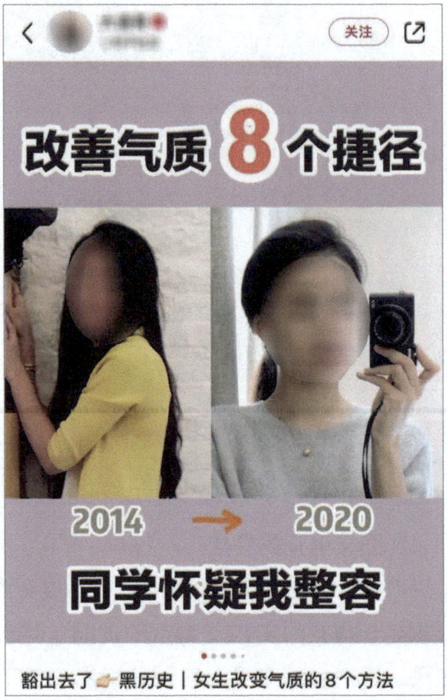

图 2-51

③ 简易教程类。

简易教程类的笔记内容更适合用图文笔记的形式来完成。如图 2-52 所示，用图文形式记录教程步骤时会非常简单，方便操作，可以一边看一边上手尝试，但是视频在观看的时候就不是很方便了。

④ 穿搭类。

单纯的造型穿搭展示很适合通过图文笔记的形式分享给用户，如图 2-53 所示。但笔记如果包含穿搭技巧、时尚理念讲解等内容，通过视频笔记的形式展示会比较合适。

⑤ 经验分享类。

经验分享类笔记往往干货比较多，需要我们集中注意力来浏览和记忆内容，所以这类笔记不太适合制作成碎片化的短视频形式。图文形式能够通过文字排版，详略得当地展示笔记内容，还能方便用户保存笔记内容，如图 2-54 所示。

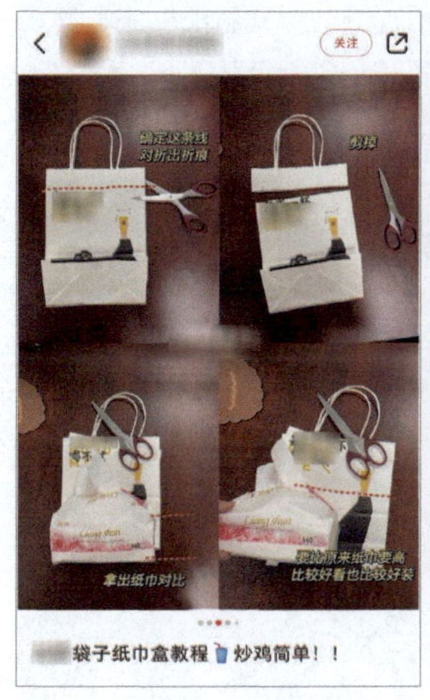

图 2-52

图 2-53

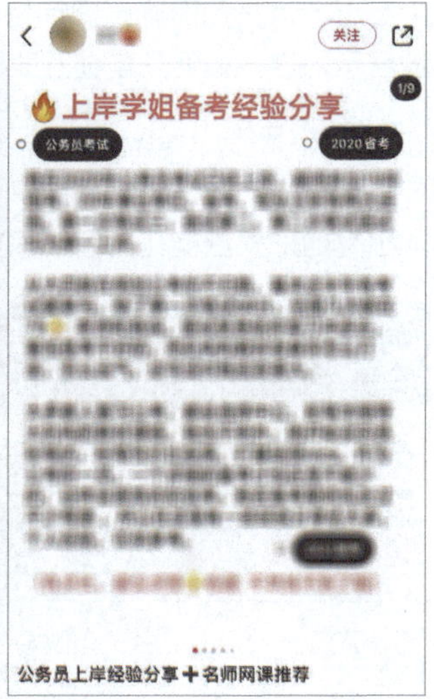

图 2-54

2. 视频笔记

视频形式的笔记是小红书近几年来大力推广的内容形式。

(1) 视频笔记的特点

视频笔记的表现内容和展现形式灵活多变，用户浏览时不需要高度集中注意力，比起阅读图文笔记更加轻松。

相对于图文形式的内容，视频形式的内容制作起来会比较困难。一是成本高，除了相机之外，录制专业的视频还需要打光、录音、布景，后期视频还要经过剪辑和编辑才能正式发布；二是出镜难，因为现在小红书上的视频内容一般都是以真人出镜为主，如果想要真人出镜，在实际拍摄过程中还需要注意声音和仪态。但是正因为有真人出镜，视频笔记的声音和画面的不同，所以出现同质化内容的情况会比较少，博主能够快速形成个人特色，其粉丝黏性更强，涨粉更加容易。

如果想创作视频内容，那么视频前一分钟的内容是十分重要的。因为如果前面的内容不吸引人，用户就很容易退出，坚持不到最后。所以相对于图文笔记，视频笔记阅读量往往都不是很高。

(2) 适合视频笔记的内容

比起图文，视频更具有真实性和互动性，特别适合制作那些可以对内容进行交流和碰撞的观点类、讲解类内容，比如以下三种类型。

① 复杂教程类。

需要连贯操作和讲解的较为复杂的教程类内容，如美食制作教程、健身运动教程等（见图 2-55），适合采用视频形式来制作，能生动直观地为用户展示每一个操作细节。

② 生活日常类。

生活日常类内容用图片很难形象地表现出来，但如果采用视频的形式就能够生动有趣地展示内容，如近几年在互联网上非常流行的 Vlog 视频，如图 2-56 所示。

③ 观点输出类。

视频因为有互动性，所以适合用来制作观点输出类型的内容，并且“真人出镜 + 观点输出”的形式更能让人留下深刻印象。图 2-57 所示为小红书某观点输出视频笔记示例。

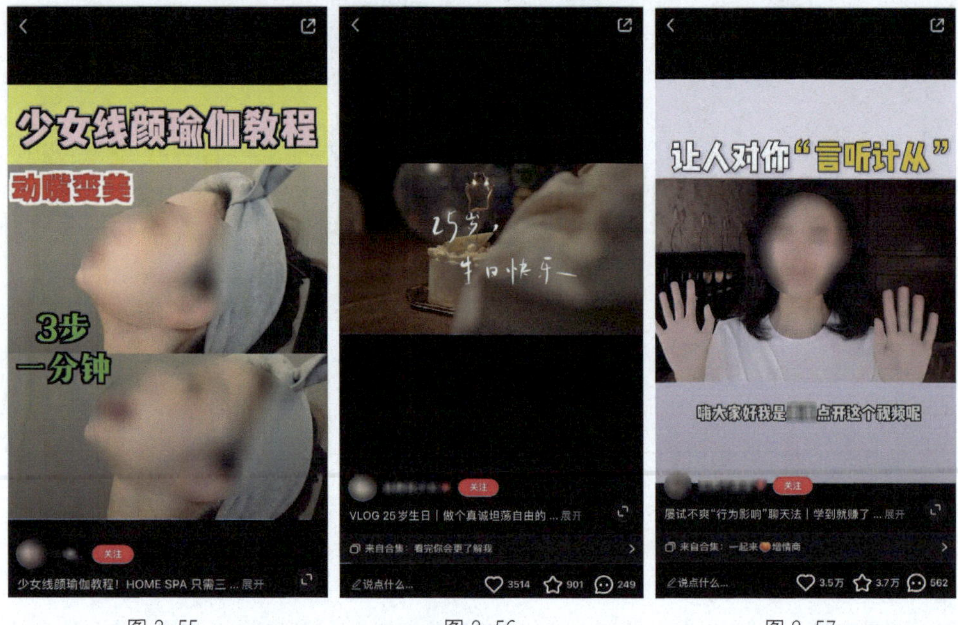

图 2-55　　图 2-56　　图 2-57

3. 总结

在小红书社区中，虽然制作门槛低、阅读流量高的图文笔记具有明显的内容优势，但是从长远发展来看，视频内容是更好的选择。因为视频内容可以同步更新多个平台，能够触达的受众范围更广。

目前，我们正处在短视频的时代，视频内容形式是流行趋势，多个互联网社交平台都在布局视频内容。其中，小红书是推广视频内容的主力，相对于图文笔记，视频笔记在小红书的曝光量会更多。从广告商和品牌方的投放布局来看，视频形式将会成为广告投放的主流形式，因为视频内容更具真实性和互动性，能够全方位、客观地展示产品特性。所以，从长远的内容规划来看，视频内容更值得深入创作。

2.2.3 内容垂直度

本节将为大家介绍内容垂直度的相关知识。

1. 概念——什么是内容垂直

保持内容垂直，简单来讲就是持续地专注于某一个领域的内容更新，在内容更新过程中尽量少地或者完全不插入其他领域的内容。

作为账号的拥有人，我们对自己的账号拥有绝对掌控权，可以任意地发布自己喜欢的内容，这时候很难称得上内容是垂直的，且平台不会对这种运营行为有过多干扰。因此内容垂直并非是平台的限制，而是一个非约束性的运营策略。

2. 意义——为何要内容垂直

垂直是个人主观的运营策略，平台并不强制我们做垂直内容。创作者之所以还要做垂直领域运营，是因为希望通过垂直加深用户对账号的印象，降低用户对账号的记忆成本，即降低用户记住账号所需要的时间精力。简而言之，创作者能够通过内容垂直，让用户在最短时间内记住所运营的账号。

如果你的小红书主页里，发布的内容种类很多，如穿搭、美妆、美食、旅游等，用户因为一篇穿搭类笔记点进你的主页，看到更多的却是美食类笔记，他理所当然地不会选择关注你；又或者你写了许多穿搭笔记，但因为混杂了其他类目，用户无法在短时间内判断这个账号到底是做什么的。用户无法明确你能给他提供什么价值，他自然不会选择关注你，而你在无形之中错过了很多次用户关注你的机会。

图 2-58 所示为某穿搭博主的主页。该博主发布的内容都是精心拍摄的时尚穿搭大片，创作风格十分统一，这就是内容高度垂直的体现。

图 2-58

若一个账号只发布一种类型的内容，并且包括头像、简介、内容分类，甚至笔记封面等一切账号设置都只为凸显账号的这一垂直内容，就能够使用户对该账号的记忆成本大大降低，从而提高账号的涨粉速度。

在以往内容不垂直的情况下，用户记住一个账号要一分钟，而现在可能只需要几秒。所以使用垂直领域运营策略是为了让用户在看到笔记、点进主页后，能够在极短的时间内对该账号产生一个明确的印象，快速地记住该账号，并且尽可能地转化成为粉丝。

图 2-59 所示为某摄影博主的主页。除了发布大量摄影作品外，该博主还将自己发布的内容进行更加细致的分类，并将其整理到收藏夹中，用户只需要切换至收藏夹页面就能看到该博主发布的内容。

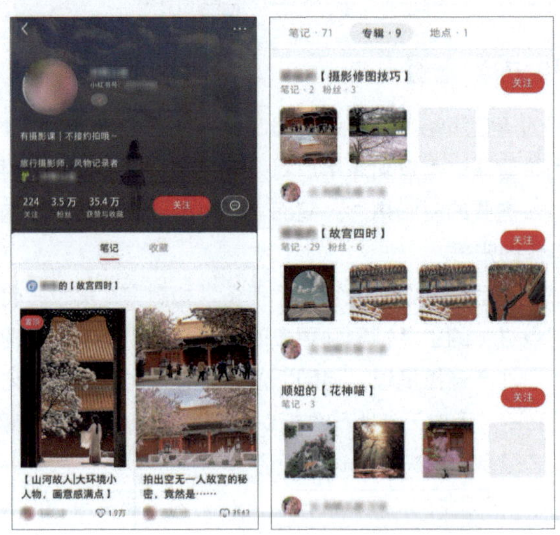

图 2–59

3. 方法——如何做到内容垂直

换种说法，垂直就是为自己的内容找到一个锚点，让大家能快速地从复杂的内容里找到所要表达的主题。想要做到内容垂直，有以下两种方法。

（1）突出特征

垂直并非一定要按照内容类目来划分，类目划分垂直只是一种最简单、最容易理解的垂直形式，符合大部分人的思维方式，但内容类目划分垂直并不绝对。

比如名人粉丝的黏性是非常高的，名人发布的内容其实很难根据内容类目进行归纳，但他们发布的内容也是垂直的——垂直于自己。只要是和名人本人相关的信息，都为粉丝提供了价值，这也是一种内容垂直的体现。

有些人的性格特征比较突出，就可以从性格特征的角度形成垂直。图 2-60 所示为某公众号的消息页面，其中涉及的内容非常广泛，但不变的核心是他对万事的理解能够突破表象并以风趣的形式展现出来。

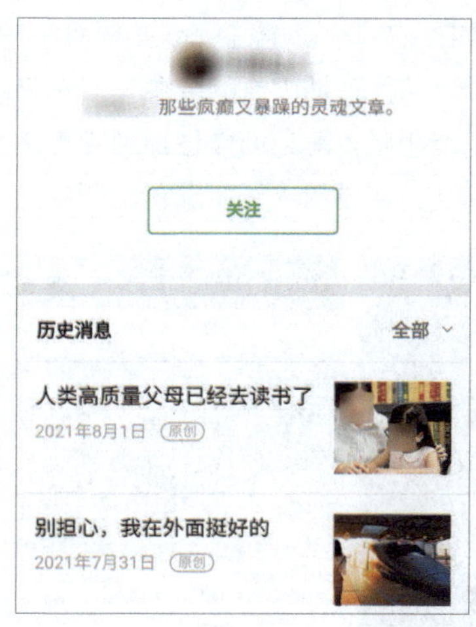

图 2-60

如果一个创作者特别有趣，或语言特别犀利，或胆子特别大，这些特征都有机会成为垂直的一个点。但要想找到这样突出的特征看似容易实则很难，所以这个方法对于大多数人来说很难做到，建议有条件的人可以试试。

不过，如果觉得第一个方法无从下手也不要气馁，第二个方法是大多数人都能够做到的。

(2) 内容简单化

这种方法适合大多数人，就是让自己做的内容变得简单，越简单越容易被人理解。举个例子，同时做 A、B、C、D、E 等多个任务，和只做任务 A 但把任务 A 做得不错，二者对比肯定是后者更容易被人理解，也更加容易被记住。

作为博主，希望的是能全方位地展示自己，但是这样的想法是不现实的。越是急于完整地展示自己，就越容易失去被别人快速了解的机会，就像我们与人交谈时也是由点到面地了解彼此。所以内容简单化是最容易实现内容垂直的途径之一。

① 持续输出同一个领域的内容。

要做到内容简单化，首先要做的就是持续输出同一个领域的内容，如都是美妆类或者都是美食类内容。当然，其中还能更加细分，如美妆中还有眼影与口红试色、美妆教程、美妆测评等，这些都可以算是一个小类目。

② 账号相关设置尽量保持一致。

内容领域之外的其他设置，如账号属性、头像、个人简介、昵称，以及最直观的笔记封面，最好能够保持统一的风格。

例如，我是一个母婴博主，分享育儿相关的知识，那么我的头像是孩子的图片，我的简介介绍我是一个什么样性格的母亲，我的昵称叫 xx 妈妈，我的笔记封面统一设置为可爱的婴幼儿风格，那么别人在看到我的主页第一时间，就能够很清晰地了解我是一个什么样的账号了。

图 2-61 所示为某美食博主的主页。该博主不仅在昵称中加入了“觅食”这一关键词，还在简介中突出了“吃吃喝喝”“喜欢烟火气的美食”“深挖全国各地特产小吃”等特征，将美食这个内容主题细化为特产小吃，笔记创作也都围绕着这个主题进行，语言平实亲切，整个账号的氛围打造得比较成功，容易给人留下深刻的印象。

图 2-61

4. 拓展——内容垂直常见问题的解答

说了这么多，相信大家也应该意识到内容垂直的重要性，但在实际运营操作过程中，还是会遇到很多问题，所以这里把几个常见的关于内容垂直的问题做个统一的解答。

① 创作者发布两个领域的内容还属于内容垂直吗？

保持内容垂直就是指专注更新某一个领域的内容，最好是能够细化到其中的某一个分支。比如都是美业相关的内容，但美妆和美甲不能完全算是一个领域内的内容，所以不能算是内容垂直。如果一个账号发布的内容涉及美妆教程和美食探店，当然就更不能算是内容垂直了。

需要注意的是，在确定了内容垂直和定位之后，就不要再频繁更改了，最好能坚持输出这一类内容，并且还要保持内容的高度价值。

② 为什么一些头部博主可以不垂直，想发什么就发什么？

头部博主不完全依赖内容垂直，因为他们已经有很多粉丝了，发什么都能有流量，也都有粉丝的支持。但是对于很多刚刚起步的小红书博主来说，因处在粉丝积累的阶段，其粉丝还不是很多，保持内容垂直就是为了让用户能够记住我们，以达到快速涨粉的目的。

2.3 小红书运营的入门操作

在小红书发布笔记简单直接，并且笔记内容都是公开面向用户的。本节将介绍注册小红书账号后有关运营的基本内容与方法，以便读者对小红书的实际运营有一个初步的认识和了解。

2.3.1 完善账号信息

博主成功注册账号并登录小红书 App 后，在“我”页面中，可以查看、完善和修改头像、二维码、名称、简介、背景图等账号相关信息内容。

完善个人信息对于增加账号权重、提升用户等级有不小的作用。完善小红书的账号信息，帮助博主打造立体人设，是小红书运营中的重要一环。

接下来将为大家介绍账号设置的具体操作方法。

步骤 1 打开小红书，点击下方的“我”按钮切换至个人主页，点击“编辑资料”按钮进入资料编辑页面，点击“选择生日”按钮开始编辑生日信息，如图 2-62 所示。

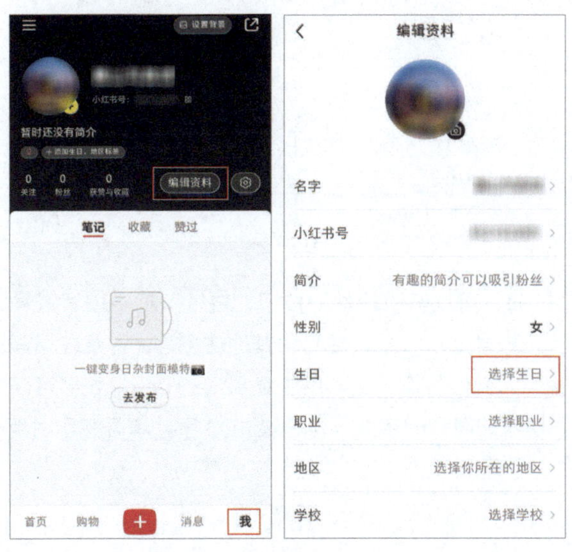

图 2-62

步骤 2 在“编辑生日”页面选择是否展示生日标签，勾选“展示年龄”“展示星座”，并选择生日的具体年月日，完成后点击右上角的“保存”按钮回到资料编辑页面，如图 2-63 所示。

步骤 3 点击“选择你所在的地区”按钮，选择是否展示地区，若选择不展示，则此项信息将不会展示在个人主页中，点击“选择你的地区”按钮可以进入地区选择页面，如图 2-64 所示。

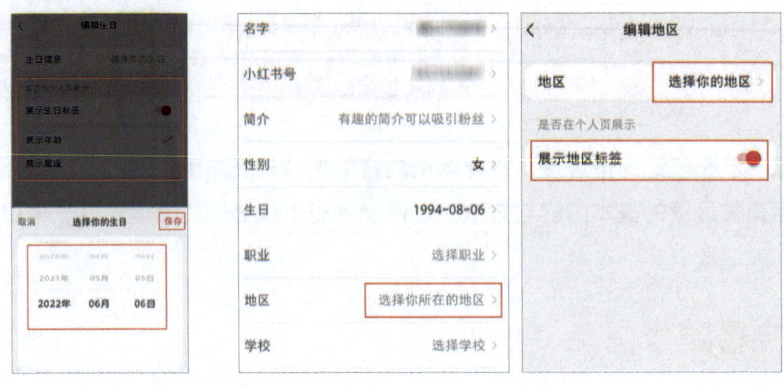

图 2-63　　图 2-64

步骤 4 地区信息的填写影响“附近”这一项数据的推送，因此创作者可以根据目标人群的地域分布来确认并自主选择地区信息，点击“请开启定位权限”按钮，可以开启位置权限并通过自动定位完成地区信息的填写。地区选择完毕后，会自动跳转回“编辑地区”页面，如图 2-65 所示。

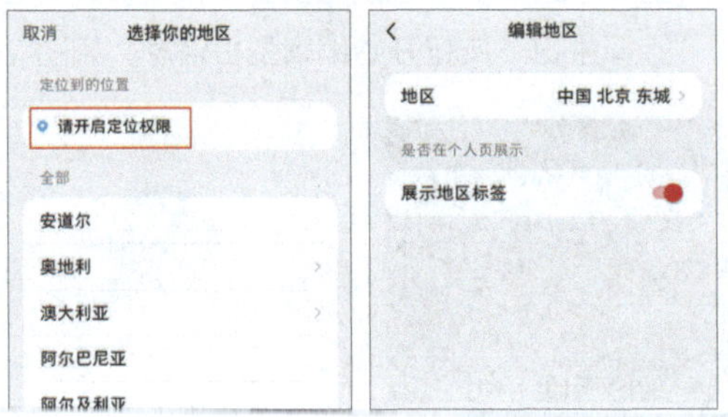

图 2-65

步骤 5 点击“有趣的简介可以吸引粉丝”按钮，在输入框中填写账号简介。简介通常是对账号的简单介绍，如账号定位、本人性格和其他信息等，注意在填写联系方式等信息时不要直接出现“邮箱”“微信”等词语，用生动易懂的 emoji 表情可以避免被平台当作第三方引流内容处罚，填写的简介的字数不得超过 100 字，填写完毕后点击“保存”按钮，如图 2-66 所示。

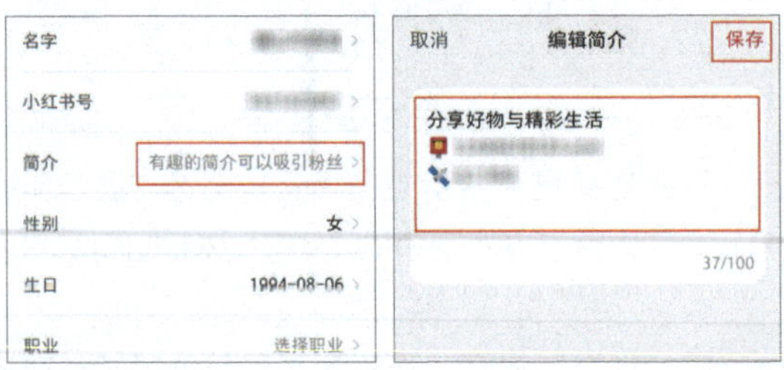

图 2-66

步骤 6 “更多信息”模块中的信息仅博主自己可见，完善资料可以提高账号权重并帮助创作者更加方便地使用小红书，但它们并不是必填项，创作者自主选择即可，在此不作赘述。信息填写完毕后，返回个人主页并刷新页面，完善的信息将自动更新，如图 2-67 所示。

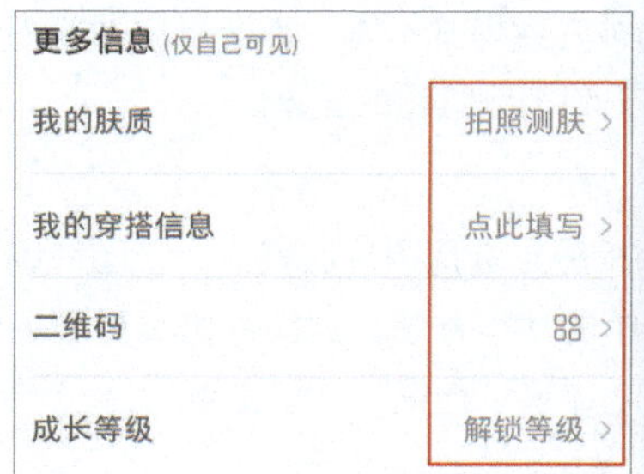

图 2-67

2.3.2 发布一篇笔记

博主在小红书成功注册账号并完善相关信息后，成功发布一篇小红书笔记才真正代表博主开始运营小红书账号了。

第一篇小红书笔记的创建是最难的，万事开头难，在不清楚平台笔记发布规则的情况下很难避免失误，可能做出来的笔记内容达到了博主自己的要求，却无法满足平台的要求，导致笔记无法获得更多的流量推荐。除了保证内容的质量，尽可能地完善笔记，不浪费每一个可使用的笔记设置项目才是最符合平台规则的。

1. 创建内容

在小红书首页，点击底部任务栏中的“+”按钮，用户可以选择拍摄视频或照片进行内容发布，也可以从手机相册中选择已有的素材，如图 2-68 所示。

图 2-68

2. 笔记的配置

在手机相册里选择视频或图片，如果选择了视频会变成视频笔记发布模式，如果选择了照片就会变成图文笔记发布模式。因为两种内容形式不同，选择了不同的内容之后，操作界面也有些区别。下面分别来介绍图文笔记和视频笔记的配置。

（1）图文笔记

每篇笔记中最多可以插入 9 张图片，从相册里选择照片后就进入了图片编辑页面，如图 2-69 所示，博主可以通过点击编辑页面中的功能按钮，对图片进行更多的编辑操作，以使图片满足笔记需要。其中用户最常用的功能是“标记”和“文字”。

图 2-69

① 标记。

普通账号有两种可供标记的选项，如图 2-70 所示，分别为“用户”和“地点”，如果笔记添加了标记，用户可以在笔记图片上点击标记直接跳转到对应页面。如果标记的是用户，那么点击标记就能跳转到个人主页。

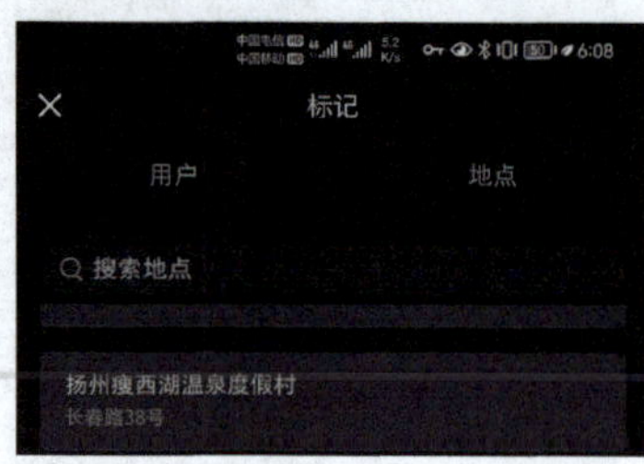

图 2-70

开通了小红书店铺的用户则会多一个标记功能，用于标记自己店铺里的商品，用户点击标记，即可跳转到商品购买页面，不过目前该功能仅支持标记自己店铺的商品。

② 文字 T。

“文字”里有“花字”“标题”“标签”“样式”功能可供用户使用，其中“标签”是小红书博主常用的一项功能，如图 2-71 所示。笔记中的自定义标签能够突出笔记配图中的重点信息，例如，博主可以通过标签介绍图片中出现的美食，如图 2-72 所示。

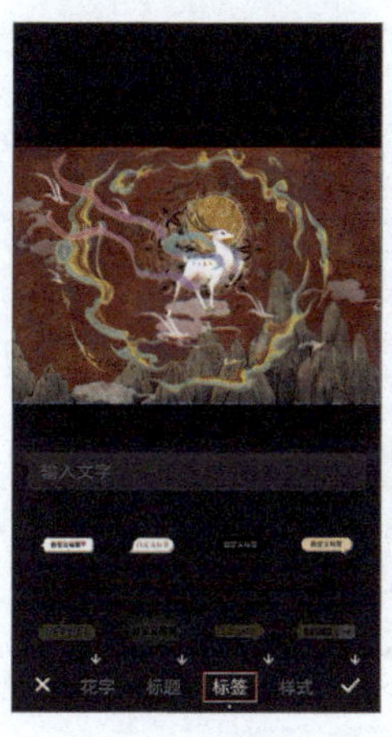

图 2-71

图 2-72

编辑好图片之后，点击右上角的“下一步”按钮，即可进入笔记编辑页面，如图 2-73 所示。

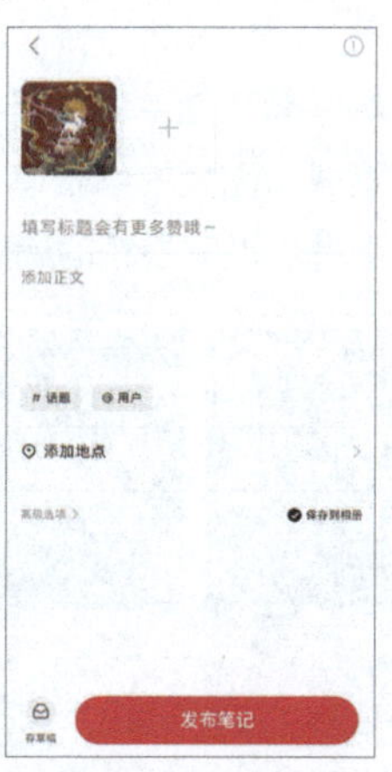

图 2-73

在笔记编辑页面输入标题和正文内容，添加讨论量高且与内容相吻合的话题，可以使笔记容易被更多用户看到。可以为笔记添加多个话题，有助于笔记更好地曝光，但要注意，话题一定要具备相关性，否则笔记不会被话题收录，即便添加了也没有任何的作用。

@ 用户可以根据实际情况决定是否添加，目前这一项功能对笔记的流量没有影响。

为笔记添加地点标记后，能够让笔记直接推送给地点同城的用户，增加笔记曝光次数。如果是有关于旅行或者探店娱乐类的笔记，建议大家为笔记添加地点标记。

高级选项在初级阶段比较少用到，前期可用的功能只有直播预告，博主可以在发布直播预告类图文笔记时使用该功能，用户可以点击“预约”按钮来预约直播，如图 2-74 所示。高级选项主要在和小红书蒲公英平台的品牌合作时使用，但这需要博主成为品牌合作人且有品牌合作下单的时候才能使用。如果以后大家有了品牌合作，在发布笔记前需要在高级选项里绑定品牌合作订单才行。

图 2-74

(2) 视频笔记

从相册里选择视频后，通过视频编辑页面中的功能按钮，可以对视频进行更多的编辑操作，如图 2-75 所示。视频的编辑模式与图文的编辑模式有较大区别，但最后的填写标题、正文内容部分都是相同的。所以这里重点讲解视频的编辑功能。

图 2-75

在小红书的众多视频编辑功能中，视频博主最常用的是“字幕”和“章节”这两个功能。

① 字幕▣。

此功能可以将视频中的语音转化成文字，并以字幕形式在视频画面中呈现。图 2-76 所示为正在识别字幕的视频编辑页面。

② 章节▣。

章节是创作者对视频内容进行切分的产物，用户点击笔记正文中的章节标记，可以快速地跳转到对应节点。图 2-77 所示的是为视频添加章节的编辑页面，博主可以拖动进度条在视频的合适位置添加章节。

图 2-76

图 2-77

假如视频时长较长，博主可以使用章节功能，根据视频内容将其划分几个内容章节，方便用户跳转观看感兴趣的部分，从而避免用户因为失去耐心而不再观看视频，提升视频笔记的观看时长。建议创作视频笔记的博主在能添加章节的情况下，尽量添加章节功能。图 2-78 所示为小红书某使用章节功能的视频笔记示例。

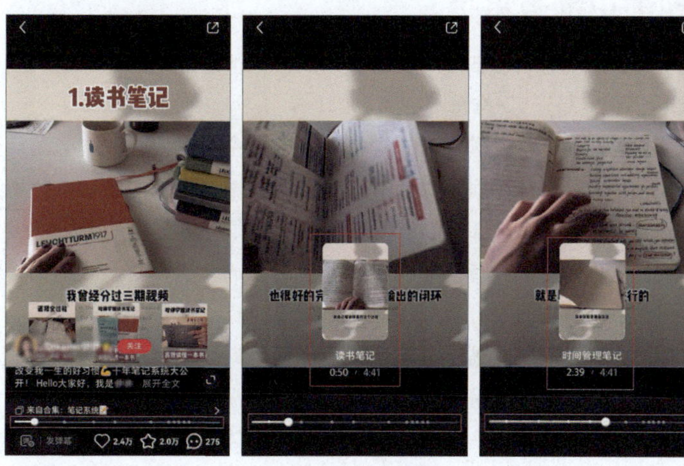

图 2-78

3. 平台规则

除了设置笔记各项内容，最重要的就是笔记内容本身应该是符合平台规则的。笔记在发布过程中最常遇到的问题是水印、站外导流、广告、内容搬运。

水印和站外导流问题多为意外所致。

由于剪辑软件会自动在视频的首末处添加剪辑软件的Logo，有些博主没注意，直接在小红书上传做好的视频，就会导致笔记因为水印的原因被判为违规，所以在上传视频前务必注意水印问题。

有些博主因为分享的原因，可能会将资料上传到网盘或者协同文档里，并将链接直接写进了笔记里，这其实是违规操作，会被平台判为站外导流。

广告意为内容存在宣传的可能，例如，在内容里植入了其他品牌的广告，这是违规的，正规的广告合作需要使用蒲公英平台。

搬运内容是个严重问题，部分博主辛苦创作的内容被别人使用会感觉很气愤，同样地，如果使用了别人的内容发布笔记，也是对他人的不尊重，所以博主务必要保证内容的原创性。

以上的这些笔记配置要尽可能地完善，这样才能获得更多的小红书流量推荐。

2.4 笔记发布的秘密

一篇笔记能不能火，其实受到多方原因的影响，如账号的粉丝积累、内容的质量等，除此之外，还有新人创作者很容易忽略的一点：笔记发布时间。本节将介绍小红书笔记发布的秘密和注意事项。

2.4.1 了解笔记推荐算法

在说明为什么要注意笔记发布时间之前，先回顾一下小红书的产品逻辑。小红书笔记的流量一般来源于两个部分——推荐和搜索。

搜索的排名在笔记排名与权重算法的相关内容中将会详细介绍，本节重点分析推荐相关的内容。一方面，推荐中的数据会成为搜索排名的依据，另一方面，推荐本身也会为笔记获得一部分流量，所以推荐这部分的流量创作者是必须要拿到的，最好还要保证流量尽可能精准，这样才能获得较高的转化率，进而拥有更多的曝光，甚至对笔记排名产生较大的积极影响。

在小红书平台，一篇笔记发布后，笔记会根据账号的垂直领域、笔记标签、笔记受众等因素被推荐给目标用户。经过第一轮推荐后，平台再根据第一轮中的阅读、点赞量、转发量、评论数等数据决定是否进一步将笔记推荐到更高的流量池中。如果接受推荐的目标人群足够精准，笔记的转化数据可能就会越好，然而如果想要接受推荐的人群更加精准，除了依靠内容分类，难道就只能靠小红书来做决定吗？不是的，这时就涉及一个很容易被忽略的问题——发布时间和目标人群之间的关系。

尽管平台的算法掌握着智能推荐的主动权，但是创作者也能通过人工干预，优化这一结果。比如，将笔记的发布时间与对应人群的活跃时间做对应，这样笔记就有机会刚好推送给精准的目标人群。

图 2-79 所示为小红书笔记的审核流程，从中可以得知，小红书笔记推送方式是通过审核后，机器自动进行推荐。创作者可以根据笔记的审核流程及目标用户的预计活跃时间来确定笔记的发布时间。

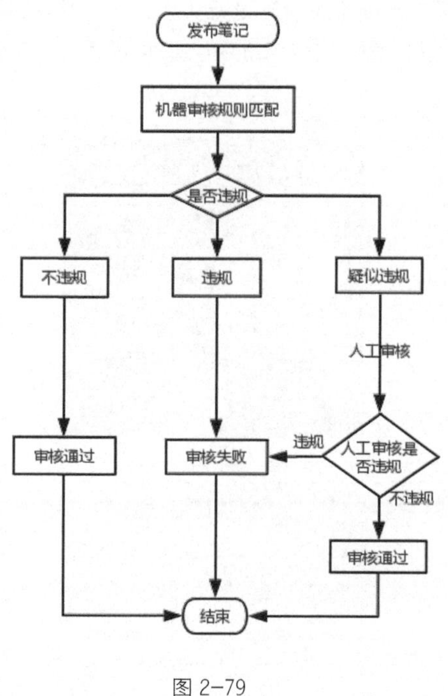

图 2-79

例如，护肤相关的笔记最好 20:00～23:00 发布，原因首先是小红书的女性用户以城市白领为主，这个时间点是女性护肤的时间，其次护肤大多数是较容易复制的“现学现卖”的行为，基本看完就可以试试看，基本不会有太多的延迟，除非需要购买某些特定的护肤品，但这也会促使这段时间下单量更高。

所以，如果发布护肤的笔记，最好在 19:45 左右提交发布，经过 30～60 分钟的小红书审核后开始进行推荐，由于是“真”典型人群，笔记会更容易获得数据转化。

如果不是这个时间节点去发布笔记则会造成“非”典型人群查看，数据转化率则会降低很多。例如，在中午 12:00 布发护肤笔记，笔记可能就会推荐给中午午休随便刷小红书的人群；或者推荐给新注册用户，这部分可以视为疑似匹配人群，但是因为时间原因，这不是典型人群。这就是为什么创作者要去优化笔记发布时间。

2.4.2 确定笔记发布的时间

根据上述的案例可以推断出，因为笔记类型不同，那么其面向人群也不同，这意味着换个领域，我们的笔记发布时间就开始变了。在这种情况下，该如何确定出笔记的正确发布时间呢?

根据下面这个步骤，保证你很快就能推导出笔记的正确发布的时间。

1. 确定笔记类型及受众人群画像

在这一步里，你必须清楚地知道你的笔记内容是什么，以及应该是给什么样的人看的。

图 2-80 所示为一篇关于城市旅行的笔记，大家可以从中整理出该笔记的关键词为上海、公园、情侣，受众人群为居住在上海的初入职场或还在读书的女性。

图 2-80

2. 人群分析

仍以图 2-80 所示笔记为示例，根据上面所说的受众人群和笔记内容的匹配结果，推测目标受众大部分都是周末去玩，并且一般情况下去哪玩应该是提前决定的，所以大部分人会在前一天晚上或者当天早上做出决策。当然在当天早上发布笔记可能比较被动，最好的时间是在前一天晚上，如周五或者周六的晚上。

创作者还可以将这个时间确定到下班以后，因为下班后的休息时间才是用户使用小红书的偏好时间。按照城市年轻女性的生活规律，一般下班到家吃晚饭在 19:00 ～ 20:00，再考虑到平台审核时间，最终可以得出，在周五或周六的 20:00 ～ 23:00 是笔记最佳推送时间。

为了验证上述的结论是否可靠，创作者最好针对相应人群做一个简单的调研，比如询问周围的朋友如果出去玩是不是在这个时间做决策，这样尽管数据可能不是最准确的，但是可以在付出较低成本的前提下得到一个相对准确的发布时间。

简单的调研比较适合个人博主，但如果是企业，要求每篇笔记都精益求精，那么就要做更深入的分析和调研了，不过分析的逻辑还是相同的。

图 2-81 所示为一篇跨年穿搭笔记，该创作者选择在 12 月底发布笔记，就是考虑到此时大多数用户正在为跨年作准备，因此在此时发布该内容更容易受到用户关注。

图 2-81

通过分析人群可以推算出大多数笔记的黄金推送时间，不过，并不是所有的笔记的最佳推送时间都这么容易分析，比如很多教程主要是通过搜索获得曝光，这类内容就很难有最佳时间的说法，当然也不用太纠结，创作者还可以使用其他方法。

3. 测试优化

得出相对的决策以后，很有可能推断得出的两个时间都有不错的可能性，谁都无法保证哪个时间才是具有最佳效果的时间。有些类型的笔记不太能分析出最佳推送时间，那创作者就要根据本次的发布时间，例如，在 13：00 ～ 15：00 发布，记录发布后 1 小时左右的数据，下次再发布的时候换到 19：00 ～ 21：00，再记录发布后 1 小时左右的数据，反复测试 2 ～ 3 次，就能得出相对正确的结论了。

随着小红书的规则不断地改变，账号运营方式也会随着改变。不断地根据结果去优化下次的运营方式，才是运营最大的必杀技。

2.5 爆款笔记的秘密

一篇小红书笔记的效果表现得好或者不好，其实是由两个部分决定的。一部分是标题和封面，主要的作用是吸引用户受众的注意，从而点击进入笔记页面；另一部分是笔记的内容和文字，主要的作用是对用户产生价值，并且提升互动率。

这两部分如果都做得好，笔记的效果就有可能变得好，所以创作爆款笔记要分别解决这两个部分的问题。在本节内容里，我们按照从上至下的顺序，优先解决标题和封面的问题。

2.5.1 爆款笔记的本质——平台与用户的认同

在小红书里做出爆款笔记，不仅能为博主带来知名度，还能使博主快速地涨粉，这对于任何一位博主而言，都是一种快速而高效的成功手段。因此，能持续地制作爆款笔记，就是小红书博主的终极追求。

图 2-82 所示为某穿搭博主的主页，可以看到尽管有多篇热度破千的笔记，但并不是每篇笔记都能达到这样的热度，“爆文”并不是那么容易写成的，天时、地利、人和缺一不可。

图 2-82

爆款笔记虽然有套路，但并不存在动动手指就能获得成功的秘诀。所以“爆文”是如何创作出来的呢？答案就是“好的内容”。

好的内容能够带来爆文，并且能持续地带来爆文。小红书中制作爆款笔记没有“黑科技”，只能通过不断学习和写作去提高制作出爆款笔记的概率。所以做出爆文笔记的方法，就是学习如何做内容，如何做出好的内容，如何做出小红书用户爱看的内容。

小红书用户在这两年激增。虽然看笔记的人更多了，但是小红书的博主也更多了，小红书也不再是之前缺内容、缺博主的小红书了。只有质量上乘的内容，才能获得平台的推荐。

图 2-83 所示为小红书中丰富多样的笔记。

图 2-83

在当前阶段，想运营好小红书账号就要真正地学会创作好的内容。

图 2-84 所示这两篇笔记是小红书的爆款笔记。爆款笔记有众多的标签与特征，如内容丰富、干货、实用性强、垂直度高、图美、信息量大等，如图 2-85 所示。

图 2-84

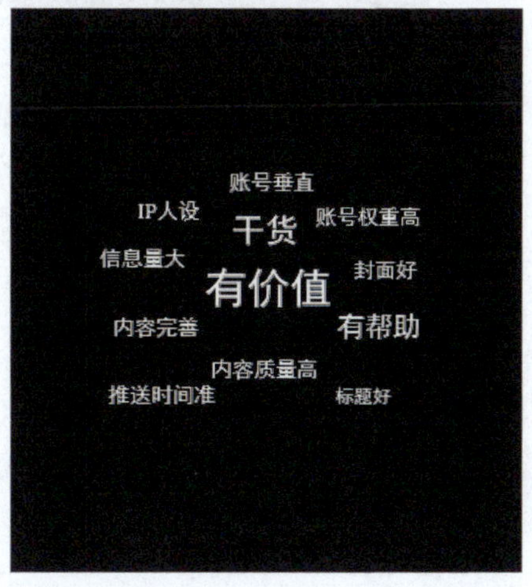

图 2-85

从爆款笔记中往往可以分析得出很多标签和特征，但如果缺少其中一两个甚至更多的标签，笔记就不会成为爆款笔记了吗？不一定。只不过具备的特征越多，笔记成为爆款的概率就越高。

综上所述，可以发现爆款笔记的本质和共同点，就是一个词——“认同”。创作者制作爆款笔记，其实就是在制造对账号内容的“认同”，一部分是平台的认同，另一部分是用户的认同。小红书平台就像一个大池塘，如果账号是一条鱼，平台的认同就是要求账号得是一条淡水鱼，否则鱼在池塘里就无法生存下去；而用户的认同就是池塘里没有淡水鱼的天敌，所以鱼才能在这里生存下去。

平台的认同就是平台需要的内容，并且该内容不违反平台规则；而用户的认同则是能够对用户产生价值的内容。平台的认同使你的笔记能够在小红书里被正常推荐，而用户的认同则是能够获得更多的推荐流量。

图 2-86 所示为小红书爆款笔记的运营链路图，按照这个流程制作爆款笔记，将会事半功倍。

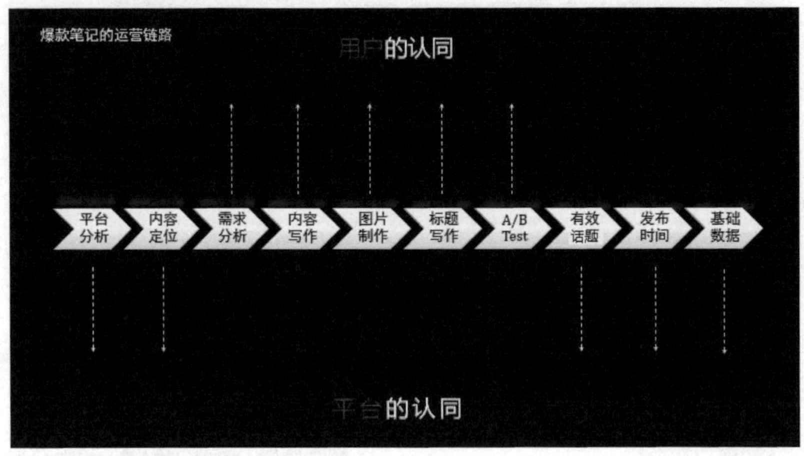

图 2-86

其中，平台分析、内容定位、有效话题、发布时间、基础数据几项被归类为平台的认同，意思是做到这些事情是为了获取平台的流量。而需求分析、内容写作、图片制作、标题写作、A/B Test 则指向用户的认同，意思是做到这几件事情是为了提升用户看到内容后的转化率。

小红书的流量分发机制不是直接将内容推送给全部的粉丝或者匹配用户的，而是采取分批推荐的形式，比如发布笔记后，第一次推荐给可能对该篇笔记感兴趣的人，并且根据这些人的互动数据情况来决定是否将内容推荐给更多人。因此，需求分析、内容写作、图片制作、标题写作、A/B Test 这几项决定了是否能提升用户的转化率。

接下来将逐一讲解每一项该如何去做，其中图片制作和标题写作放在最后详细讲解。

1. 平台分析

平台分析是非常有必要且有意义的，很多人对小红书 App 的了解都只是知道个大概，比如只知道小红书女性用户多，但具体什么年龄的女性多，就完全不知道了，这其实有点片面。所以我们做平台分析时应该深入地了解平台的背景和具体的数据情况，才能有针对性地去做爆款内容。

2. 小红书的发展历史

小红书的发展历史在第 1 章中有详细介绍，大家可以跳转至第 1.1.2 小节查看相关内容。

3. 用户群体

小红书平台用户群体的主要特点可以通过分析以下几张数据图来获得。

小红书用户主要分布在广东省、上海市、北京市、浙江省、江苏省和四川省等地，如图 2-87 所示。

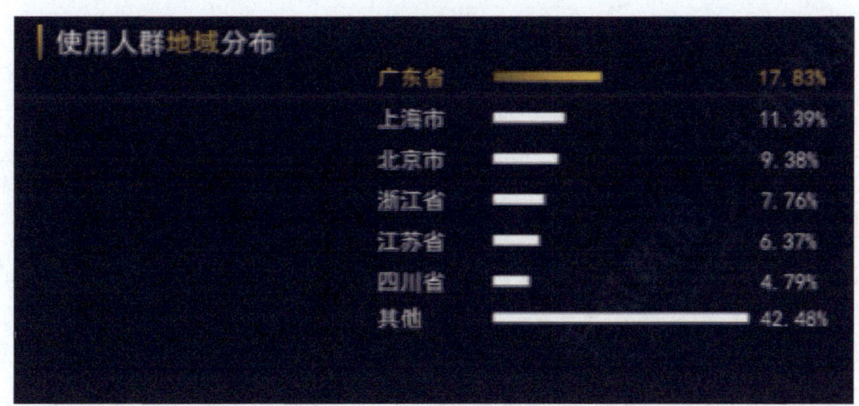

图 2-87

图 2-88 所示为小红书用户年龄和性别分布情况，中高消费者占了整个用户群体的 36.96%。

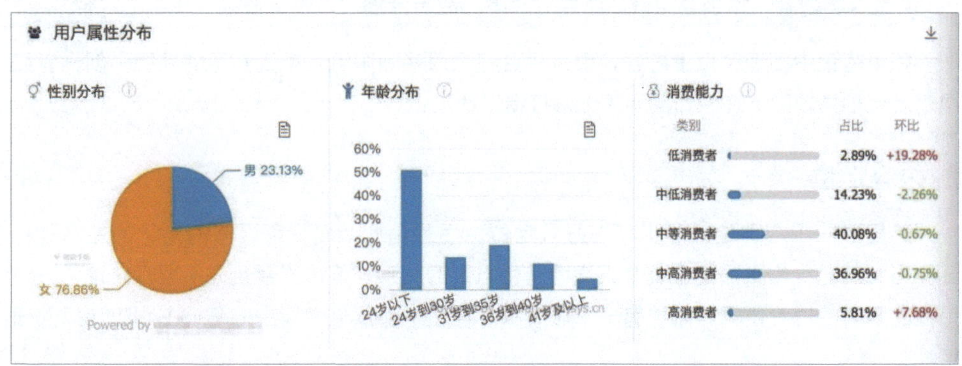

图 2-88

图 2-89 为小红书 App 各个时段用户的活跃情况数据图，由图可知，21:00～22:00 是用户活跃度最高的时间，因此创作者最好在此之前的 1～2 小时发布笔记，使笔记能够恰好被推荐给这群用户，使推荐量能够达到顶峰。

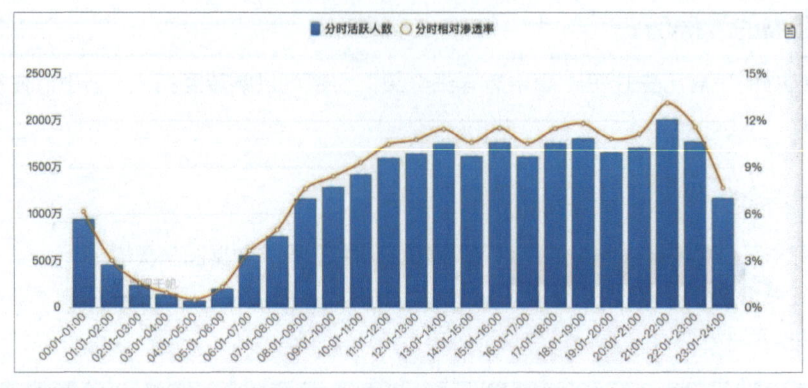

图 2-89

4. 平台规则

小红书所期望的内容是真诚的分享，也就是包含个人经验的自发性的分享，如旅行攻略、购物体验等。以下是一些不适宜在小红书发布的内容和一些平台不欢迎的行为。

- 违法违规，包括政治、色情、暴力、赌博、不良价值观，其中不良价值观又包括厌世、轻生等负面情绪，鼓励未成年早恋、抽烟、文身也都属于不良价值观的范畴。
- 不友善内容，如非原创、侵权内容。
- 发布垃圾广告营销信息，如要求添加微信、QQ 等联系方式，拼单代购、转卖，甚至是传播包含“找我购买”这种带有销售意图的内容也算广告营销行为。
- 伪造用户数据，如刷流量、代写笔记，甚至是把笔记分享到群里让别人帮你点赞，这些都是违规行为。
- 诱导类内容，如诱导点赞、诱导分享等，或者传播“双击有惊喜”一类的内容。

如果笔记中出现了以上内容，那么平台将予以轻则限流、重则封号的处罚，创作者如果违反了相关规则，在惩罚期间将无法打造爆款笔记。

5. 内容定位

这里说的内容定位并非小红书账号定位，而是指找话题，即要写的笔记的主题是什么。当然话题也和账号定位及个人优势有相当大的关系，但这里暂且先不展开讨论，只讨论找主题时的思考逻辑。如果有一个做美妆的博主，那么这个博主的笔记主题应该如何确定呢？

（1）追热点

比如某热门品牌出了新品，我们需要去追热点。那么就可以第一时间买来相关产品做评测，因为我们知道它是热门品牌，后期肯定有很多人买。因此，每一个来小红书搜索攻略的用户，都有可能看到这个笔记，那么平台给的自然流量就会多。创作笔记时一定要追热点，一个热点的流量是普通话题流量的十倍以上。

图 2-90 所示为一篇新品测评笔记，该创作者同时对多款新品进行了介绍与测评，获得的热度也十分可观。

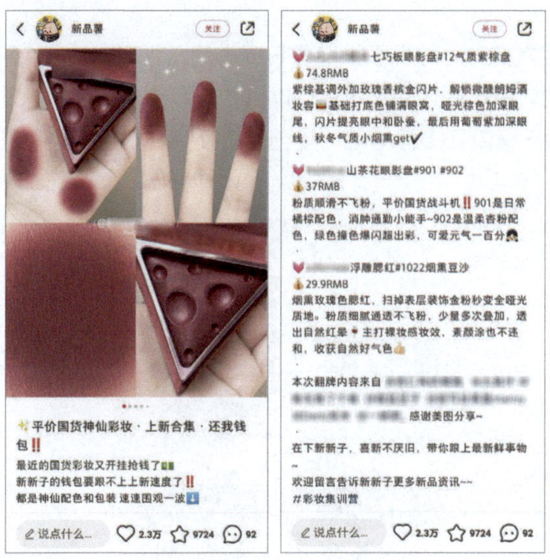

图 2-90

(2) 看场景

例如，在家里适合上什么妆，在外面适合上什么妆，天气干的时候适合上什么妆，天气湿润适合上什么妆，甚至出去玩上什么妆……类似的场景有很多，而且每个细分场景都有可能有人搜索。

图 2-91 所示为某眼妆笔记，创作者在推荐眼影时加入了“高考后买的第一盘眼影”这一特定场景。

图 2-91

（3）看资源

查看自己现有的产品，分享那些真正好用的产品。

（4）看节假日

节假日上什么妆其实算一种场景，节假日或者朋友生日上一般会赠送礼物，美妆产品当然也算作一种礼物，所以笔记的主题还可以是“节假日送什么”。

图 2-92 所示为一篇口红推荐笔记，该创作者使用“情人节礼物”这一关键词为笔记增加了吸引力。

图 2-92

如果通过以上方法还找不到匹配的选题，那么还可以打开小红书进行搜索，看看同类的爆款笔记都在写什么。不要觉得同类题材中已经有了爆款笔记自己就不用写了，因为用户在浏览相关笔记的时候一般会浏览多篇来进行对比，所以仍然可以通过话题匹配使笔记获得成为爆款的机会。

6. 需求分析

决定了写哪个选题之后，创作者需要从两方面考虑用户真正喜欢、需要的笔记内容。一个是需求一致，另一个是内容文案的表述方式。

（1）需求一致

创作笔记时，创作者务必要明确用户浏览该选题笔记的真实需求，并将产品笔记与其需求相匹配。

举个例子，某创作者经常去海边旅行，由于海边阳光强烈，所以一定要涂防晒。于是该创作者在购物网站搜索防晒产品，发现每款产品的防晒效果看起来都很好，这时该创作者就从自己的需求出发，进一步挑选“不易出油”的防晒产品，却发现很少有防晒产品突出这个卖点，这就是产品和用户的需求不匹配。其实这些防晒产品未必都不具备这一功能，只是在宣传时没有将其作为卖点。

所以在写笔记的时候一定要明确用户的真实需求是什么，如果用户得不到想要的东西，创作者就不能得到互动反馈和用户的点赞。

再举个例子，女士冬天穿的保暖裤，虽然它的名称叫保暖裤，但是女性穿保暖裤却不只是为了保暖，有部分人对保暖裤的需求还包括塑形。假如以保暖裤为主题写一篇小红书笔记，其中只提到了保暖裤很厚，非常保暖，就很难吸引用户。如果将笔记改成保暖裤质量轻薄，保暖又能凸显身材，这样的笔记才可能吸引用户。

图 2-93 所示为某穿搭笔记。作为小红书中的一个热门分类，穿搭类的笔记数不胜数，“一周穿搭”是许多穿搭博主十分热衷的主题，而该创作者进一步将其细化出“约会穿搭”“白月光”“初恋感”等小标签，突出了用户的具体需求，因此这篇笔记获得了较高的热度。

图 2-93

(2) 内容文案的表述方式

即便是完全相同的内容，使用不同的表述方式也能带来截然不同的效果，好的文案能给笔记加分不少。很多创作者应该都有这个疑惑，文案究竟应该怎么写？接下来分析两个具体的案例。

图 2-94 所示为面膜 A 的首图文案，“丰盈滋润”和“紧致修护”很难从字面上看出使用效果，所以它对用户来说意义不大，文案的吸引力不够强。为什么说它意义不大？这两个词的含义固然很好，但很多品牌都这样用，让用户无法知晓面膜的具体功效，特点不明确，所以这并不是一个优秀的文案。

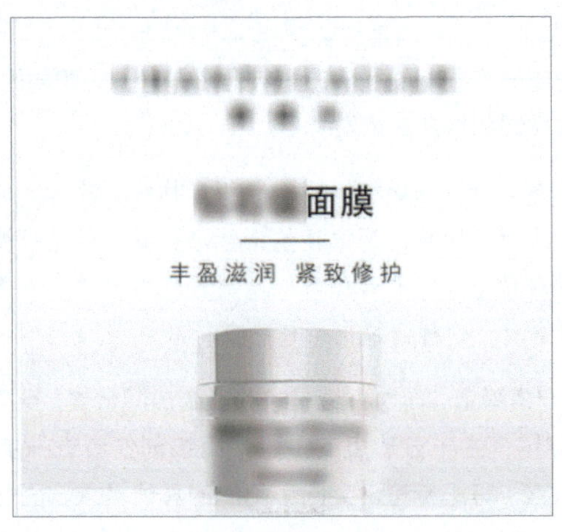

图 2-94

图 2-95 所示为面膜 B 的首图文案，其中提到了“术后修复”和“敏感肌修复”，这两个“修复”可以让用户知晓产品的特点，还明确指出了适合术后修复和敏感肌修复的两个用户群体。这就是内容表述较好的文案，也是出色的文案。

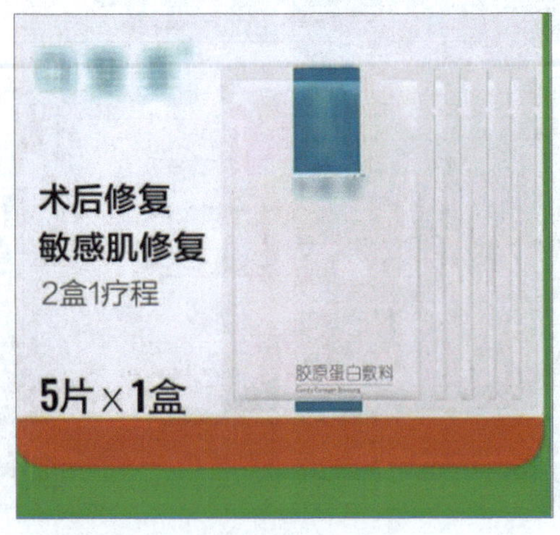

图 2-95

好的文案必须紧紧把握住用户的真实需求。那么创作者如何才能知道用户的真实需求呢？最简单的办法就是询问周围的朋友，如果有朋友也在用这款产品，就可以问她为什么选择这款产品，朋友关心的就是部分用户关心的。另外，创作者也可以注意评论区的用户留言，获取目标用户的真实需求，如图 2-96 所示。

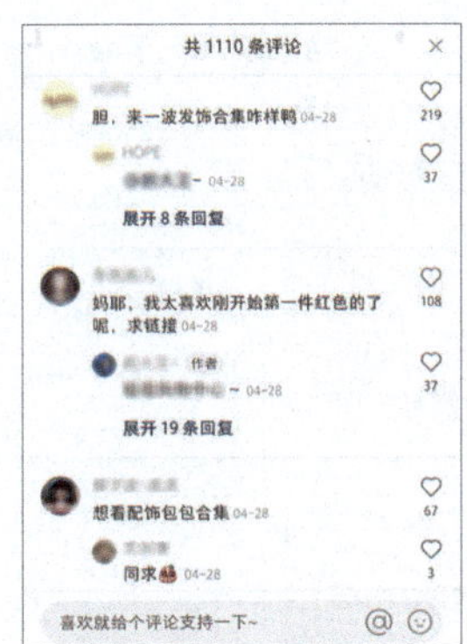

图 2-96

7. 内容写作

内容写作是指写出优质的内容，优质内容本身没有明确的标准，但在小红书里，优质笔记需要满足以下几个条件。

（1）逻辑清晰

好的笔记内容应有理有据地阐述事实或者推荐产品。图 2-97 所示为一篇推荐去痘印好物的笔记，该创作者从产品成分和涂抹方法上都提出了比较专业的意见，这种推荐更具说服力。

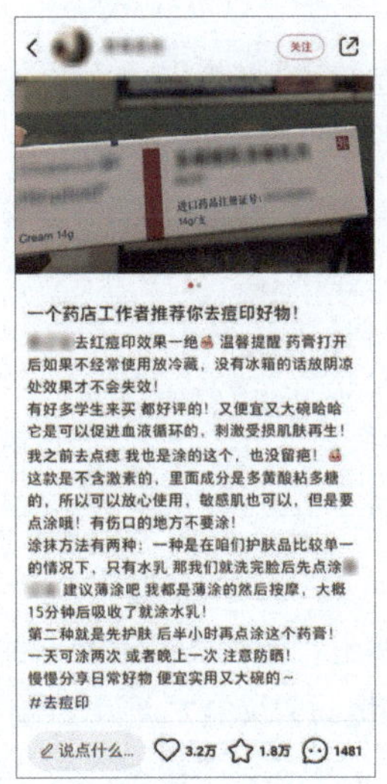

图 2-97

（2）内容有信息量

好的笔记内容应具备用户不了解的东西。图 2-98 所示为一篇给大一新生的建议笔记，该创作者以自身经历作为参考，笔记内容能够为新生提供建议，这就是具有信息量的笔记。

图 2-98

（3）可读性比较强

好的笔记内容应具备较强的可读性，例如，利用 emoji 表情或者段落分隔，使笔记看起来不枯燥，而且还能方便用户在长篇幅的笔记中快速寻找有效信息，如图 2-99 所示。

图 2-99

包含多个产品信息的合集类笔记，是优质笔记的一种体现。合集类笔记的内容是整理好的、有价值的信息，用户阅读时既省时又能方便得出结论。所以对他人有帮助的、有价值的内容，在社区中是非常受欢迎的。但这并不是说，为了创作出爆款笔记就必须得写合集。

例如，某创作者在旅行过程中往小红书发布一篇笔记：××景点今日门票只需要 199 元。首先，这符合平台的“真实的分享，真实的体验”这一标准，同时，笔记中还包含了信息——××景点门票 199 元，对于没去过该景点或者最近想去该景点的人来说，这篇笔记能起到帮助作用，是好的内容。

创作者还可以从这一角度思考：当初自己为什么要下载小红书？是不是因为这些内容能帮助自己解决问题？所以小红书博主也要解决其他人的问题，创作的内容一定要有价值，并且对其他人有帮助。笔记在内容有价值的基础上，还要满足不能违背平台的社区规范的要求，如保证原创、不含广告、不含敏感词等。

笔记也会出现误写敏感词的情况，这可能会导致笔记被小红书判定违规，若创作者无法判断是哪个词导致的问题，可以利用零克查词 App 中的小红书敏感词检测工具进行敏感词自查。

8. A/B test

A/B test 的意思是通过发布 A 与 B 两组不同的内容进行测试对比，比如，当创作者不确定用户喜欢产品细节还是喜欢产品整体时，就可以通过分别发布两种形式的内容进行对比，从而得出结论，未来就可以根据这个结论继续发布笔记。但在小红书平台实施 A/B test 有点麻烦，因为同时发布两个相同的内容会影响账号的权重，所以不能通过发布笔记的形式来验证 A 或者 B。这个时候创作者可以找周围的朋友帮忙，把写好的标题和封面图片发给朋友选择，如果有自己的社群，也可以进行简单的意见调查再确定最终方案。图 2-100 所示是某彩妆博主通过发布笔记的方式询问粉丝意见，从而确定粉丝更喜欢的彩妆。

图 2-100

9. 有效话题

小红书的话题除了会被用户浏览，还会被小红书的系统识别用于内容分类，所以选择话题时不能太过随意，要遵循以下的原则：话题匹配、话题细分。

话题匹配比较容易理解，就是内容和话题必须相对应，如穿搭内容不能选美妆分类。而话题细分则需要斟酌，例如，一篇关于男士休闲裤推荐的笔记，如果选择“裤子”这个话题，同类笔记肯定会非常多，如果选择“男士裤子”这个话题，那相关的笔记就少了一些，如果选择“男士休闲裤子”这个话题，那相关笔记就又少了一些。综合来说，就是要选择最匹配且细分的话题。

图 2-101 所示为一篇穿搭笔记，该创作者在选择话题时就根据自身特色将“穿搭”这一大分类进一步细化为“小个子女生穿搭”，能避免笔记被大量同类笔记所淹没，又能方便目标用户搜索和阅读。

图 2-101

10. 发布时间

关于笔记的发布时间，在第 2.4.2 节有详细说明，笔者在此不再赘述。

11. 基础数据

小红书的推荐逻辑是，先将笔记推荐给可能感兴趣的用户，如果能够在这些用户中获得不错的互动效果，就会将笔记推荐给下一批用户。有时小红书首页会出现一些热度不太高的笔记，这就是平台根据兴趣算法为笔记提供的智能推送，当用户点开笔记阅读时，笔记就会获得相应的权重分，如图 2-102 所示。但如果没人互动，笔记就会停止推荐。那有没有什么方法可以人为地控制将笔记推荐给下一批用户呢？有，可以通过制造基础数据的方法来进行，所以制造基础数据这一步非常重要。

图 2-102

拓展延伸

基础数据是指笔记在进一步得到平台流量曝光前的数据情况。笔记的基础数据达到系统把笔记推荐到下一个流量池的门槛后，就能获取更多的曝光。

大家可以通过发动朋友去收藏或者点赞笔记的方式来制造笔记的基础数据。但是不要通过分享的链接进入笔记，而是让朋友通过搜索笔记的关键词找到你的笔记，然后再收藏或者点赞。这样的数据不宜过多，有几个就已经足够产生效果了。不过，如果你的笔记的初始效果已经足够好，那就不再需要基础数据了。

2.5.2 爆款笔记的首图逻辑

很多创作者会提出这样的疑问：什么样的小红书笔记配图算精美的？这个问题其实很难回答，因为这是一个比较主观的事情，但通过总结一些热门笔记的配图，还是能够得出一些规律的。以下三点是通过经验总结得出的小红书笔记首图的基本要求。

- **清晰度足够高**。模糊的、亮度较差的图片都不行。
- **内容不违规**。尺度不大，尤其泳装等照片的尺度不宜过大。
- **不涉及广告**。不能有水印、不能过度突出一个产品。

1. 首图的基本形式

了解基本要求之后，还需要学习一些热门的首图基本形式。当前小红书里的热门首图形式包括拼图型、纯字型、图片加字型和个性化这四种。

拼图型首图是指将若干张配图拼接成的首图，如图 2-103 所示。这类首图的作用是多角度展示，并且增加图片的信息量。

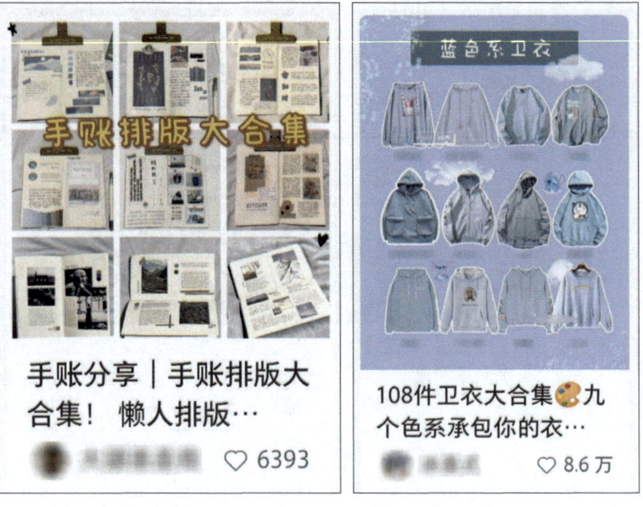

图 2-103

纯字型首图是指通过排版艺术字制作首图，如图 2-104 所示。这类首图一般用于传递干货内容，通常比较容易出爆文，当然，前提是内容的质量足够高。

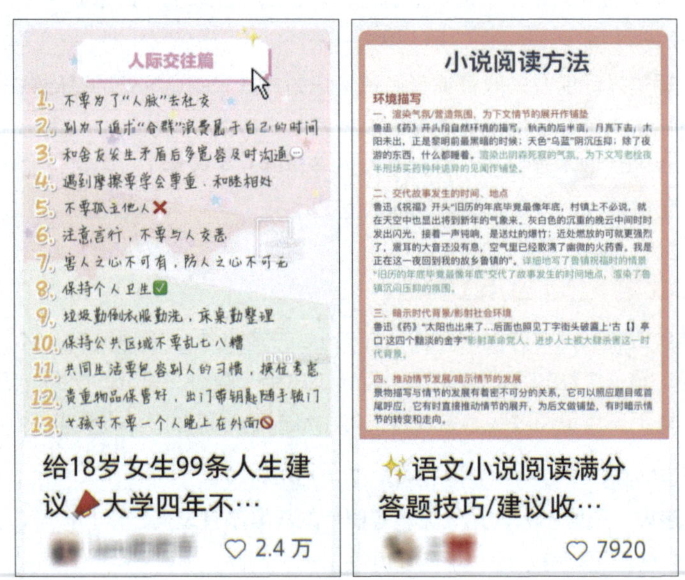

图 2-104

图片加字型首图是指由图像和说明文字共同组成的首图。简单来说，就是用文字辅助讲解图片，从而起到突出笔记重点的作用，这也是小红书中最常见的首图形式之一。图 2-105 所示为图片加字型的笔记。

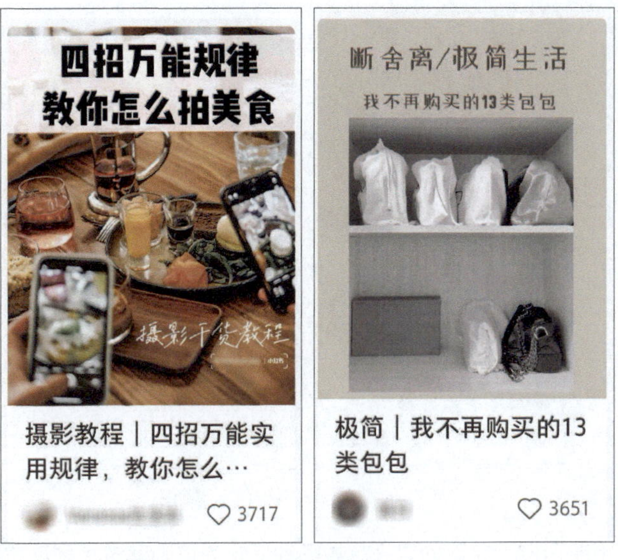

图 2-105

个性化首图则是指制作首图时要跳出固定的流行版式，突出账号的特点。这种首图形式往往不拘泥于固定的版式，反而更容易被用户注意到。图 2-106 所示是某穿搭博主的主页，该博主采用的首图非常简单，图片中也没有多余的装饰元素，但固定的背景和拍照动却作为笔记带来了较高的辨识度。

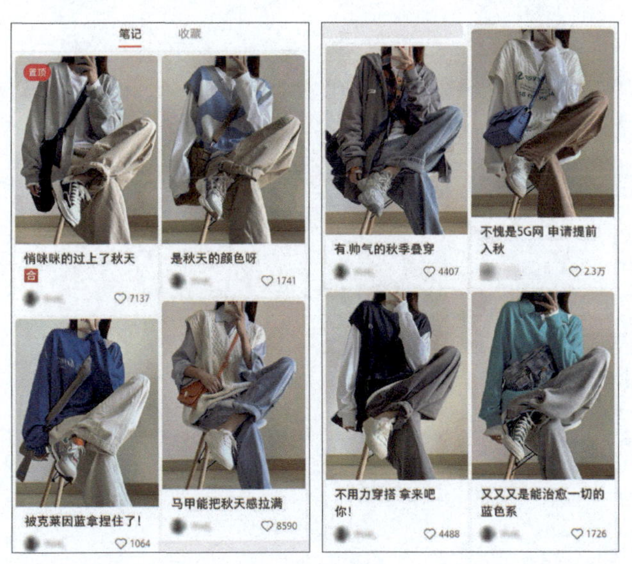

图 2-106

除此之外，创作者还要注意紧跟社区文化衍生的流行元素。在不同时期，小红书里流行的首图风格是不同的，比如在 2020 年，比较火的就是上、中、下三拼的图片，如图 2-107 所示，这两年又开始流行单一的图片。

图 2-107

制作首图时不能只按照自己的喜好想做哪种形式的首图就做哪种形式的首图，而是要根据笔记的内容确定首图的基本形式。图 2-108 所示为小红书中常见的合集评测类笔记，通过多种产品拼图的形式能够快速呈现产品信息、突出笔记主题。当然，具体什么样的内容适合什么样的图片，需要大家自己进行匹配，建议大家多去看看小红书社区中的内容，这样就能得出结论了。

图 2-108

2. 首图的内容

除了首图的基本形式，首图的内容也十分重要。那么，在首图中放入什么内容才能使其更具吸引力呢？创作者可以从以下三点进行思考。

第一，笔记的重点内容。例如，纯字型首图可以加入主题或在文字旁添加产品图片，如图 2-109 所示。如果重点内容都不能吸引用户，那么其他内容就更难吸引用户，用户自然也不会点进来阅读。

图 2-109

第二，单人加场景。例如在探店的地点拍摄打卡照，在旅行途中或打卡点拍照等，如图 2-110 所示。

图 2-110

第三，人物加主题。此类内容能够提升用户的信任度，但创作者要注意一点，单独的产品摆拍可能会被平台认定为广告营销内容，因此最好在拍摄时多选择几款产品，或加入一些其他的元素，适当弱化特定产品在图片中的存在感，如图 2-111 所示。

图 2-111

综合来看，创作者应当在首图中把笔记中最吸引人的内容凸显出来。首图一般用黄油相机、天天 P 图、VSCO 等工具进行修图，也可以根据自己的习惯使用图像设计类软件制作。此外，还要注意一点，在制作首图的过程中，创作者要摸索自己的笔记风格，使其更加统一，这样才能有效地降低用户关注的决策成本，帮助账号快速涨粉。

2.5.3 爆款标题的写作方法

标题是一篇内容的中心思想和核心灵魂。小红书用户通过标题来了解笔记的主要内容，小红书系统也通过标题来判断笔记的类型，从而决定推送给什么样的用户群体。所以，标题一定要具备吸引人的特征，起到概括笔记主旨的作用。

接下来为大家介绍几种标题写作的方法，帮助大家快速学会创作爆款标题。图 2-112 所示是通过整理和概括得出的几种不同类型的小红书标题写作方法，一共分为 5 种，分别是话题法、陈述法、猎奇法、共鸣法、热点法。

图 2-112

1. 话题法

话题法是指在标题中添加具有讨论度的话题。需要注意的是，这种方法一般只有情感类或者具备较大争议性的话题才容易出爆款笔记，因为内容具备讨论度和互动的价值，所以用户很容易点进来看一看，并且参与互动。如图 2-113 所示。

标题公式：标题话题 + 提问

举例：

① 男朋友在情人节送给我一个价值 10 元的礼物，怎么看？

② A 和 B 我该买哪个？

> **360度都可爱的小夜灯，救救孩子，选哪个？**
> 不知不觉竟然入手了好几个小夜灯
> 每个小夜灯都好好看

图 2-113

2. 陈述法

小红书的大多数用户是在小红书 App 里看干货的，所以使用陈述法写标题的方法是值得提倡的，但相应地，也要求博主做出来的小红书笔记内容包含足够多的干货。陈述法标题示例如图 2-114 和图 2-115 所示。

标题公式 1：内容 + 作用

举例：

① XX 滑雪攻略 / XX 新手练习场。

② 24 款香水分类大合集，挑选你的专属款。

③ 平价面膜怎么选 / 补水、修复、美白。

④ XX 店铺排雷指南，18 家热门店铺评测。

> **穿搭合集｜一条白裙搭所有 太能了吧！**
> 嘿嘿大家应该都发现了！我最常用到的单品就是小白裙！每个女孩子的衣柜里都会有一条小白裙吧，真的太万能百搭，上装配什么颜色的t恤、马甲、衬衫都ok，永远不出错
> 整理了一下这个夏天小白裙的「一裙多穿」，给大家做个功课啦，搭配思路都在图上咯，要认真看哦

图 2-114

标题公式 2：问题 + 解决方案

举例：

① 瓷砖怎么选？明白这些就不会选错了。

② 秋冬耳钉选不好？看看这 9 家私藏店铺。

③ 天天用洁面仪有什么后果？洁面仪要这样用！

④ 白鞋发霉怎么办？三个步骤帮你搞定。

黄黑皮快用它❗素颜像擦了粉!祛黄抗糖绝了

不是智商税不是智商税！姐妹们用个两三套后会发现素颜好看真不难哎🌹妥妥的祛黄、抗氧化杠把子，而且坚持用抗老抗糖也“奈斯”

图 2-115

3. 猎奇法

猎奇法是指在标题中加入具有吸引力的特别元素，让用户忍不住点开笔记一探究竟。不过创作者要避免盲目求奇，导致标题与笔记内容脱节，那么即使用户点进笔记，也未必会点赞或收藏，这样会给账号运营带来负面影响。猎奇法标题示例如图 2-116 所示。

标题公式：找出内容里最吸引人的问题，但不要给出结论

举例：

① 养猫人士一定要警惕这一点！

② 年轻人，如果你很迷茫，请读读这 8 句话。

③ 全网最硬核挑战！你能坚持多久？

可爱的包包被老公一句话拔草

包包拿出来的时候，简直不要太“哇喔”
觉得超级可爱有没有
接着老公问我：“这是什么？”
我说：“包啊！”
结果他说很眼熟
像极了出门遛狗
我觉得是有点像，瞬间不香了
#包包装饰

图 2-116

4. 共鸣法

共鸣法是指说出用户的心里话，让 TA 情不自禁地说一句“太对了”，这种方法一般适用于能引起情感共鸣的内容，但对测评等干货类型的内容来说并不通用，需要创作者根据具体情况具体判断。共鸣法标题示例如图 2-117 所示。

标题公式：说出大家都认同的某种观点，并且用惊叹的语气结尾

举例：

① 冬天吃上一顿热腾腾的火锅真是太棒了！

② 还有比烂番茄色更显白的颜色吗？超级惊喜的一支口红！

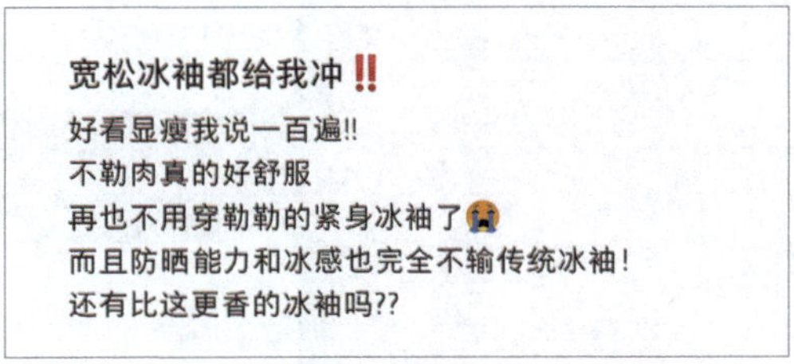

宽松冰袖都给我冲‼️

好看显瘦我说一百遍!!
不勒肉真的好舒服
再也不用穿勒勒的紧身冰袖了
而且防晒能力和冰感也完全不输传统冰袖！
还有比这更香的冰袖吗??

图 2-117

5. 热点法

热点法是指将标题与当下的热门内容进行结合，例如，冬天可以与初雪结合，近期上映的电影或电视节目中的内容也可以作为热点元素。热点法标题示例如图 2-118 所示。

标题公式：热点 + 内容

举例：

① 名人都在用！XXX 同款眼霜。

② 故宫雪景和这些单品更搭哦！

③ 热门电影里的取景地打卡。

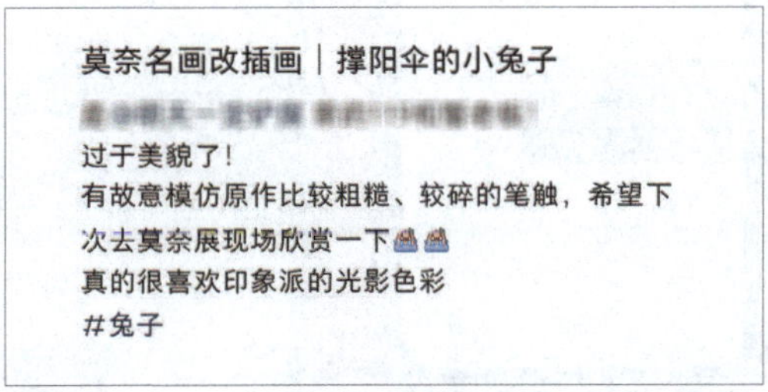

莫奈名画改插画｜撑阳伞的小兔子

过于美貌了！
有故意模仿原作比较粗糙、较碎的笔触，希望下次去莫奈展现场欣赏一下
真的很喜欢印象派的光影色彩
#兔子

图 2-118

相信大家在了解完上述五种标题写作方法后，可以清晰地理解小红书笔记标题的写作思路了。这个时候不妨每种类型的标题写几个试试，这样在未来真正使用时，就很容易联想起来了。

建议大家在制作笔记初期就为笔记拟订标题，不要在准备发布笔记时才匆匆忙忙地临时起标题，以免想到更好的标题又要频繁修改笔记，不仅浪费时间，也错过了发布笔记的黄金时段。

第 3 章

小红书运营进阶
——账号内部运营方法

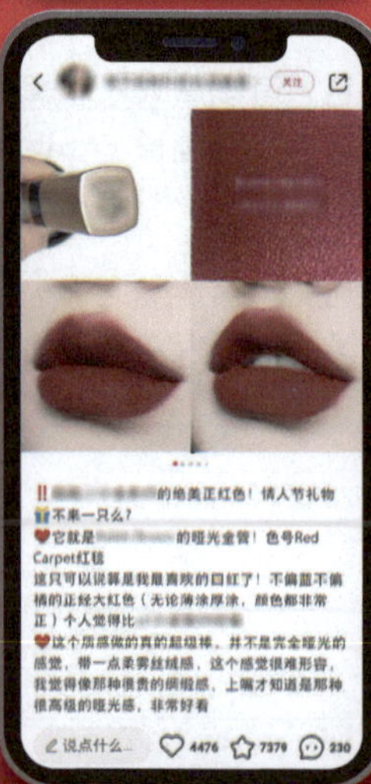

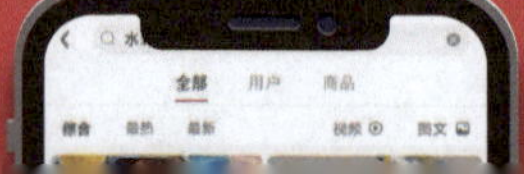

本章将从小红书内容创作的角度出发，对小红书运营过程中的常见问题进行梳理，分享在小红书内容创作过程中较为实用的工具，同时还将介绍提高小红书笔记排名与权重的相关技巧，帮助博主掌握小红书引流的秘诀。

3.1 小红书运营工具

工具是凝聚了人类智慧的产物，使用工具可以让工作更加高效，对于小红书运营来说也是如此。本节将介绍文字处理、图片处理、视频剪辑、数据分析这四种类型的工具，帮助运营者掌握它们的使用方法，从而提高内容的创作效率和整体质量。

3.1.1 文字处理类

文字是小红书笔记的重要组成部分，创作小红书笔记时通常需要关注文字的敏感性及文字的排版。

关注文字的敏感性是指创作笔记时，文字中含有违规内容或敏感词会影响笔记的发布和排名，所以需要借助查词工具进行规避。文字的排版是为了让小红书笔记显得美观大方，建议大家使用相关的排版工具进行排版。

下面为大家简单介绍几种查词和排版的工具及其使用方法。

1. 零克查词：过滤小红书敏感词

零克查词是一款专门针对小红书平台的查词工具，它可以对小红书笔记中的违规词进行检测。零克查词中包含了众多类型的词库，除通用词库外，还包含敏感词、小红书词（即小红书平台的网络常用语）、广告词、医疗词和 B 站词（即流行于 bilibili 视频弹幕网站的网络词语）等。

图 3-1 所示为零克查词的官方 Logo。

零克查词

图 3-1

零克查词的检测结果比较准确，博主在发布笔记前，只需花费几秒进行检测，就能有效避免由于笔记违规而导致的笔记排名靠后和权重降低。下面简单介绍零克查词的使用方法。

步骤 1 打开浏览器，输入“零克查词”并搜索，找到官网链接并单击进入官网，如图 3-2 所示。

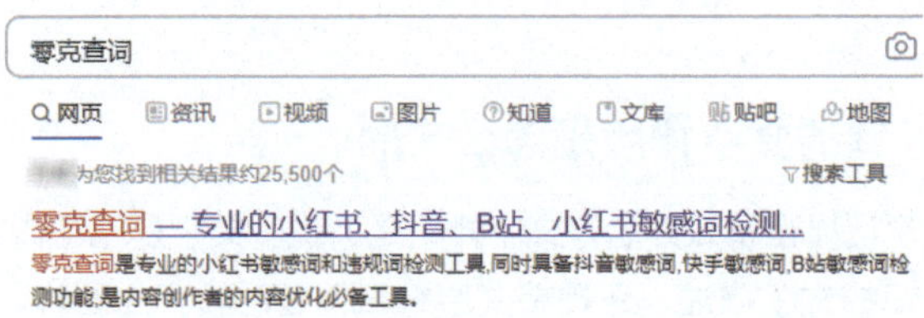

图 3-2

步骤 2 在页面上方勾选检测所需的词库，如图 3-3 所示。

图 3-3

步骤 3 在下方的输入框内输入需要检测的文本，单击下方的“立即检测”按钮，如图 3-4 所示，即可对文字内容进行检测。

图 3-4

步骤 4 检测完成后，在检测结果框中会将违规词、敏感词着重标记。修改后单击下方的“一键复制”按钮，可以将文稿完全复制，如图 3-5 所示。

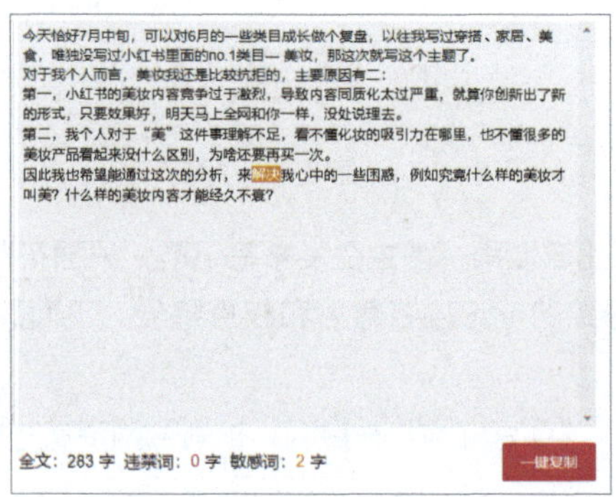

图 3-5

2. 排版工具：好看的文字排版是怎么来的

要想让小红书笔记显得精致好看，文字排版是关键。文字是笔记内容的重要组成部分，不论是直接输入笔记的文字描述，还是将文字编辑整理后转化为图片，都需要大家在文字排版上花心思。

好的文字排版可以让文字内容看起来清爽整洁，使阅读更加高效，能让用户轻松抓住笔记的重点。我们通常可以借助 emoji 表情协助笔记正文的创作。emoji 表情使用难度较小，在此不再赘述。

拓展延伸

图 3-6 所示是两篇在小红书平台发布的笔记，从笔记的文字部分可以看出，小红书笔记的优质排版取决于以下几个要素。

图 3-6

1. 使用较多表情

小红书笔记中的文字默认为黑色，且发布笔记时文字的颜色不可更改，当文字内容堆砌在一起时，用户阅读起来就会感到枯燥，没有耐心看完。但在笔记中使用表情就能为笔记增添不一样的色彩，让原本单调的文字变得活泼生动。

2. 分段与换行

小红书笔记中的文字间距、行间距也是不可调整的，为了避免版面中文字太过于拥挤，需要博主在排版时调整段落，在段落之间留出空行。此外，将短句单独排列，多用换行，这样可以保证页面内容充实的同时不会有杂乱的感觉。

3. 使用分隔符

除了空行分段，使用分隔符也是能让版面显得整齐的好方法。常见的分隔符为横线，一些创作者会使用小标题、颜文字等作为分隔符。需要注意分隔符的使用要根据内容的结构和篇幅来决定，篇幅较短的笔记不需要使用，滥用分隔符会让用户感觉笔记混乱、找不到重点。

3.1.2 图片处理类

与文字一样，图片同样是构成小红书笔记的重要部分。图片能极大地丰富小红书笔记的内容，一张精美的封面图往往是吸引用户点击查看笔记的关键。本节就从图片入手，介绍一些与图片处理相关的工具。

1. 摄影和修图

小红书中自带的图片处理功能较为基础，不一定能满足博主的需要。下面推荐几款适合小红书图片拍摄和处理的软件。

（1）黄油相机

黄油相机是一款集摄影与录像于一身的应用软件，拥有百余款正版字体，支持中文、英文、日文、韩文的输入，其显著特点在于能为拍摄的图片或影像配以丰富的文字与装饰。另外，黄油相机的模板功能支持在已有模板的基础上修改文字。用户在海量优质模板中选择合适的模板，并根据创作需要对文字进行调整，便能轻松生成一张精致的图文照片。

图 3-7 所示为黄油相机的使用界面，界面整体风格简约。这款应用功能强大、操作简单、内容较为齐全，非常适合制图新手使用。推荐大家使用该软件拍摄并制作小红书笔记的封面图。

图 3-7

（2）Mix 滤镜大师

Mix 滤镜大师同样是一款关于照片拍摄与编辑的应用软件，该软件的特色在于提供了百余款滤镜效果，并支持用户使用该软件创作属于自己独特风格的滤镜。此外，Mix 滤镜大师还提供了 15 种专业的画面参数调节工具，可以实现图片的各类调节功能。图 3-8 所示是 Mix 滤镜大师的使用界面。

图 3-8

(3) 醒图

醒图是一款图片处理软件，其功能包含了拼图、加字、图片编辑等，是一款功能非常全面且强大的 App，目前已经成为小红书博主圈内十分流行的图片创作工具。图 3-9 所示为醒图的主界面。

图 3-9

2. 拼图和海报

在小红书的笔记推送界面中，封面图占据很大的版面，是吸引用户阅读笔记的重要因素。因此，封面图通常是对笔记内容的简略呈现，让用户对笔记内容有一个初步的了解。拼图和海报制作功能对于制作小红书笔记封面相当重要，接下来介绍一款适合制作拼图和海报的图片处理工具——美图秀秀。

美图秀秀是一款免费的图片处理软件，该软件可在安卓系统和苹果系统的手机上使用，同时也支持在电脑端和网页端使用。美图秀秀的操作灵活、简便，对于很多图片处理新手而言是一款十分实用的软件。图 3-10 所示为美图秀秀的手机端主界面。

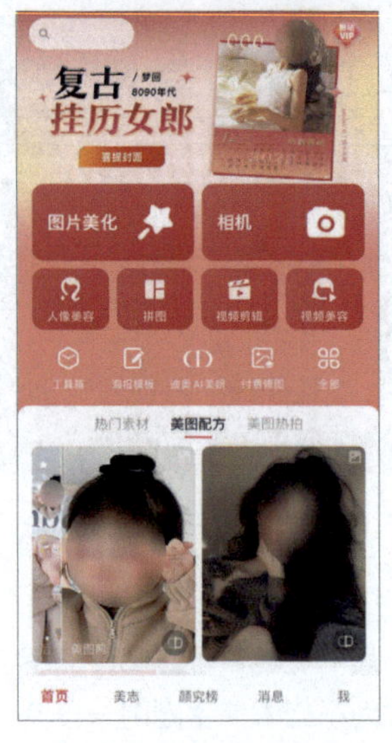

图 3-10

美图秀秀的拼图功能十分简便，能够根据需要拼接的图片数量推荐丰富的版式，如图 3-11 所示。同时，美图秀秀的高清保存功能还可以避免保存时损失图片画质。

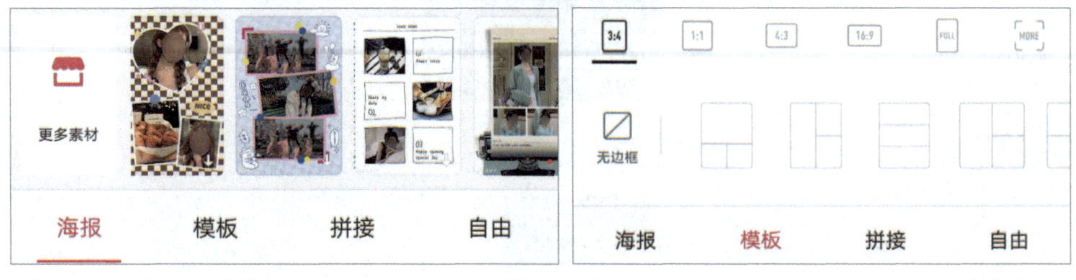

图 3-11

3.1.3 视频剪辑类

视频的表现力要比静态图片的表现力更强，也更能吸引用户的注意。目前短视频的流行是大势所趋，人们更倾向于接受碎片化的信息，在小红书上发布短视频笔记自然能受到众多用户的青睐。

关于视频剪辑，小红书提供了短视频拍摄和剪辑的相关功能，基本能满足用户拍摄短视频的需求，但小红书自带的功能较为基础，在视频的剪辑处理方面还有很多不足。

小红书的短视频拍摄功能是让用户选择一个喜欢的模板进行拍摄，这样拍出的短视频会自带一些特殊效果，然后根据用户需要进行适当的剪辑处理，如图 3-12 所示。对部分用户来说，模板的特效、滤镜、贴纸种类较少，因此，不少用户选择借助其他的视频软件进行短视频的拍摄和制作，再将制作完成的短视频上传至小红书。

图 3-12

下面简单介绍几款常用的短视频拍摄和剪辑处理软件。

1. 剪映

剪映是抖音旗下的一款操作灵活、便捷的视频剪辑处理软件，目前支持手机端、Pad 端、macOS 系统和 Windows 系统的电脑端使用。相比小红书自带的视频剪辑与处理功能，剪映的相关功能同样简便，即使是没有经验的新手也能用剪映剪辑出优质的视频。

此外，剪映在视频剪辑方面的功能更为完备，不但拥有海量的滤镜、特效等效果素材，还有众多同款模板供用户使用。图 3-13 所示为手机应用市场中的剪映软件信息页面。

图 3-13

2. 必剪 App/bilibili 云剪辑

必剪 App 是 B 站（全名为 bilibili）推出的一款剪辑软件，除了能在移动端使用，官方还推出了一款借助浏览器进行剪辑操作的在线剪辑工具——bilibili 云剪辑。图 3-14 所示为手机应用市场中的必剪软件信息页面，图 3-15 所示为网页端中 bilibili 云剪辑的图标。

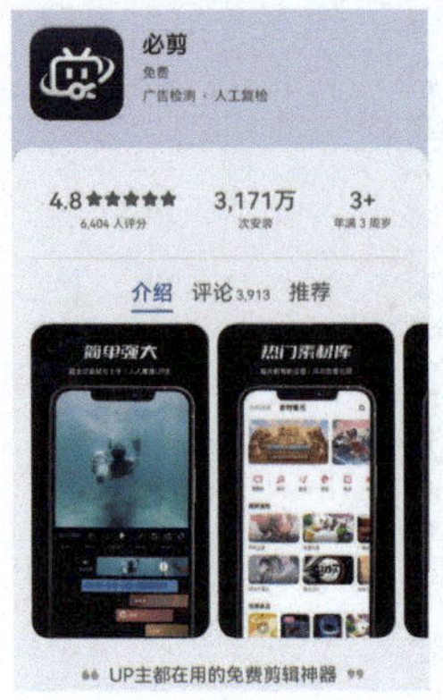

图 3-14

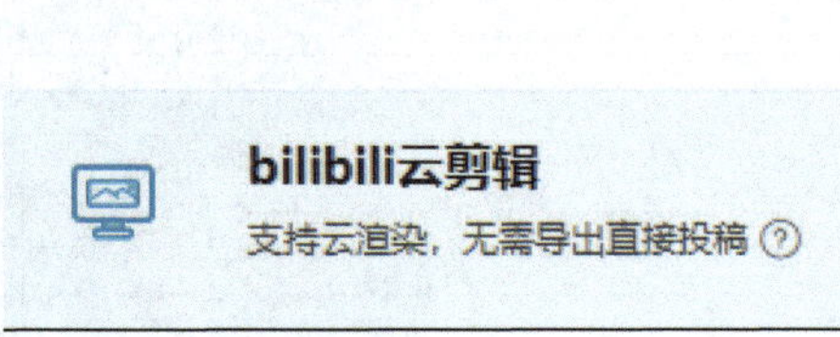

图 3-15

B 站的视频剪辑工具受到了 UP 主（即 B 站内容创作者）的一致好评。其功能与剪映相似，特点很突出，主要体现在转场、滤镜、特效等方面。必剪的素材库更能迎合年轻人的喜好，其中一些与动画、漫画、游戏相关的素材流传甚广，已经成为制作短视频的爆款素材。

3. Adobe Premiere Pro

Adobe Premiere Pro（以下简称 Pr）是一款较为常用的视频剪辑软件。与剪映和必剪不同，Pr 只能在电脑端使用。

Pr 提供了视频采集、剪辑、调色、音频美化、字幕添加、输出、DVD 刻录的一整套流程中所需的各项功能，相较于普通的视频剪辑软件，Pr 能让用户更加自由、专业地创作视频。图 3-16 所示为 Pr 的界面。

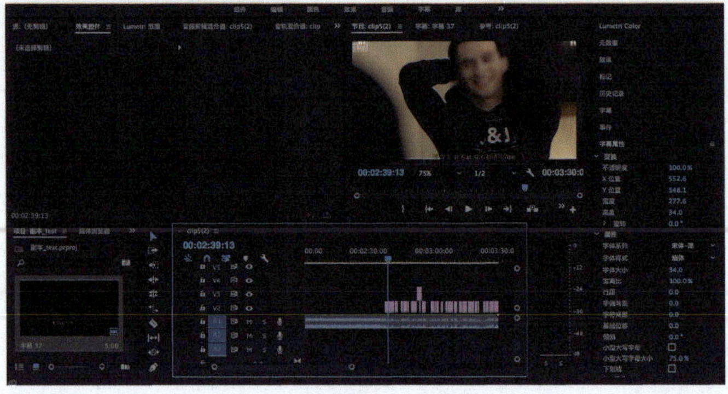

图 3-16

3.1.4 数据分析类

小红书博主在重视内容创作的同时还需要学会运用数据工具，对自己的账号进行深度的剖析，只有综合各方面的数据才能科学、直观地了解小红书账号的运营情况，从而帮助博主在后续的运营中不断进行调整、改进，把账号越做越好。

下面介绍两款具有很强实用性的数据分析工具。

1. 千瓜数据

千瓜数据是一个主打小红书数据分析服务的网站，平台依托专业的数据挖掘团队构建多个维度的数据算法模型，能满足运营人员的不同需求。

网站针对小红书平台推出了详细的数据分析工具，博主可以使用这些工具追踪时下热门内容趋势，创作出高质量、高转化率的内容。此外，该平台还发布最新的小红书行业研究。

图 3-17 所示为千瓜数据网站的首页。

图 3-17

2. 新红数据

新红数据与千瓜数据相似，同样是一个综合性的用于小红书数据分析的工具性网站，如图 3-18 所示。新红数据突出的优势在于能紧跟用户需求，推出满足用户需求的功能，如热门关键词、周榜、日榜等，并提供有力的数据支持。

图 3-18

新红数据整合了较为全面的小红书数据，能从多个维度对多个账号的运营情况进行比较，并以此制作出小红书热门榜单。另外，它还能对小红书账号的粉丝群体进行透彻的分析，为账号制作粉丝画像，让运营者直观地了解受众群体的特征。

3.2 笔记排名与权重算法

小红书的内容权重分为账号权重和笔记权重，权重会影响小红书笔记的排名和推荐，小红书的笔记排名又会直接影响到笔记的热度，这对于小红书博主而言十分重要。本节将为大家介绍小红书笔记排名与权重算法的相关内容，帮助大家实现笔记曝光的最佳效果。

3.2.1 笔记排名

在小红书社区里，搜索是一个重要的行为。笔记排名是指当用户在搜索关键词时，搜索结果中出现的笔记的顺序，如图 3-19 所示。笔记在搜索结果页面中显示的顺序越靠前就意味着笔记的排名越高，一般排名越高的笔记越能吸引用户去点击和浏览，用户在搜索时会下意识地认为靠前的笔记与自己搜索内容的关联性更强，更能满足自己的需求。

图 3-19

对于小红书的品牌方而言，笔记排名的意义非同小可。排名靠前的笔记可以影响消费者的消费决策，而对于创作者来说，笔记的排名会直接影响笔记的点击量和热度。

但是“搜什么样的关键词才能找到创作者发布的笔记”“笔记排名如何才能靠前”等问题牵扯到了另外的一个概念——SEO。SEO，全称为 Search Engine Optimization，意为搜索引擎优化，它是一种通过分析搜索引擎的排名规律，了解各种搜索引擎怎样进行搜索、怎样抓取互联网链接、怎样确定特定关键词的搜索结果排名的技术。以往这项技术常应用于百度搜索、搜狗搜索等搜索引擎，在移动互联网时代，内容越来越多地转移到 App 里，所以 App 里的 SEO 优化也具有相当大的意义。

在小红书里进行 SEO 优化，首先需要搞清楚是哪些因素影响了笔记的排名，根据影响因素逐一对小红书进行优化。根据测试和分析可以得知，影响笔记排名因素为小红书账号权重和笔记权重。账号权重包括账号内容标签、账号状态、违规记录和活跃度，笔记权重包括原创度、用户互动、关键词密度、笔记发布时间和违规情况。

这两个权重共同对笔记的排名造成影响。下面具体分析每个权重是如何影响笔记排名的，以及怎样去优化。

3.2.2 账号权重规则算法

相同的笔记内容，在内容长度、关键词、话题等方面都组织到位之后，由不同的小红书账号发布，可能会获得截然不同的互动数据与流量，那是因为小红书账号之间存在权重的差异。

权重是指某一因素或指标相对于某一事物的重要程度，其不同于一般的比重，体现的不仅是某一因素或指标所占的百分比，强调的是因素或指标的相对重要程度。

在小红书平台中，笔记排名和内容展现量与账号权重息息相关，可以说小红书账号的权重在一定程度上影响账号的流量。

笔者接下来将从账号权重的角度，深入研究小红书平台的账号权重规则，希望帮助运营者通过提高账号权重来让小红书笔记的排名和推荐得到有效的提升。

小红书账号的权重受账号内容标签、违规记录、账号状态和账号活跃度这四大因素影响，如图 3-20 所示。因此，运营者若是想提高小红书账号的权重，可以从以下四个方面入手。

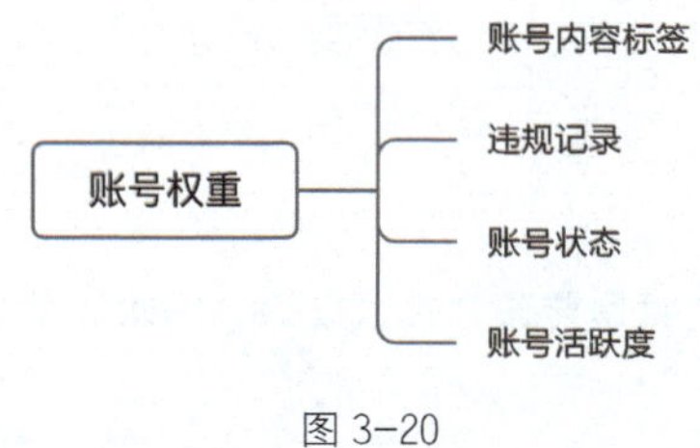

图 3-20

笔者接下来分别讲解这四个因素对账号权重的具体影响，并为大家提供相应的优化建议。

1. 账号内容标签

要理解账号内容标签，首先需要弄清楚什么是账号垂直。

账号垂直是指一些细分的特定类目和内容，例如，在小红书里将笔记内容按照所属类目进行细分，美妆、穿搭、时尚、职场、宠物、居家设计等内容类目就是小红书里的垂直类目。

在小红书里，垂直类目可以理解为账号的定位，即账号所创作和发布的内容的所属类目。这是在账号运营之初，每一个运营者都必将面临的选择。

内容标签是指小红书平台对账号以往所发布内容与所属垂直类目的相关程度，给出的一个量化后的平均值。

创作者发布符合账号定位及过往内容所属类目的相关内容，就能视作发布垂直领域内容，笔记内容与所属类目的相关度越高，账号的垂直程度也就越高。如果账号发布的内容五花八门，没有一个明确的定位，小红书系统无法辨别账号所属的垂直类目，也就没办法精准地将该账号的笔记推荐给合适的用户，从而在笔记的推荐和排名上不会有太高的权重。

图 3-21 所示是小红书中一位绘画博主的主页。这位绘画博主的垂直领域为简笔画教程分享，其发布的内容也基本是与垂直相关的原创内容，且占垂直类目比例较高。

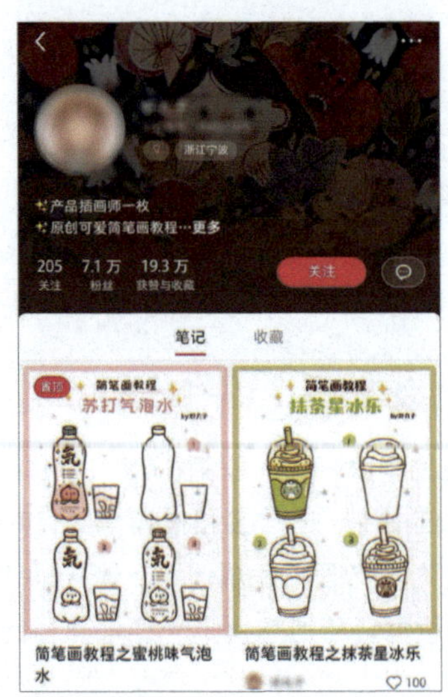

图 3-21

2. 违规记录

在小红书社区里最基本的就是要遵守社区规范，例如，发布广告、发布涉及敏感信息的内容都会被系统判为违规。

许多人只觉得判为违规后，只要删除了笔记一切就结束了，不会有什么影响。但实际上违规的记录并不会随着删除笔记而删除，而会一直记录在平台对账号的判断里。简单理解，违规会影响账号权重。

这一操作并非是不可逆的，权重既然能降低，也就能提高，例如，违规记录虽然不会随着删除笔记自动消失，但影响账号权重的周期确实有限制，因为发布内容不当导致违规，一般一个月左右权重的影响就消失了。但若是连续多次违规，那么对权重的影响可达半年或者更久，如违规引流、发布垃圾营销信息等，都将长期影响账号权重。如果账号多次违规，那么很难通过其他手段提升账号权重了，最好的解决方法只能是更换新账号。

图 3-22 所示是小红书中一位博主的账号违规记录截图，该博主的笔记因为涉及不当营销内容，所以被判定为违规。

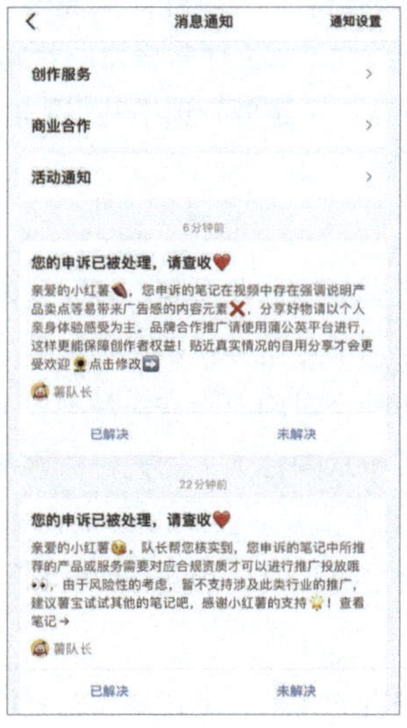

图 3-22

3. 账号状态

账号状态是指小红书当前的账号状态，账号处于正常状态会显示正常，如果处于异常状态则会显示异常，在小红书 App 的“帮助 - 账号申诉”页面能看见当前账号的状态。图 3-23 所示为一位处于正常状态的账号。

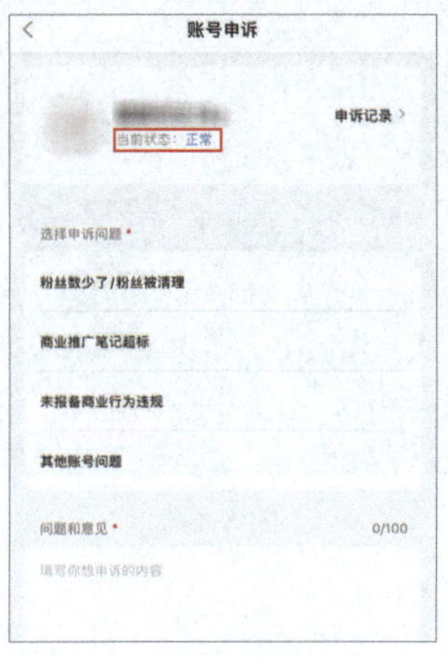

图 3-23

产生账号异常的原因是笔记违规，产生的违规影响与第二点提到的违规记录也有很大不同。账号若是类型的违规，才会在当前状态显示异常，如果是小型违规，则只会按照违规记录的形式处理，不会显示账号异常，只会影响权重而已。

因此一旦账号状态异常了，那么这时候权重将会下降得非常严重，任何笔记都将不会被收录，也不会推送自然流量，可以说相当于在小红书里玩单机游戏的感觉。

当账号异常时，可以有申诉的机会，可以在此页面进行申诉。如果确实是误判，小红书会给予恢复状态，但若是判定成立，那么账号异常的状态会持续半年甚至更久。

避免账号异常的方法只有一个，一定要熟读小红书的社区规范，千万不要违规。

4. 账号活跃度

账号活跃度是指账号在小红书上的活跃程度，如账号内容的更新频率、账号用户跟其他用户之间的互动频率等。账号活跃度其实就是评判账号当前是否仍在高频使用，毕竟把流量分配给一个早就不更新的账号，对用户而言，并不是良好的体验，因此账号越活跃所能享受到的权重也就越高，相较于从内容上下功夫，依靠提高账号活跃度来提升账号权重是较为轻松的。

小红书对账号活跃度的判定主要取决于笔记更新频率和账号的互动表现。

（1）笔记更新频率

笔记更新频率指账号发布内容的频率，笔记发布的平均间隔越短，就意味着账号的更新越频繁。一般情况下，推荐博主每天发布至少一篇小红书笔记，这样就能保持一个较高的更新频率，对于时间不是很充裕的博主，可以 2 ～ 3 天更新一篇笔记。

另外，博主可以在个人主页的简介处留下提示，提醒关注的粉丝账号的更新频率，如图 3-24 所示。

图 3-24

（2）账号的互动表现

账号的互动分为作为博主账号的互动和作为用户账号的互动，运营者与粉丝或者与其他的小红书博主进行互动都是提高账号活跃度的好方法。例如，当发布的笔记收到粉丝评论时，博主要积极地参与到评论区的讨论中，这样既可以活跃评论区的氛围又可以拉近与粉丝的距离。图 3-25 所示为某小红书博主与粉丝的留言互动。

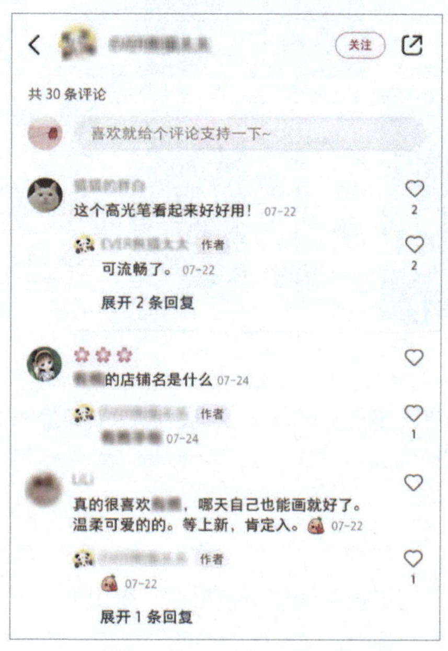

图 3-25

除了在评论区互动，博主在浏览他人发布的内容时，点赞、收藏他人的笔记同样视为互动，也能提高自己的账号活跃度，甚至在小红书商城内进行的消费活动，也是提升账号活跃的重要途径。

不过需要注意的是，权重也是有上限的，尤其通过提高活跃度来提高权重也是如此，当权重提升到一定程度时，即便一味地增加留言互动，权重也不会发生改变了。

3.2.3 笔记权重规则算法

影响笔记排名最重要的因素是笔记的权重，笔记权重包括原创度、用户互动、关键词密度、笔记发布时间和违规情况。其中，关键词密度决定了笔记因为什么样的关键词被收录，用户的互动决定了笔记排名的高低，用户的互动指的是对笔记进行分享、评论、收藏、点赞，并且这四项分数依次递减。例如，有的小红书的账号权重没有特别高，粉丝数也不多，但某篇笔记的排名靠前，这就说明在小红书平台中，即使账号权重较低，也仍然有机会通过发布优质笔记来提高笔记的排名。

图 3-26 所示为小红书某账号，该账号主要分享基辅当地美食及博主自己制作的美食，每篇笔记的点赞量、收藏量等互动量并不高，如图 3-27 所示，但是他创作的一篇以圣诞树简笔画为主题的笔记，却获得了超过 16 万的点赞量，并在相关内容搜索结果中排名前列，如图 3-28 所示。

图 3-26　　　　图 3-27　　　　图 3-28

下面将逐一介绍原创度、用户互动、关键词密度、笔记发布时间和违规情况，以及它们对笔记权重的具体影响。

1. 原创度

原创度是指小红书对笔记的原创程度进行检测并得出的一个值，大家可以理解为笔记内容与平台内已有内容的重合程度，这个值不会直接显示，却会真实地影响笔记的排名。

小红书作为一个以 UGC 为内容来源的生活分享类社区，质量上乘的内容和良好的社区氛围是小红书的运作核心。当一个互联网社区中的内容都是复制粘贴般的同质内容，会严重影响用户的使用体验，导致平台口碑下降。因此，笔记内容的原创度成为影响小红书账号权重的重要因素。

从另一个角度来看，如果复制粘贴的内容也能获得大量曝光，这对原创内容的创作者而言极不公平，并且整个互联网社区也将会产生“劣币驱逐良币”的现象，从而严重破坏整个社区的生态。所以，小红书官方始终禁止并重点打击抄袭行为。

每一个小红书博主都需要格外重视内容的原创，即使在无法保证内容质量的运营创作的初期，对原创的态度也不能够松懈。对于一些刚开始运营小红书账号的新人，或许在创作方面还较为生涩，可以适当模仿他人的风格，但要避免内容雷同，因为原创是一篇笔记的灵魂，依靠复制、粘贴得来的内容只是一副没有灵魂的躯壳。

想要提高笔记的权重，运营者必须坚持原创。相反，如果被平台检测到笔记内容为抄袭、搬运，权重分值就会被扣除，这篇笔记也就会被限流。

2. 用户互动

用户互动是指一篇笔记的转发量、评论量、收藏量、点赞量与整体的访问量之比。用户对笔记的转发、评论、收藏和点赞都会影响到一篇笔记的互动转化率，且在权重关系中的影响力强弱为“转发＞评论＞收藏＞点赞”。此外，互动分为搜索后产生的互动和系统推荐后产生的互动，如果是搜索后产生的互动，那么对笔记排名将起到重大的影响。

图 3-29 所示为一篇小红书笔记，博主用自己的亲身经历引发了用户讨论，尽管没有很高的点赞与收藏量，但相关话题引起了广泛讨论，使这篇笔记的互动转化率随之提高。

图 3-29

小红书将转发的影响力设置在权重第一位，原因在于分享是相对较为复杂的用户动作，但分享也同时代表着内容有其独到之处，否则用户也不会在相对麻烦的情况下仍然去做分享的动作。因此，在小红书中，转发量越大的笔记越具有价值，笔记的权重得分也就越高。

在小红书里，点赞只是一个基本的表态，很难直接反映出对该作品的价值判断，所以评论及收藏的权重要比点赞更高一些。另外，这部分影响力产生的权重，拓展性比较强，可以不断提升，但也存在上限。权重加分达到上限后，此部分权重就不再增加。

日常优化用户互动率时，可以在内容中引导用户互动，例如在笔记末尾添加“喜欢可以点赞哦”。但切记不要通过利益的形式诱导互动，否则笔记将直接被判定为违规，“点赞送 xx 礼品”“评论可以抽奖”等，这些都属于诱导互动。

3. 关键词密度

关键词决定了小红书笔记在什么词下会被搜索到，通常关键词会放置在标题当中，标题中强调的词汇一般都是笔记的关键词。另外，笔记内容中反复出现和强调的词语也会被小红书系统抓取作为关键词。

巧妙设置关键词同样能有效地提高笔记排名，因为搜索结果优先展示的就是与搜索词内容相关的笔记，所以搜索词和笔记的关键词越匹配，那么笔记越容易出现在搜索结果前排。但一般来说，关键词要与笔记整体内容高度相关，如果关键词与笔记内容关联性很小就会被系统视为恶意引流，反而会影响笔记排名，使其权重下降。

优化关键词密度的方法也不难，简单来说，就是围绕一篇笔记的核心关键词去写内容，笔记内容中多次出现关键词即可。例如，写一篇杭州旅行攻略的笔记，想要用户在搜索杭州旅行时更容易搜索到这篇笔记，那么笔记的标题和笔记的内容多次出现“杭州旅行攻略”即可。

拓展延伸

在相同条件下，添加了话题的笔记往往排名会更靠前。因此，博主在创作笔记时可以根据笔记内容适当添加相关话题。

需要注意的是，话题的热度会随着时间的推移逐渐变弱，所以话题的选择与添加容易受到时间的限制。当一个新话题兴起的时候，博主要把握时机，在热度过去前发布相关内容，这样能有效提高笔记的排名。

除了顺应话题热度推出内容，博主还可以采取制造话题的方式，通过推广一篇高质量的笔记来引起一个新的话题，但这通常需要博主要能把握舆情走向，且具有很强的内容创作能力，这是一种更为高阶的笔记运营方法。

图 3-30 所示为一篇在文末添加了话题的小红书笔记。

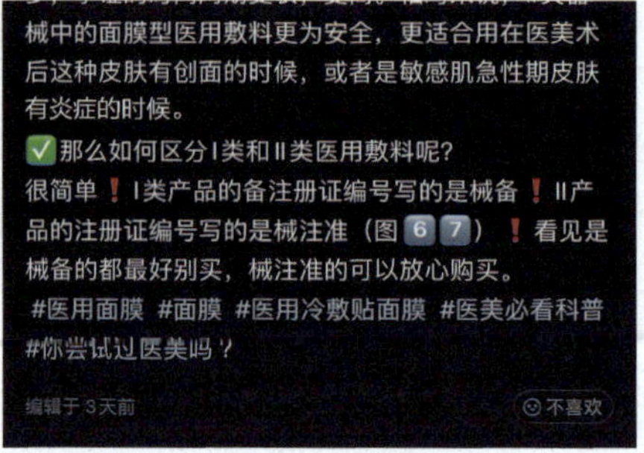

图 3-30

4. 笔记发布时间

设置小红书笔记排名的目的是让用户看到更准确、更有效的笔记内容，而笔记发布时应保证时效性。

例如，搜索杭州旅行攻略，如果出现的笔记多为前两年的笔记，那么即便攻略非常详尽，但也很难保证旅行攻略是否还与实际场景相匹配，生活中很多场景的内容也都有类似的时效性。

为了保证内容的时效性，小红书在笔记排名时，在其他权重相同的情况下会优先考虑笔记发布时间，这也是影响笔记排名的一个因素。

但笔记发布时间很难优化，重新发布一篇新笔记可以让笔记发布时间变的更新，但互动率等其他权重就未必可以再次提升了，所以作为创作者，了解笔记发布时间是影响笔记排名的重要因素之一就可以了，不建议重新发布笔记。

5. 违规情况

小红书有其特有社区规则，如不能引流、不能抄袭等，所以小红书官方为了避免用户内容违规，就会对一些含有违禁词汇或其他形式的违规情况，采取限流甚至惩处措施。因此违规的笔记内容，就不要想着可以优化排名了，是否能在小红书里搜到笔记都未可知。

运营者在创作笔记时一定要避免内容里出现违禁词或者其他形式的违规情况，另外，对笔记的评论区里也需要多加小心，当用户的评论涉及违禁内容时需要及时删除或直接举报。

拓展延伸

小红书的账号权重和笔记的权重都是无法直观看到的，官方也不会公布权重具体的算法和数值，作为创作者只能尽量理解权重的规则并满足系统对权重的要求，这样才容易做出高流量更好的笔记。

3.2.4 笔记排名的意义

日常生活中，去哪里玩、去哪里吃饭、买什么品牌的东西等都需要做出消费决策，有决策需要自然就会出现辅助做决策的信息。因此，小红书这样的日活跃用户数超过 2 亿，能够为大众提供多样消费体验与选择的生活分享平台就成了许多人的消费决策平台。

图 3-31 所示为小红书中为用户消费决策提供信息参考的笔记示例。

图 3-31

对用户消费决策路径进行梳理可以发现，用户在小红书上的不同动作，也代表着用户决策需求的程度不同。当一个用户使用小红书时，浏览信息的路径有两种：一种是“逛”，一种是“搜”。

“逛”的人群是普遍没有明确目的性的，他们可能是消磨时间，也可能是关注喜爱的博主，这时有趣的内容往往更容易吸引他们。如果用户对其中某个产品产生了兴趣，那么下一步，会在小红书上搜索这个产品类型或者具体某个产品，如直接搜索某品牌的香薰。

“搜”的人群目的性更强。他们可能已经在其他平台或者场景里对产品有了一定的了解，希望能在小红书里看到更多关于产品的介绍、用户体验、口碑等信息，所以会直接搜索某个产品查看。不管是哪种人群，最终都会使用到搜索功能，而搜索又能为用户提供精准的消费决策参考。

那么问题很明显了，排名越靠前的笔记越容易被用户接收，越容易影响用户的选择，这点在搜索引擎时代有着非常好的验证。例如，使用搜索引擎进行内容搜索时，用户基本都只看搜索结果的第一页，很少会看第二页或者第三页的内容，而第四页之后的内容就更加没有被看到的可能。

虽然小红书的搜索结果页面是无限加载的模式，没有分页，但很明显，排名靠后的笔记被点开的概率逐渐在减小。按照越靠前越容易影响用户消费决策的特点，前面的笔记就拥有了非常大的价值。例如，假设用户在小红书搜索“XXX 产品推荐”后，发现在结果页面排名靠前的笔记中多次出现一个品牌，那么用户浏览完笔记后对该品牌产生购买行为的概率会大大提高。

小红书拥有着超过 2 亿的月活用户，并且对用户的信息推送足够精准，用户搜索每个词的结果页面都相当于一个广告页，内容真实丰富的笔记时时刻刻都在影响着许多人的消费选择。用户在看完相关词条的笔记之后很有可能为相关产品带来巨大的销售量，因此笔记排名对于笔记内容而言具有很高的商业价值。

3.3 小红书运营常见疑问解答

相信不少人在运营小红书时都或多或少听过一些运营方面的“窍门”，对于运营新手而言，很难甄别这些“窍门”对运营究竟有没有帮助。因此，本节整理了一些运营者初期容易产生困惑的运营问题，并为读者一一解答，希望能帮经验较少的运营新手排忧解难，让大家在小红书的运营方面能少走弯路。

3.3.1 笔记末尾堆叠关键词有用吗

图 3-32 所示是一篇拍照攻略相关的小红书笔记，博主在笔记结尾处堆叠了大量的关键词，这种现象在小红书里十分常见。博主堆叠关键词的出发点是为了让用户在搜索这些词语时能看到自己发布笔记，但事实上关键词的堆叠对用户搜索时笔记的展现没有太大作用。

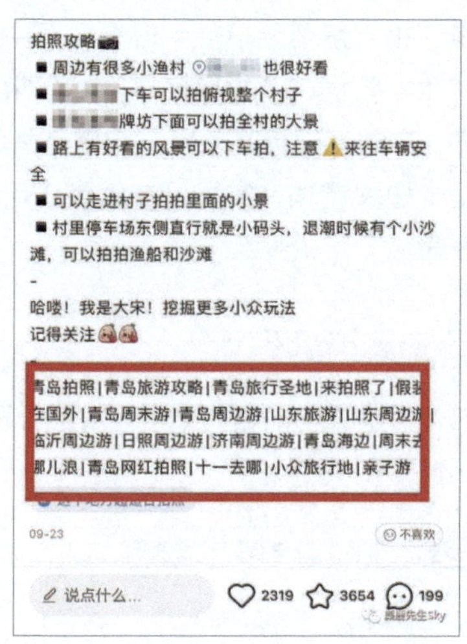

图 3-32

堆叠关键词看似提高了关键词的识别概率，能借此提高笔记的排名，但实际上这样堆砌关键词，对提升笔记的排名并没有显著的帮助。另外，笔记中的内容与堆叠的关键词并非全是密切相关的，过多词语的堆叠还会影响用户的阅读体验，导致很难产生互动。

喜欢堆叠关键词的博主很显然是没有弄清楚小红书笔记发布和推送的具体机制。实际上，当笔记通过审核并成功发布之后，需要通过小红书语义分析系统来对笔记内容做检测，之后才会根据内容分类推送给粉丝，推送到发现页面和搜索页面，如图 3-33 所示。

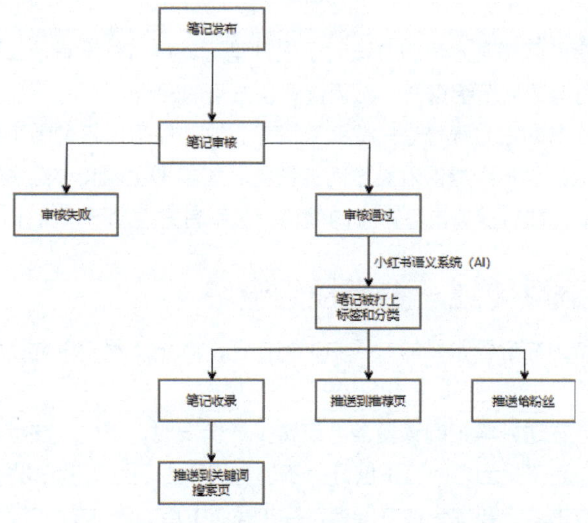

图 3-33

在笔记发布和推送环节中，小红书语义分析系统是常被博主们忽视的一个重点，与简单的抓取关键词分析不同，小红书的语义分析系统检查的不是简单的几个词汇，而是笔记中上下文之间的语义关系和前后内容的逻辑关系。

比如，一篇笔记的标题是“妆容造型分享”，但是笔记中反复提到穿搭方面的内容，即使在笔记结尾堆叠了很多“妆容教程”“妆容分享”“日常妆容”这样的关键词，因为分析的是语义内容，系统最终认定的笔记标签还是与穿搭有关。

综上所述，在小红书结尾堆叠关键词其实是没有太大作用的，小红书检测的是笔记内容和前后文联系，而不是关键词。

3.3.2 @官方对笔记有帮助吗

很多博主很喜欢在笔记内艾特小红书的官方账号，如薯管家、生活薯、美妆薯、吃货薯、直播薯、薯队长等，如图 3-34 所示。

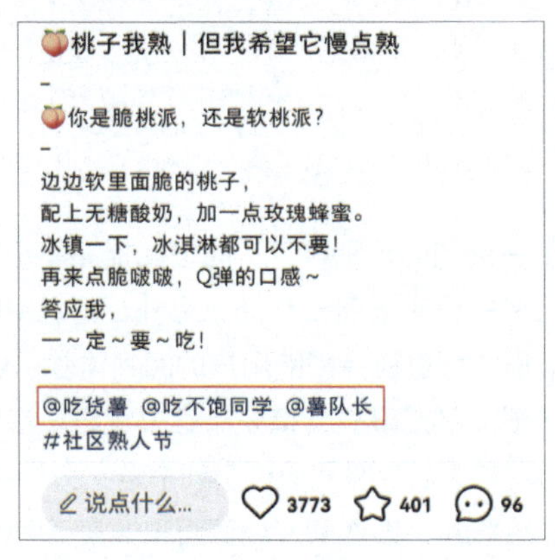

图 3-34

其实这种艾特小红书官方号的方法对于提升笔记的排名并没有什么帮助。大多数这样做的博主是希望将笔记展示给官方，希望得到官方号的回复。

然而这些小红书的官方账号也只是账号而已，这些账号的运营者不会因为主观因素就主动推送某篇笔记，也不会提供流量方面的扶持。如果博主想和小红书官方合作，可以报名参加相关的活动，或者提高自身账号的优势，吸引官方主动寻求合作。

3.3.3 笔记流量差就一定是被限流吗

很多小红书博主在运营账号的过程中，当自己的笔记流量较差时会怀疑笔记或账号被限流。

其实，博主们在遇到笔记阅读量差、点赞少的情况时，首先应该考虑这是不是由内容质量问题导致的，是不是因为内容不够好、不够有吸引力而导致笔记发布效果不佳。

评价一篇小红书笔记要综合很多因素，并非是博主用心创作的内容就一定是好的内容，博主需要多站在用户的角度思考，而不是凭自己主观进行判断，只有用户觉得有价值的内容，才是真正的好内容，才能让笔记收获点赞和收藏。

另外，笔记流量跟内容的流行趋势也息息相关。比如在 2019 年初，小红书的用户普遍喜欢对着镜子自拍（见图 3-35），因此，擅长于这种对镜自拍的美妆、穿搭博主能够快速成长，轻松收获很多点赞，但是当这阵浪潮过去后，再来发布这样的内容就很难吸引用户了。

图 3-35

希望各位博主在遇到笔记流量差的情况时，可以先从笔记本身质量的角度出发，再考虑是否是由于违规行为而导致笔记被限流。

3.3.4 动不动就要删除笔记吗

当经营一段时间账号，积累了一些数据不错的笔记后，部分博主会苦恼于是否要将以前流量较差，内容不够成熟的笔记删除。这类博主一方面是对运营初期的作品不满意，另一方面是怕流量表现不好的笔记对整个账号的权重产生负面影响。

其实，要不要删除笔记内容，首要考虑的是笔记内容是否违规，如果存在违规的笔记内容，删除笔记是无可厚非的。但需要注意的是，删除了笔记并不意味着违规的记录也一起清零，违规记录是一直存在的，和笔记是否存在没有直接关系，博主需要在后续的创作中避免再次违规，这样才能有效避免账号被限流。

还有部分博主想要删除笔记是受到笔记收录的影响。这类博主认为没有被收录的笔记就没有价值，因此会将之前发布的未收录笔记全部删除。实际上，因为笔记未收录而进行删除是没有必要的，搜索引擎的收录并不是不可或缺的，而是锦上添花，即使没有被收录也不代表笔记不被用户所认可，也不代表没有小红书自然流量的推荐。

拓展延伸

笔记收录指搜索引擎将这些笔记纳入到小红书的搜索结果中并显示出来。

3.3.5 小红书私信能发微信号吗

以前小红书是不允许用户出现引流至外部平台的行为的，所以一旦被发现在昵称、头像、笔记、评论和私信当中出现微信号或者是明显的谐音都有可能会被平台警告和违规处罚。但在小红书升级了专业号后，某些强线下交易场景的行业会有不同的监管措施，例如，婚纱摄影行业的专业号在私信中给其他人发送微信号，账号受到处罚的概率就相对较低。企业号的存在解决了部分品牌和商家想要通过小红书进行转化变现的问题，因此对于一些需要发送微信号的博主，建议尝试开通企业号功能。

3.3.6 换手机号登录对流量有影响吗

大多数情况下，登录小红书的手机号相对固定，但也有特殊情况会让博主选择更换登录的手机号，这时一些博主就会产生顾虑——更换小红书的登录手机号会对账号流量有影响吗？

如果一个设备经常登录或切换两个小红书账号，确实会对账号流量产生一定影响。

但通过正常途径改变账号绑定的手机号或是更换新的手机号，并不会给小红书流量造成太大的影响，博主不用过于担心。

3.4 小红书限流自查方法与限流原因

限流是指笔记内容发布后，系统没有正常地将笔记推荐给更多人阅读的现象。

图 3-36、图 3-37 所示为笔者在小红书随机搜索到的一个存在限流情况的账号，图 3-36 所为该账号被限流前的笔记数据，图 3-37 所示为该账号被限流后的笔记数据。通过对比不难发现，两图中笔记数据差异非常明显，这是小红书中被限流的账号常见的笔记数据变化。

图 3-36

图 3-37

在小红书平台，笔记或账号被限流有多种原因，如果博主判断自己的笔记被限流了，应该找到笔记限流的真正原因，从而解决笔记限流的问题。

很多博主都会在运营小红书账号的过程中会受到小红书限流问题的困扰，本节将为大家介绍小红书限流的相关内容，帮助大家弄清自己的账号或笔记是否被限流，以及告诉大家为何会被限流。

3.4.1 笔记限流

笔记限流是指某账号由于其自身所发布的内容中存在违规情况而被平台限流。小红书的笔记限流类型大致可以分为单篇笔记限流、多篇笔记限流和屏蔽笔记搜索这三种。

1. 单篇笔记限流

单篇笔记限流主要有以下两个原因。

（1）涉及非原创内容

笔记若是被小红书系统检测判定存在盗图与抄袭，某些段落属于从其他小红书内容中摘抄，图片直接下载或者截自其他小红书作者的图片等非原创内容，则该笔记会被限流。

（2）涉及广告推广内容

笔记内容若是被小红书平台判定疑似是未经报备的商业笔记，存在推广某些产品或者带有某些商业利益的内容，则该笔记会被限流。注意是疑似涉及广告推广内容，如果被认定涉及，小红书将直接给博主发违规消息通知。

若账号存在单篇笔记限流的问题，建议博主不要再修改被限流的笔记。若博主必须发布此类笔记，则需要将内容全部重新原创，否则被系统判定为发布重复内容，导致笔记被限流得更加严重。

2. 多篇笔记限流

多篇笔记限流主要有以下三个原因。

（1）商业笔记过载

小红书账号若是发布较多商业内容，会导致该账号的多篇笔记被平台限流。博主发现账号存在多篇笔记被限流的情况后，如果是品牌合作人，应该检查自己是不是报备合作的商业笔记发的太多了，如果是非品牌合作人，应该检查自己是否推荐某个内容或者疑似商业笔记内容过多。

若账号确实存在商业笔记过载的事实，博主应该减少发商业笔记的比例。目前小红书运营市场上广泛采纳的做法的是“5：1”，即每发布 5 篇常规笔记，就有 1 篇是商业笔记。基于这个市场规则，笔者建议大家奉行“6：1”的内容比例原则，即每发布 6 篇常规笔记，就有 1 篇是商业笔记，避免商业笔记过载。

商业笔记过载导致多篇笔记限流的问题，警示博主们，由于小红书平台的硬性规定，即使是单纯向用户分享优质产品也要适度适量，不能多次发布类似含义的笔记内容。

（2）曾有违规记录

小红书存在一个小黑屋机制，如果某个账号违规，平台除了给该账号发系统通知以外，还会直接将该账号设置为“小黑屋”一段时间，在此期间该账号基本不会被分配流量，什么时候被放出来，需要看笔记违规的严重程度，通常被限流的时间为两周左右。

若是由于曾有违规记录被限流，基本没有解决方案，建议博主照常使用账号，每天搜索和浏览一些笔记，多和一些账号权重较高的小红书账号进行互动，暂时不再发布新的笔记。由于账号从“小黑屋”中恢复的时间未知，如果该账号还没有运营至很大规模，建议博主考虑重新运营一个新的账号。

（3）内容质量差

若是账号存在多篇笔记限流的问题，但不存在以上几点限流原因，那么就是由于账号所发布的内容质量太差。内容是小红书账号的立足之本，对用户有意义、有价值的内容才是真正的好内容。

上文中提及的图3-36、图3-37所示的账号笔记，就是由于笔记质量较低，内容转化率、点赞量、收藏量不够高而遭遇限流，被小红书平台逐渐下调曝光。通常这种被限流的笔记，经过内容上的完善与改进就会恢复正常笔记曝光。

3. 屏蔽笔记搜索

屏蔽笔记搜索是小红书中最严格的限流手段，表现为被限流的账号下任何一篇笔记都无法搜索到，若是用户搜不到任何一篇笔记博主的流量会有多惨淡自是不必明说。通常出现屏蔽笔记搜索的情况，是以下两点原因。

（1）内容违规

如图3-38所示，若是某账号的笔记违反了小红书的社区规范，如留联系方式、留店铺名称、留引流方式、伪造笔记数据、涉及假货等，如果违规程度较轻就是对涉事内容的单篇笔记屏蔽搜索，若违规程度严重就是直接屏蔽该账号的笔记内容。

若笔记确定违规，博主会收到小红书的违规通知，通知内容会提示用户应该修改该笔记的内容。

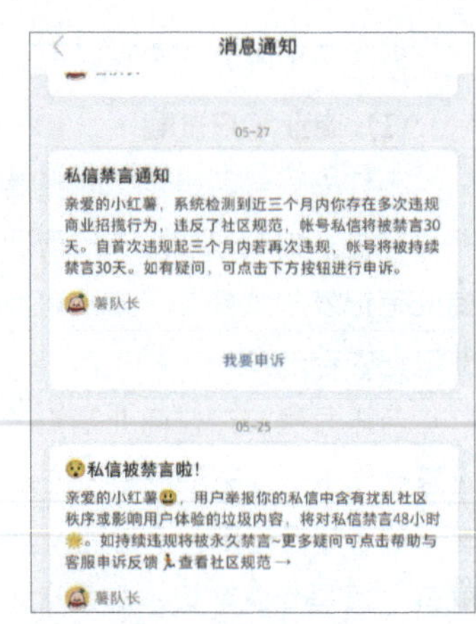

图3-38

由于博主并不能明确哪些文字是笔记的具体违规内容，盲目修改极易导致笔记二次违规，而连续违规将会对账号的权重造成影响，并且权重提升很复杂，一旦造成权重下降，再恢复就很难了。因此建议大家若是遇到内容违规的情况，直接将违规笔记删除，避免节外生枝。

（2）系统缓存不及时

像小红书这种拥有极大用户体量的平台，如果为所有笔记内容都实时建立搜索的索引，服务器早就崩溃了，所以，小红书的系统是有一定延迟性的。博主发布一篇笔记后，最长需要等待 30 分钟左右才能在搜索中检索到该笔记。

另外，博主在搜索自己新发布的笔记时，按照热度或是综合去搜索比较难找到笔记，可以尝试按照时间排序搜索（见图 3-39），会更容易找到笔记。如果发布时间超过 30 分钟，博主依然搜索不到新发布的笔记，则说明该笔记可能没有被收录，可以参考本书其他章节中提到的笔记收录问题来解决。

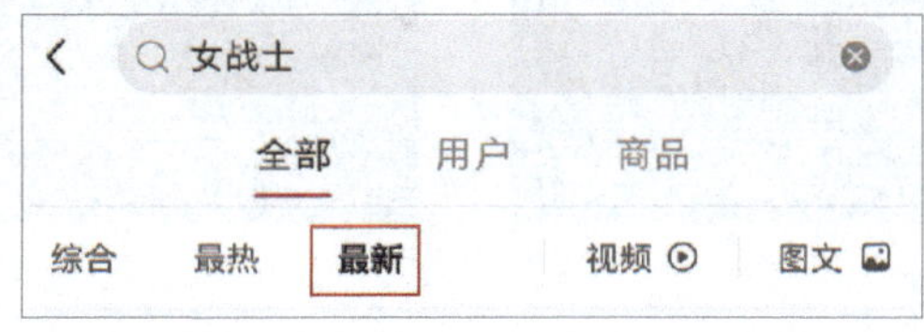

图 3-39

3.4.2 账号限流

账号限流是指账号在笔记内容之外，存在违规操作而被平台限流。小红书的账号限流基本涉及以下五个原因。

1. 一个手机登录多个账号

一个手机有多个账号登录是小红书系统识别账号违规的典型操作。伪造粉丝数据的账号基本上都是这么操作的，所以一旦存在“一机多号”的现象，相关账号就很容易被系统判定为“水军”，从而导致账号违规而被平台限流。

建议博主们一个手机设备对应一个账号，若实在有登录其他账号的需求，同一手机设备也不宜登录超过两个小红书账号。

2. 昵称涉及违规或广告推广

在小红书平台，账号昵称涉及违规内容或广告推广，如昵称涉及政治倾向、广告推广、微信号码、手机号码等，这些也视为账号违规。

绝大部分涉及违规或广告推广的内容在设置昵称时，系统会直接限制不能使用，但也不排除用户在设置时巧妙避过相关检测机制，这种情况后续若是被系统更新的规则库检测出来，同样会被判定为账号违规。

3. 头像违规

有个别博主使用涉及营销内容的头像，如在图片中插入二维码、微信号等，很容易被系统识别出来，从而判定为账号违规。

4. 个性签名违规

很多小红书博主会在个性签名上留邮箱地址、微博 ID 等一些联系方式（见图 3-40 和图 3-41），若是在个性签名中有明显的向其他互联网平台引流、推广的内容，账号就比较容易因为违规而被限流。

图 3-40

图 3-41

笔者建议尽量少留该类敏感信息，作为一个普通账号即便加了联系方式，给其他平台导流的效果也是十分有限的，而且还会导致在小红书平台的严重限流，得不偿失。另外，目前只留邮箱对账号的影响最小，基本是最好的做法。

有一些已经运营时间很长的账号，其个性签名中的内容涉及敏感信息，但感觉账号没有被限流，要不要去修改个性签名呢？笔者建议博主不要修改。小红书的机制是有变动就重新检测，如果目前内容没有任何问题，一改反而容易被平台检测出问题。

5. 旧号重新登录

旧号重新登录也有很大的概率被限流，因为长时间不登录，系统会认为该账号是“僵尸”账号，从而进行曝光限制，如果该账号突然开始发笔记，就会被平台重点关注，如果要用旧账号进行运营，笔者建议先养几天号，然后再正常地发布笔记。

拓展延伸

养号是指通过一些正常使用账号的常规操作，如搜索、浏览一些笔记，进行点赞互动等，让系统重新将该账号归为“真人”一类，但需要注意操作频率要适度，太频繁反而会被系统认为是机器人。

3.5 小红书笔记收录自查与解决方案

本节将为大家介绍小红书中笔记收录的相关内容，希望对大家提高笔记收录率、提升账号人气有所帮助。

3.5.1 什么是小红书笔记收录

小红书的笔记在审核通过之后会在推荐页面和搜索结果页面展示以获得流量。推荐页面就是小红书的“发现页”或者“关注页”，搜索结果页是用户搜索某个词后出现的搜索结果的页面，如图 3-42 至图 3-44 所示。

图 3-42

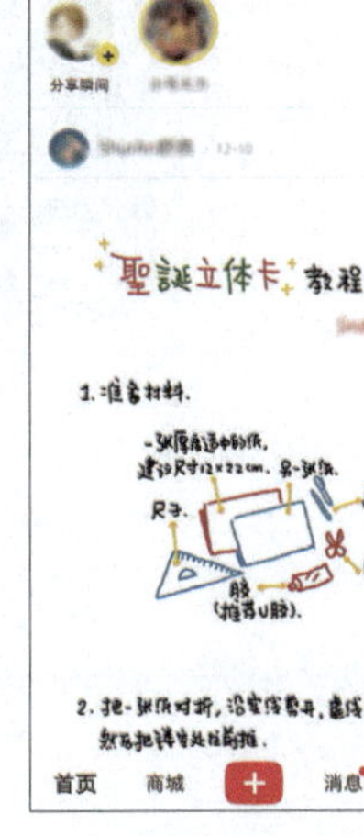

图 3-43

图 3-44

既然小红书的内容推荐是有算法的，那么搜索结果页面展示的笔记肯定也是有规则的，不可能所有的笔记都能获得小红书的推荐，也不是所有的笔记都能在搜索结果页进行展示。所以，发现页、关注页与搜索结果页中的内容同样也是被小红书平台过滤后的产物，只有在“笔记库”里的内容才会在搜索结果里展示。

也就是说，博主成功发布了笔记且该笔记被系统放到了小红书的“笔记库”中，这样的笔记才能被用户通过搜索笔记关键词浏览到，这一过程即为小红书笔记收录。

简单来说，你能在小红书里通过任何形式搜索到你发布的笔记，就叫笔记收录。不过这只是一个粗略的说法，在小红书中笔记收录还有多种方式，笔者会在后面的章节给大家详细解释。

3.5.2 如何验证笔记是否被收录

博主如何在小红书平台验证自己的笔记是否被收录，需要通过以下四个步操作来测试。

1. 笔记必须处于审核通过状态

小红书审核笔记的过程是先机器审核，再人工审核，处于审核状态下的笔记属于非正常状态的笔记，所以处于审核的状态下的笔记是不可能被小红书系统收录的，因此也不可能有流量，所以我们第一步一定要先验证自己的笔记是否已经审核通过了。

验证方法很简单，只需要在小红书里转发刚刚发布的笔记到微信里，点开链接就能看见有一个审核状态，显示笔记正在审核中，如图 3-45 所示，或者相同页面，显示内容为“当前笔记无法展示”等，如果没有类似的状态，显示的是完整的小红书笔记页面，如图 3-46 所示，这就表示笔记审核通过了。

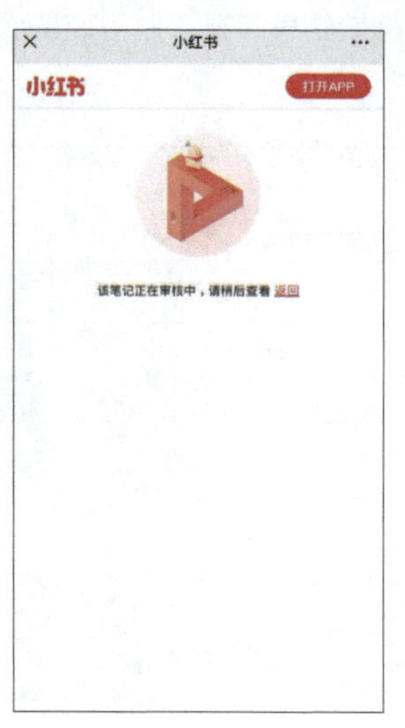

图 3-45

图 3-46

2. 审核通过时间大于 30 分钟

每天在小红书里新发布的笔记趋近于百万篇，即便是系统程序，处理这么庞大的数据量也需要时间，所以程序建立搜索的索引一般都是周期性的，这就意味着系统的工作方式不是实时的，用户所发布的笔记在通过审核后，还需要一段时间才能在平台中搜索到。

通常，在笔记审核通过后，再等待大概 30 分钟，博主就可以搜索到新发布的笔记了。如果笔记审核通过 30 分钟后还不能搜索到笔记，就可以认为该笔记没有被收录。

3. 使用其他人的账号进行搜索

小红书是一个千人千面产品，意味着每个人看到的首页和搜索结果页中的内容都不相同，所以在检查笔记收录情况时，仅用自己的账号去搜索结果未必准确，最好是使用其他用户的小红书账号进行搜索验证。

注意，其他用户的账号不可以用与博主的手机切换账号登录，而是应该使用另外的手机设备进行登录，否则搜索结果也是不准确的。

4. 搜索完整标题或高频关键词，点击“最新”排序

博主在小红书搜索栏里输入完整的标题进行笔记搜索，如果搜到了，就表示笔记被收录了，没搜到就表示笔记没被收录。

在实际的内容搜索中，几乎不可能有用户真的通过搜索完整标题来搜索笔记。因此用完整标题进行搜索，是为了帮助博主验证所发布的笔记是否被收录到系统库里，但这种收录形式不会为笔记获得搜索流量。

此外，博主还可以通过笔记的主要关键词进行搜索。博主在搜索栏中输入笔记的主要关键词后，在搜索结果页中点击“最新”排序，如果能在前 100 篇笔记里找到所发布的笔记就算收录了，如果未能找到笔记就算没被收录。这种查找关键词的验证方式，能够帮助博主验证笔记是否被收录的同时获得搜索流量。

一篇笔记可以通过多个关键词搜索到，除了与笔记主题有关的关键词及笔记中高频出现的关键词，博主如何得知笔记是否被其他关键词收录呢？运营小红书账号时，有相关内容的搜索需求，笔者建议使用相关的小红书笔记关键词检测工具进行检测。图 3-47 所示为小红书笔记类型与关键词检测工具——零克追踪，使用零克追踪查询后的展示结果中有一项为“笔记关键词分析”，搜索其中展示的关键词，有较高的可能性在小红书搜索中可以搜到该篇笔记。

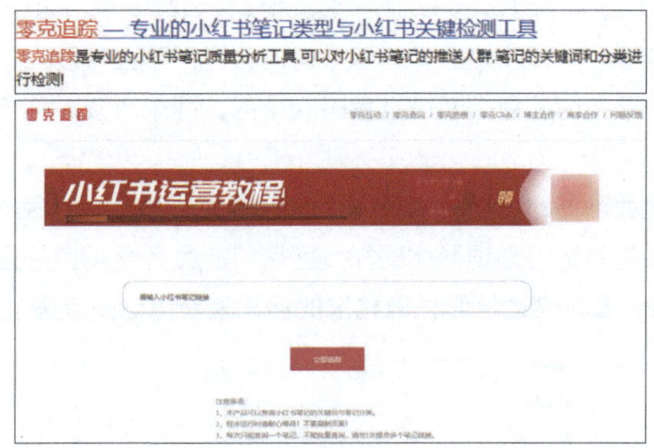

图 3-47

3.5.3 笔记不被收录怎么办

有被收录的笔记就自然也有没被收录的笔记，没被收录的笔记有一点是很明确的，那就是没有搜索流量。所以从追求更多流量的角度来说，笔记被收录一定比不被收录要更好。但是收录的笔记不一定就比不收录的笔记数据好很多。

比如穿搭分享或者一些有自拍内容的笔记，笔记的标题都是“OOTD | XXXX XXX”或者简单的一句话，并且正文几乎没有文字，如图 3-48 所示。这样的笔记，能收录到的关键词是十分有限的，基本上只能关联到“穿搭”这一关键词。另外，因为这类笔记的正文中没有明确的关键词，所以相关关键词下的笔记排名也很难靠前。

图 3-48

此外，也没人会去搜很宽泛的类目词。比如，用户准备出门旅行，可能会搜索“××城市攻略”“×× 旅行攻略”等具体到某个区域的旅行关键词，但是他们几乎不会仅仅搜索“攻略”两个字，因为他们也知道不具体的搜索词的搜索结果不准确。

因此，一些没有明确关键词、没有细化内容所属领域的笔记，如日常穿搭、对镜自拍、日常娱乐等类型的笔记，收录和未收录所带来的流量区别不会特别大，因为无法在搜索排名前列显示的笔记，更多的流量是通过推荐来获得的，而未收录的笔记，同样能获得推荐流量。

不过，能够通过关键词的精准搜索获得流量的博主，一定要确保笔记被收录。例如，旅行攻略类博主通过将笔记关键词具体到地点区域，产品评测类博主通过将笔记关键词具体到产品类目与名称，都能帮助笔记依靠精准的搜索来获得更多流量，如图 3-49 所示。

图 3-49

品牌方在做 KOL 投放时，合作的博主必须要求笔记收录。不收录意味着品牌方的笔记只有曝光和点击，失去了在后续精确搜索中的内容沉淀，也意味小红书中的消费者在搜索一个产品的品牌名以后，发现没有太多相关的笔记，那么品牌方所投放的商业笔记不存在消费背书，投放 KOL 的效果无疑被大大打了折扣。

3.5.4 如何提高笔记的收录率

首先我们需要明确，不被收录的笔记，不一定是笔记违规了，可以通过修改内容来重新争取收录，但是最终还不被收录的笔记，请大家不要再纠结笔记收录的问题。因为，笔记收录是建立在内容基础上的，也就是说小红书必须认可你的笔记没有问题后才有可能收录该笔记，这个“没问题”体现在以下几个方面。

1. 内容不涉及广告

小红书对于广告类的内容把控很严格，如果是特别明显的广告内容，比如过于夸大产品功效，在笔记里 @ 品牌方，大量出现产品 Logo，引流到淘宝店铺，着重介绍单个产品，恶意贬低其他品牌等内容都会导致笔记被限流，严重的甚至还会导致整个账号都被封禁，更不要说笔记是否会被收录了。

若笔记中出现了大量疑似广告用语的内容，例如一些夸张和绝对的用词，或一篇笔记只介绍了一款产品，这就很容易被小红书系统识别为疑似广告，从而不被小红书系统收录。

品牌方在投放 KOC 博主的笔记时也很容易触及疑似广告的问题。如果品牌是个小众品牌，并且之前在小红书并没有投放多少笔记，品牌的日新增笔记数很低甚至没有，当这个品牌突然每天笔记增量达到几十篇，那么这个品牌相关的笔记就很容易被系统识别为广告推广笔记，因此也不会被收录。

并且，系统判定内容疑似广告，不仅是从文案判定，还会从图片、视频，甚至从夸张的摆拍和图片造型中判定内容是否为广告或者违规内容。换句话说，不仅文案内容不能涉及广告，笔记中的其他各个要素都不能含有明显或夸张的广告元素。

2. 内容原创

内容原创对任何平台都很重要，并且对发布在小红书里的笔记而言非常重要，非原创的笔记按逻辑来说，应该是完全限流的，更别提收录了。

3. 不能违反社区规范

由于涉及敏感内容导致违反小红书社区规范的笔记自然不会被小红书系统收录。

4. 未反复修改笔记

未反复修改笔记针对的是已经被收录的笔记。已被收录的笔记，经过博主修改后，反而容易出现问题导致笔记不再被收录，这种情况尤其容易发生在笔记发布后已经产生了用户互动的情况下。

但如果笔记未被收录，还是可以进行修改的，以便被重新被系统收录，但是尽量不要高频修改笔记内容。

5. 账号状态正常

笔记被收录的前提是，笔记发布自一个状态正常的小红书账号。

若账号状态有异常，例如，近期有违规、营销行为或是账号太新、账号活跃度太低，以及账号被判定为批量注册等，都无法使笔记被顺利收录。

6. 平台扶持的类型内容

小红书平台扶持什么内容，什么内容就能获得更多的流量。例如，在当下的短视频时代，视频笔记是小红书最近几年内重点扶持的内容形式，因此，视频笔记会比图文笔记更容易被收录。

如图 3-50 所示，小红书的发现页所推送的笔记，视频笔记比图文笔记的占比更高。

图 3-50

7. 笔记收录的其他若干问题

若你的笔记内容做到了以上六点，那么笔记收录的概率就能够达到 90% 以上。为什么不能保证 100% 呢？因为收录这个问题确实有一些运气成分在里面。

一个平台的资源与流量是有限的，在这个有限范围之内，博主必须要展示自己最符合平台调性的一面，并且要匹配用户需求，不然不光不会成功涨粉，还会导致现有粉丝的流失。

笔记搜索结果也是如此。平台运营能在热门搜索词下把去年的笔记排名靠前吗？穿搭是有季节性的，现在是夏天，紧接着又会迎来秋冬。平台运营能在冬天展示夏天的衣服吗？答案都是否定的，这就意味着，笔记收录必然会掉，排名必然会变动，不存在永久留存的可能性。

如果小红书同类目今天发布了1000条笔记，平台不可能全收录，那就只能收录一部分，而笔记收录的原则就是质量取胜，这就是没有问题的笔记同样也可能不被收录的原因所在。

有些博主在运营小红书账号时，可能遇到过上午被收录的笔记，下午不再被收录的情况，这可能是被平台审核复查到了，又或者是被用户举报了。遇到这种问题时，大家可以按照上面的几点原因把笔记的相关因素逐一检查一遍。

另外，笔记收录是运营者由于想获取更多平台流量与曝光而想取得的一个状态，但它不是小红书平台认为一个正常笔记所必需的状态，所以大家能做的只有努力提升笔记收录的概率。但没人能保证笔记一定可以被收录，也做不到将未被收录的笔记改到能收录的程度，所以大家没有必要一直纠结某一篇笔记未被收录的问题。

一个账号的生命周期很长，不仅是只有几篇或者几十篇笔记，还有账号下几个月甚至是很多年以后所有的笔记才能构成一个博主的 IP。如果其中一篇小红书笔记没收录，大家在下一篇笔记的创作中继续努力就好。

3.6 模仿 KOL 能不能成为 KOL

有的新人博主在运营账号的初期会不由自主地模仿已经获得成功的 KOL。本节将和大家聊一聊，如何通过正确“模仿”KOL 为自己的博主生涯助力。

3.6.1 为什么不能随便选择 KOL 去模仿

我相信每个刚刚加入小红书做博主的人都曾有过不知道自己要做什么内容，甚至不知道自己能做什么内容的阶段。有的博主在这个阶段会选择模仿 KOL 的运营方法进行账号运营，尝试模仿一些小红书 KOL 的爆款笔记，也照着创作一个标题、封面、文案、图片风格都类似的笔记，但往往效果事与愿违。

新账号很难通过模仿 KOL 实现成功运营的原因，有以下几点。

1. 账号所处阶段不同

在小红书平台，KOL 发布一篇笔记和新人博主发布一篇笔记，即便内容可能是相同的，但效果也会有极大的不同，所以新人博主在与 KOL 的笔记流量竞争中很难获得很好的效果。

造成差异的原因就是 KOL 账号和新人博主账号所处的账号阶段是不同的，账号权重不同，粉丝对内容的感知也不同。例如，有的 KOL 有了足够的粉丝基础，开始通过内容进行变现，但是人恰好又犯懒，这种状态下可能每篇新发布的笔记都是广告，而且内容还会有越来越差的趋势，但因为有足够多的粉丝基础和较高的账号权重，笔记仍然能够获得不错的流量数据。而新人博主就可能会误认为只要做出这样质量的笔记也能收获很好的笔记数据，从而成为 KOL。但明显这种形式的内容模仿，对新人博主来说是行不通的。

图 3-51 所示是一个在小红书拥有超过 10 万粉丝的账号近半年的涨粉情况，该账号半年涨粉不到 1000 人，但其目前的笔记每篇都有 100 个左右的点赞，新人博主模仿这样的 KOL 账号，很难将账号运营成功。

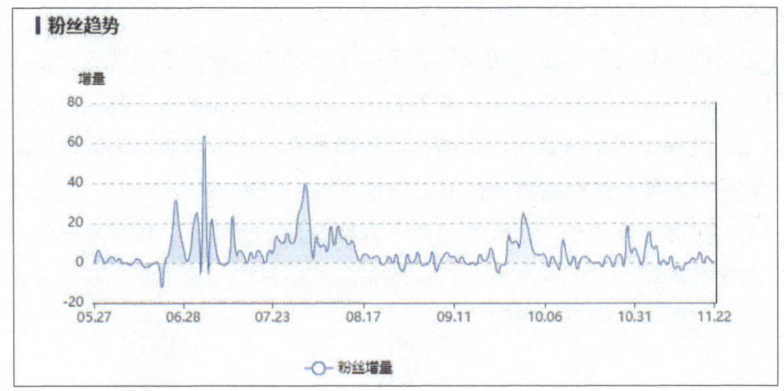

图 3-51

此外，作为 KOL，其粉丝已经足够多，在当前阶段可能不再追求过多过快的粉丝增长，而是追求变现。但对新人博主来说，不追求涨粉也就没有成为 KOL 的可能性。

2. 账号成长时期不同

很多小红书新人博主不清楚账号定位的意思，一是搞不清楚账号垂直的定义，二是觉得坚持垂直没有什么必要，因为看到有些已经成功的 KOL，什么类型的笔记都发。

但实际上，每个博主都有属于自己的成长阶段。这个成长阶段指的就是在当下发出的笔记能否被人喜欢。例如，前两年在小红书平台上备受欢迎的内容形式，可能现在的用户并不买账，这种例子屡见不鲜。比如 2018 年在小红书发一些时尚大片般的穿搭图片可能会吸引用户点击，但放在现在来说用户已经审美疲劳了。如果这时还是模仿那些 KOL 做这些笔记，笔记数据效果可能会让人大失所望。

对于在 2020 年之后运营的小红书账号，专做垂直领域是较为快速的涨粉方式。图 3-52 所示为垂直做 Vlog 视频及相关素材的小红书账号，从该账号 14 万的粉丝数和 40 多万的点赞量与收藏量来看，坚持发布 Vlog 垂直领域内容才会取得成功。

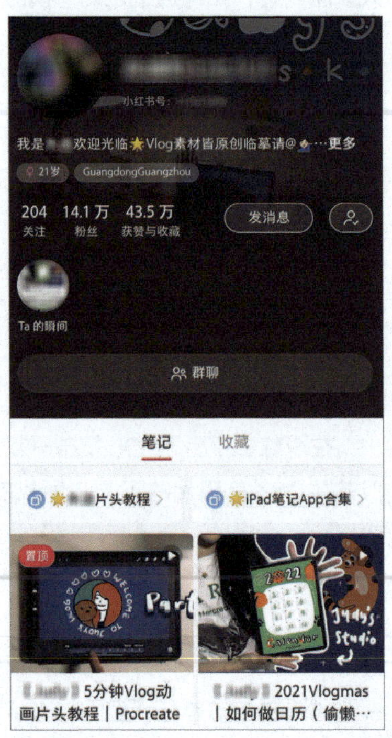

图 3-52

3. KOL 的数据可能是假的

现在互联网水军泛滥，小红书上存在部分 KOL 数据造假的情况。这类账号基本表现为粉丝数比点赞与收藏的数量更多，笔记评论基本为个位数，所发布的内容涉及的类目也非常混乱。

图 3-53 所示为某一个该类账号的涨粉情况截图，从图中我们可以明显看出该账号的粉丝数变化并不稳定，前一天可以暴涨，后一天也有可能暴跌，大多数情况下粉丝数基本没有变化，这样的数据变化必然是不正常的，基本可以确定这种情况是互联网水军刷数据所导致的数据混乱。

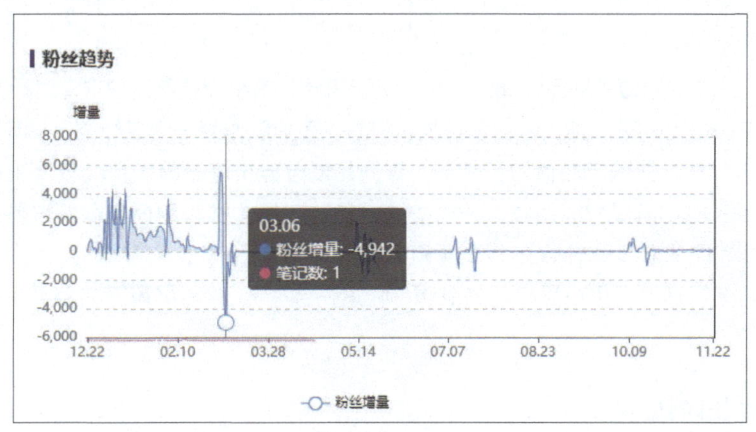

图 3-53

这样的作弊行为并不是隐秘、不可见的，这种异常的数据变化也会被品牌方看见，后续选择与这种账号合作的品牌方会越来越少，同时小红书也会更加严格地监控作弊行为，一旦发现轻则处罚，重则封号。

新人博主在不清楚内情的情况下，看到该类 KOL 的低质量内容，可能会先入为主地认为“发布这种质量的内容也能有这么多粉丝？我做得比它好，那我的涨粉速度肯定比它更快”。新博主如果照着这样的运营思想去做，肯定很难出成绩。

3.6.2 寻找正确的 KOL 对标

很多新人博主学习 KOL 就是简单选定一个内容领域人气很高的 KOL 进行学习，但是这种做法往往并不能有效帮助新人博主进行账号运营。

模仿 KOL 是目前为止最快了解一个平台调性的方式，但是新人博主不能简单盲目地进行模仿，而是要寻找合适自己的 KOL 账号并调整模仿的方式。

新人博主如何寻找正确的 KOL 进行对标，可以从以下三点着手进行。

1. 选择类目

选择对标 KOL 账号的第一步就是选择一个与自身账号内容相匹配的类目，而大的内容类目下有很多细分内容类目（见图 3-54），选择类目时，这种类目一定细化到二级甚至三级才可以。

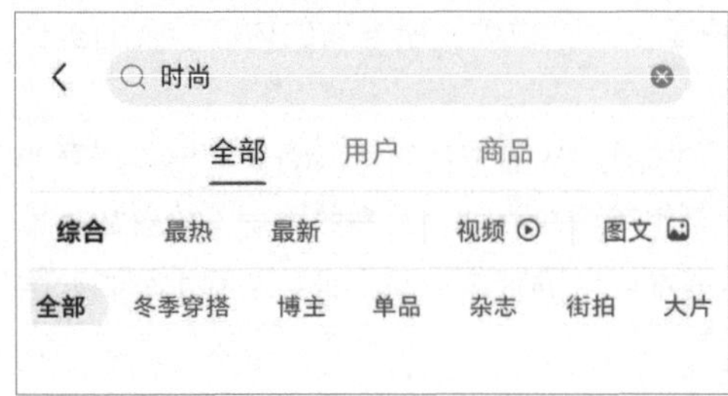

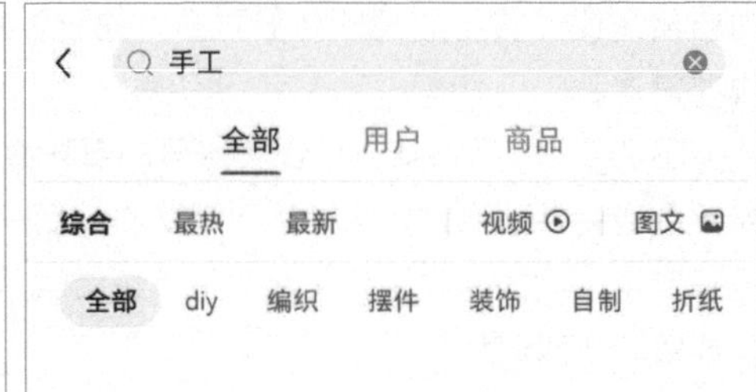

图 3-54

例如，一个计划做护肤品评测的博主，不能简单从美妆个护类目中选择对标的 KOL，因为美妆个护是个一级大类，包含了美妆和护肤，而护肤作为一个二级类目，其下还分为护肤手法与教程、护肤产品体验和评测、护肤品成分分析等三级类目。该博主从护肤类目去寻找参考时，需要按照美妆个护→护肤→护肤产品体验和测评的顺序去寻找对标的 KOL，这样才能保证选择的 KOL 既是垂直的又是同类匹配的。

当然，选择其他类目也是相似的逻辑，大家在选择 KOL 时尽量将内容类目拆分到最细就可以了。

2. 选择成长阶段

新人博主所选择的 KOL 账号的成长阶段是否与自身账号相匹配也是非常重要的一点，选择非匹配的账号，相当于错位的对标，是无法进行参考的。而账号的成长阶段，可以用账号的粉丝数及涨粉速度来去综合判断。

例如，对于刚刚入驻小红书，并且没有任何运营经验的博主，选择粉丝数在 2 万～ 10 万，并且最近涨粉速度较快的 KOL 进行对标是最合适的。

（1）选择粉丝数在 2 万～ 10 万的 KOL

粉丝数在 2 万～ 10 万的 KOL 对于新人博主而言，并不是遥不可及的，所以对标账号目前在做的运营方法对现在还是 0 粉丝的小红书博主来说是非常有效果的，如果运营顺利且效果不错，一般 3 个月左右就可以达到对标账号的现在状态。

那些已经有了几十万甚至是几百万粉丝的十分成熟的 KOL 账号就不要去参考了，那个阶段的博主更重视变现而不是涨粉，对现阶段的新人博主运营没有足够的参考价值。

（2）选择最近粉丝增速较快的 KOL

粉丝增速取决于当前发布的内容的有效性。例如，一个总粉丝数在 5 万左右的账号，最近一个月涨粉 2 万，并且每天都有固定涨粉数量，它所发布的笔记内容一定是非常符合当下小红书用户需求的，是值得深入研习的“热点”。

图 3-55 所示是某小红书账号一段时间内的涨粉趋势，显而易见，该账号的粉丝数量一直在平稳增加，并且增幅很大，这就是优秀的账号，值得新人博主去对标。

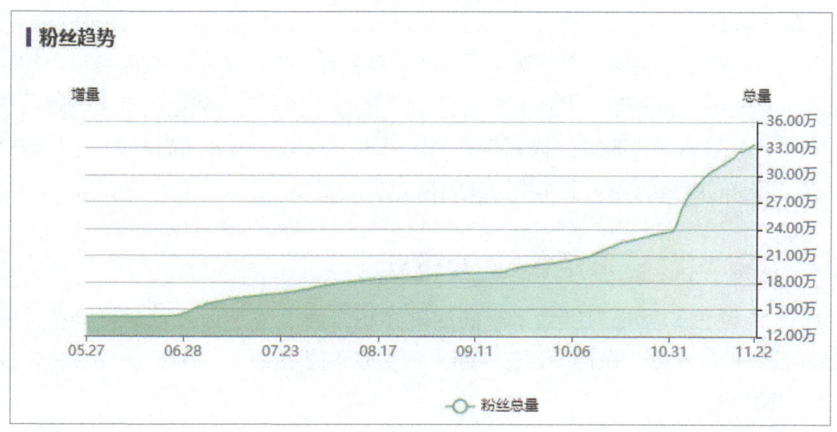

图 3-55

如果账号的总粉丝数是 5 万左右，昨天涨了 1000 个粉丝，今天只有寥寥几个新增粉丝，甚至明后天不再有新增粉丝，基本可以判断是只靠爆文涨粉的账号，没有太多参考价值，因为爆文很难模仿。总粉丝数 5 万左右，每日涨粉数量相对稳定，但总体涨粉速度很慢，一个月只能涨粉几百个的账号也是不值得大家去对标的。

3. 选择真实的 KOL 对标

选择真实的 KOL 对标是正确对标的基础，选择了一个虚假数据的账号，那后面做的一切运营都没意义了。大家可以从账号的粉丝数和点赞收藏总数、账号垂直两个方面来综合选择合适的对标 KOL 账号。

（1）账号的粉丝数和点赞收藏总数

粉丝数比点赞收藏总数还要多的账号可以直接略过，该类账号数据作假的可能性很高。作为一个创作者，作品是获得粉丝关注的核心流量来源，除非本来博主在其他平台就很知名，否则很少有人通过搜索账号来关注的。

小红书上绝大部分的博主都是通过发布优质内容积累粉丝。用户浏览笔记时很大概率会点赞收藏喜欢的笔记，但不一定就此关注笔记的创作者。因此，优质账号通常是点赞收藏总数比粉丝数要多，如图 3-56 所示。

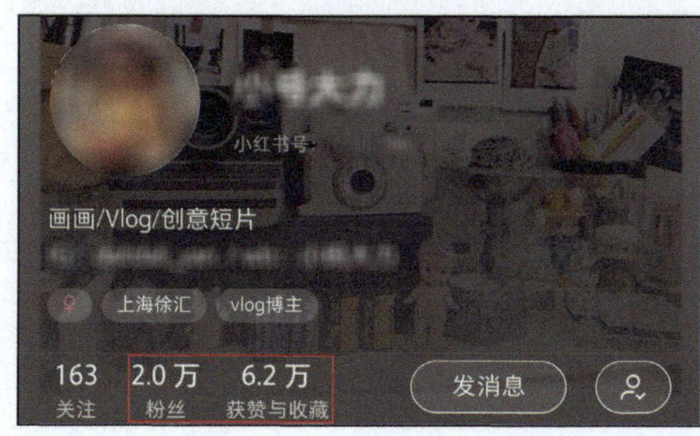

图 3-56

（2）账号垂直

账号垂直是涨粉的关键因素。账号垂直能够帮助账号强化人设，从而吸引粉丝关注。如果看到一个账号人设不强，发布的内容又非常混乱，这个账号数据的真实性就会存疑。对于想找对标账号的博主来说，找到真实的账号进行对标能大大提高成为 KOL 的概率，不应该在“可能的虚假账号”上花费过多的精力。

3.6.3 拆解 KOL 背后的运营逻辑

对标 KOL 最怕的就是只学会了表面的内容制作而没有学会运营逻辑。也就是说，KOL 做什么你也做什么，是行不通的，新人博主应该思考 KOL 为什么要这样做，以及这样做的原因和目的。

表面是 KOL 制作内容的结果，运营逻辑才是 KOL 制作内容的方法。我们要学的就是这种运营方法，那么如何通过表面制作结果看到本质的运营方法呢？大家可以通过逆推的方法对 KOL 的运营逻辑进行拆解。

（1）分析账号价值

新人博主要先把自己当成一个普通的用户，分析成功的 KOL 的方方面面。比如，这个 KOL 分享了什么内容，给用户解决什么问题，粉丝为什么喜欢它等。这个分析的过程应该分点罗列整理，尽可能详细地分析，这样才能从中获取有关运营的有效内容。

以护肤品相关 KOL 的运营逻辑为例，如图 3-57 所示，我们可以从相关分析中清楚地知道这个 KOL 的价值在于解决什么问题了，而这些能影响用户的“点”，也正是我们要在后续阶段运营要做的。

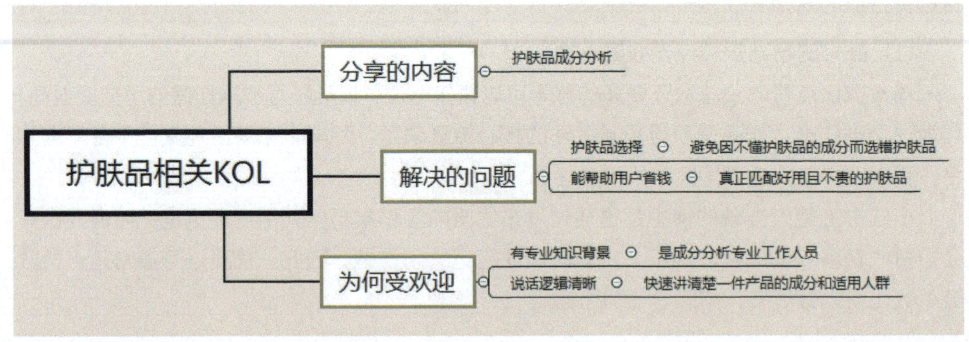

图 3-57

（2）拆分如何传递账号价值

账号或者是人设的价值不是凭空出现的，而是通过内容去传递的。在小红书里，笔记内容的呈现模块分为选题规律、场景选择、标题、封面和内容共五个板块，大家可以从这几个板块中具体找出传递人设的“要点”。

如图 3-58 所示，仍然以护肤品相关的 KOL 为例进行内容质量拆分，并把这些规律都记录下来。在实际拆分中，也可以按照相同的逻辑去做。

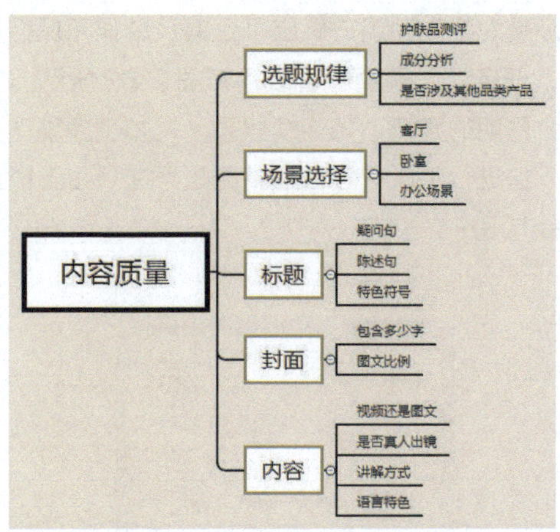

图 3-58

(3) 为什么要这么做

将想要对标的 KOL 的运营特征和规律都分析总结完毕后，新人博主需要站在 KOL 的角度去想“它为什么要这样做”。这道题的答案并不是绝对的，只要想出来了也就理解了 KOL 的运营逻辑，也就学会了这个对标 KOL 的运营方式了，重点在于中间这些细节不能忽略。

3.7 提升账号等级

小红书有独特的等级体系，一共有十个级别，从 Lv1 至 Lv10 分别被称为尿布薯、奶瓶薯、困困薯、泡泡薯、甜筒薯、小马薯、文化薯、铜冠薯、银冠薯和金冠薯。如图 3-59 所示，其中等级最高的金冠薯的达标要求为：累计发布 18 篇参与话题活动的视频笔记均获得 10 个收藏或 50 个赞，或累计发布 800 篇笔记均获得 10 个收藏或 50 个赞。

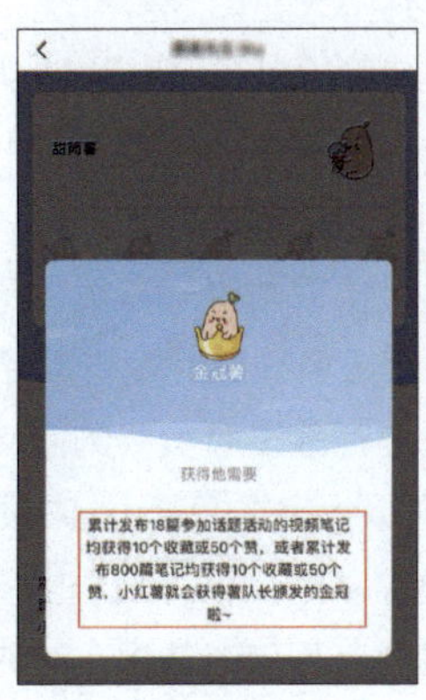

图 3-59

设置平台的账号等级是为了激励用户做出平台倡议动作和保持用户黏性的一种方法，每升一级就需要完成新的任务才能解锁新等级，如图 3-60 所示。换而言之，等级越高说明账号做了越多符合平台预期的事情，如连续登录、发布了多篇笔记等。因此，很多平台会把账号等级与用户的权益进行关联，等级越高的账号在平台上能享受的权益也就越多，这也算是回馈了支持平台的用户。

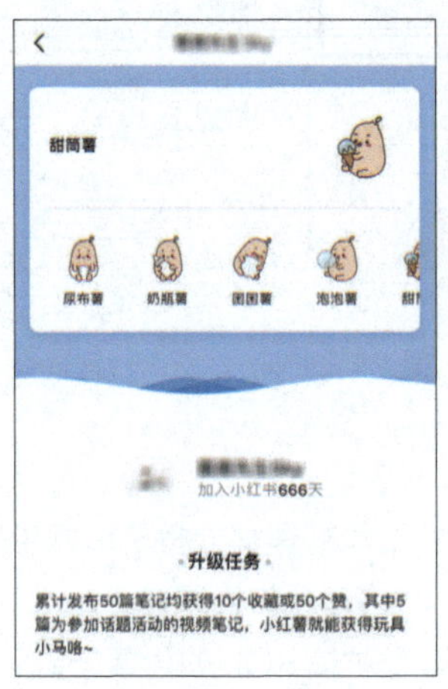

图 3-60

因此，很多人都说，提升小红书的账号等级可以获得更好的流量效果，事实果真如此吗？

简单地说，小红书有两种账号升级模式，一种发布平台活动的笔记，数量较少也可以升级，另一种是不参加平台活动但需要发布非常多的笔记才可以升级。这两种升级模式都有对用户互动的要求。

小红书账号每一级的解锁要求是逐级升高的，可见小红书的账号等级核心是为小红书社区贡献大量的优质内容。因为除篇数以外，平均收藏量和点赞量也是要求之一。

结合小红书的推荐算法来看，小红书会更加倾向于把内容精确地推荐给用户，尤其在搜索笔记的排序上，更加注重通过用户搜索笔记后而产生的互动反馈来对笔记进行排序。所以即便等级有作用，实际的作用并不大。

2019 年以前，小红书的账号等级被赋予了一些特别的权益，例如，升级后可以使用某些贴纸或者开通某些功能，但 2019 年之后小红书已取消等级附赠的权益和功能。之前小红书账号等级有作用，在 2019 年之后便取消了。

在 2022 年，小红书的账号等级位置由账号首页展示转移到了“编辑资料”页，仅个人在点击编辑时可见，再次验证了等级目前已经没有实际作用的猜想。

所以，综上所述，账号等级已经几乎没有实际的意义，提升账号的等级也不会对账号的流量或者权重带来任何的帮助，所以大家在运营小红书账号时，不必过分追求账号的升级。

不过账号等级仍然对博主有精神激励作用，因为当账号升级到金冠薯的时候，博主会发现已不自觉地发布了数篇笔记且都有不错的效果，这时金冠薯的意义不在于等级，而在于成为金冠薯的过程。

第 4 章

小红书的流量变现

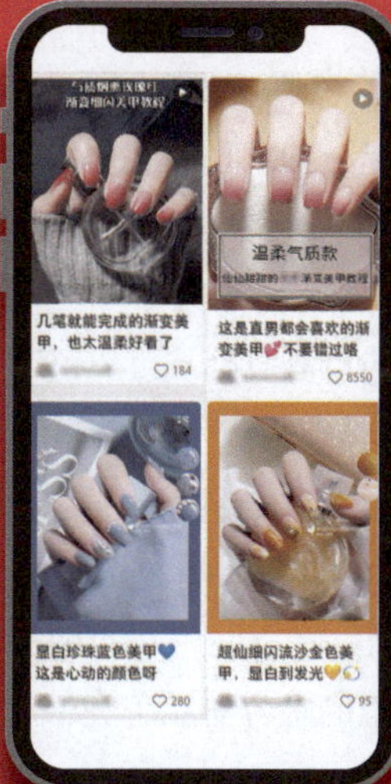

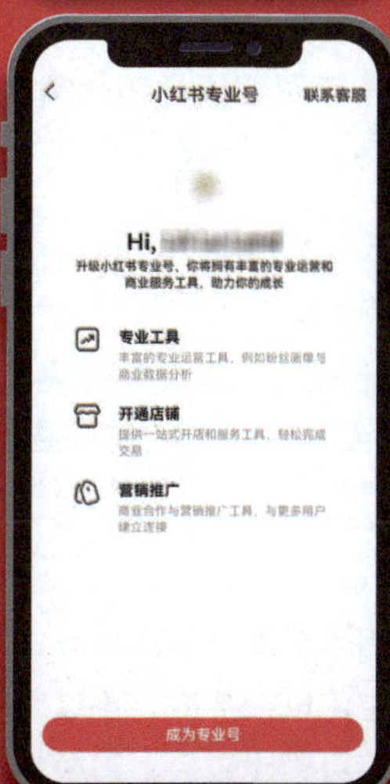

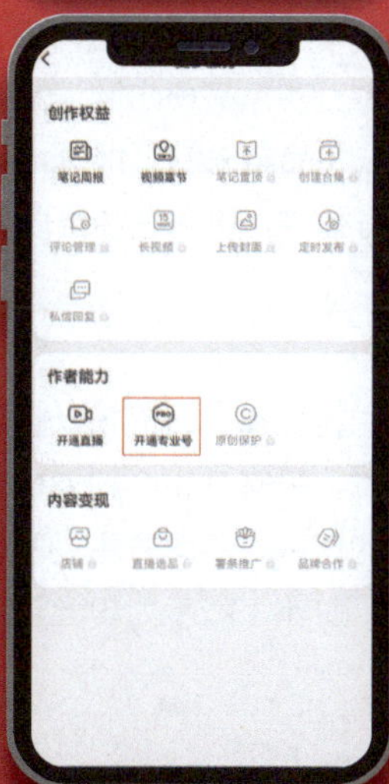

当账号积累了一定的粉丝数和笔记篇数后，博主就可以开始着手进行流量变现了。在小红书里，流量变现的方式主要有广告植入、引流变现、电商直播及开店卖货。本章将为大家详细说明这几种变现方式，以帮助大家顺利完成从账号初步运营到账号成熟变现的转变。

4.1 常见的变现模式——广告植入

广告植入主要是博主与品牌合作笔记。账号粉丝数达到 5000 后，博主就可以申请成为品牌合作人，通过品牌合作来获取收益。

4.1.1 推广报价

很多博主只知道想要接到广告推广得先有粉丝，粉丝越多的博主推广报价越高，但是除了粉丝数，还有其他几个会影响账号变现的因素，博主同样可以从这几个影响因素入手，提升自己的商务报价。

首先，介绍推广报价的制订标准。建议运营者将账号粉丝总数的十分之一定为账号的基础推广报价金额，然后根据以下四个笔记相关的要素酌情调整报价。

- 如果近期笔记数据表现不好减少 20% ～ 30% 的报价。
- 如果账号主页内容方向不明确，内容混乱，再减少 20% ～ 30% 的报价。
- 如果近期笔记多为广告笔记，还要再减去 10% 的报价。
- 如果品牌觉得笔记的内容与品牌契合度不够，若要继续合作就需要再减去 10% ～ 20% 的报价。

其次，对于在品牌合作平台上接推广的博主来说，官方给出的报价参考标准是根据个人数据页面平均阅读数制订的，每一个阅读数可获得的报价区间在 0.1 ～ 1 元，另外需要结合自己的实际运营情况和品类来制订报价。

根据以上报价的制订标准，可以总结出以下几个影响合作报价的重要因素。

1. 账号粉丝量

首先当然就是博主的粉丝量，一般粉丝量越高的账号报价也会越高，但也不是只有粉丝多的博主才可以接推广，只有几千个粉丝的博主也可以接推广，不过只是报价和佣金会低一些。另外，粉丝少的博主，品牌方主动联系的机会也比较少，需要自己主动联系渠道和品牌方寻找合作机会。图 4-1 所示为粉丝量级不同的博主的报价对比。

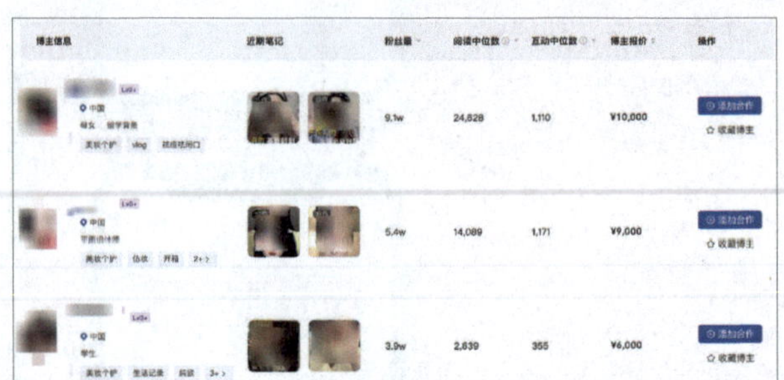

图 4-1

有些博主可能会产生一种想法：只要粉丝量多了，报价也能够订得更高、收益也能更多。其实这并不是绝对的，报价和账号的类型定位、笔记阅读量，以及和品牌的契合度等因素都与报价有着密切的关系。

2. 账号定位

除了粉丝量，还有一个对账号变现影响很大的因素就是账号定位。

品牌方在寻找合作账号的时候，肯定会寻找和自身品牌受众相同或类似的账号合作。因为这些账号的粉丝也有很大的可能性是他们产品的潜在消费者，将其转化为实际购买人群的机会也比较大。

举个简单的例子，要想推广母婴产品就不可能找学习干货类目的博主来做，因为这些博主的粉丝大多都是学生或刚工作的职场新人，购买母婴产品的需求很低，用户转化率当然也不高。所以创作者在决定做 KOL，希望能够通过接推广完成变现的时候，就需要认真思考一下根据自己的账号定位是否能够接到推广、是否容易变现的问题。如果账号定位不准确的话，就算粉丝量、阅读量都很不错，也很难接到品牌的合作机会，如影视娱乐、电影剪辑、视频搬运类账号就很难得到母婴类产品的合作机会。

那么一般哪些类型的账号更容易和品牌进行合作呢？生活类、留学经验类、探店类、美妆类、母婴类账号的变现能力都是比较强的，而且这类账号更容易在不违背博主风格的情况下把广告融入笔记内容，如图 4-2 所示。但是像教程类、影视类的账号就比较难接到品牌合作，因为这类账号如果想在常规的笔记中植入一些产品介绍，很容易会被看出来是打广告，广告内容与自身的账号定位也不相符。

图 4-2

当然以上只是针对推广变现而言，如果是其他引流等的变现方式则需要具体情况具体讨论了。

3. 内容垂直度

前面在介绍合作报价制订标准时已经提到过，杂乱的笔记内容会影响到报价。这一点实际上也是对账号内容垂直度的要求。

如果一个账号的内容垂直度很高，博主的粉丝黏性也会更好。因为这些粉丝通常都是对这一方面内容具有较大兴趣、愿意长期观看这方面内容的人，能够实际购买产品的概率也更大，品牌方自然也就会更愿意找这类内容垂直度高、和自己品牌相契合的账号来合作。

在前面也提到过，内容垂直度高的账号，能够降低用户的记忆决策成本，更容易吸引粉丝的关注，所以在日常运营账号，特别是发布广告类笔记的时候，创作者就要思考这些广告是不是符合自己的账号定位，推广的产品能不能和自己的笔记内容相融合，会不会影响自己的内容垂直度。图 4-3 所示为某内容垂直度较高的穿搭博主的笔记页面，该博主比较容易收到的推广就是服装类的产品。

图 4-3

除了笔记内容尽量都只输出同一类型，创作者还要尽量统一自己的笔记封面风格，比如用同一种 P 图模板，都选择博主真人同一角度出镜的图片，这样能够在视觉上提高自己的内容垂直度，而且也是一种很容易操作的方法，如图 4-4 所示。

图 4-4

4. 笔记数据

除了账号的粉丝量，账号的各种笔记数据也是直观的参考标准，包括阅读量、点赞量、收藏量和评论数等。在和品牌方合作之前，创作者需要先出示这些数据，再进行具体报价，决定是否合作。

小红书某次内测改版时曾对笔记的阅读数据进行调整：在笔记信息流中，用户除了能看到笔记点赞量，还能够直观地看到笔记的阅读量和播放量；甚至在搜索栏当中，搜索博主名字就可以看到相关的笔记数据。

不过这项功能并不是一直处于上线状态，后期内测结束就取消了，但对于创作者来说这确实是一个警醒，单纯想要靠刷数据来提升笔记数据、提高笔记报价是不靠谱的。

创作者要想提升笔记数据，让更多人浏览、点赞自己的笔记，还是得想办法写好笔记内容，因为自媒体终究是内容至上。

5. 调性契合、真实分享

这两点主要是针对与品牌方的合作中需要注意的事项，在创作合作笔记内容的时候，就要注意笔记内容和品牌方的产品调性相契合，并融合自己平常的人设和品牌特点，最好是在真实体验产品之后再来做真实的体验分享，结合使用体验，客观地来介绍产品。

例如，之前主要是分享平价好物的博主，或者之前的笔记都是有关于平价、“白菜价”探店的博主，突然分享了几个大牌粉底液的测评，就不太真实了，还不如来讲一下怎样用便宜的价格买到大牌化妆品，这样的内容会更适合博主的定位。

图 4-5 所示为某考研博主的笔记，该博主在分享学习日常的同时，也会分享一些适合学生人群使用的好物，这样的内容就是符合博主定位的内容，也更容易引起粉丝的阅读兴趣。

图 4-5

不要为了宣传品牌卖点而胡乱撰写内容，这不但会使笔记在自己一贯风格的笔记内容当中看起来很突兀，而且在品牌方和实际的平台用户看来也会觉得内容很生硬无趣、没有新意。

当然，以上提到影响博主商务报价的主要是博主自身的一些因素，但除了这些以外，在和品牌方进行商务合作的过程中，可能还会有一些外部因素的影响，比如尽量选择一个靠谱的接推广渠道，认真辨别其真实性；或者是选择一个分成靠谱的 MCN 机构。

4.1.2 合作注意事项

接下来从合作的各个阶段分别介绍创作者需要注意的事项。

1. 接洽品牌合作

在正式确定品牌合作前，品牌方一般都会提前和博主联系，介绍需要合作的产品和产品的具体特点（一般都会给到内容概要）、合作笔记发布的时间及具体的合作笔记写作形式，这个时候博主在确定正式合作之前就有必要先考虑以下三个方面。

（1）考虑自己的选品标准

在接到品牌合作邀约后，首先应该思考的是这个产品是不是符合自己的小红书账号定位。比如美妆博主肯定就不适合推广母婴类的产品，第一，因为和账号定位不符，粉丝看到也会觉得很奇怪；第二，因为美妆博主吸引的一般都是对美妆感兴趣的年轻女性，这部分群体可能还没有对于母婴产品的需求，虽然都是以女性群体为主，但可想而知产品的实际购买转化率也不会好；第三，在全是美妆类内容的主页中突然更新母婴类内容，也不利于账号保持内容的垂直度。

除了需要符合基础的账号定位，还要记得产品笔记内容不能跟之前发布的笔记内容自相矛盾。例如，护肤博主之前说过刷酸类的护肤产品不好用、对皮肤不好，但后来又接了有关于水杨酸产品的广告，并夸赞其效果好，让人感觉自相矛盾。所以对于这种跟自己平时账号的内容定位、塑造的人设相矛盾的产品，尽量不要选择。

如果想避免这种情况，创作者就需要在接受品牌合作之前，对合作产品有详细的了解，尽量筛选符合自己账号定位并且足够优质的产品，毕竟一个博主推荐的产品质量在一定程度上也代表着博主的诚信。在确定品牌合作前要实际体验一下产品，确定好用之后再进行合作。

（2）合理规划笔记发布时间

在确定品牌合作之前，还要问清楚品牌需要的笔记发布时间，确定自己是否能够按时发布。特别是在像“双十一”这样繁忙的时期，有可能出现笔记积压过多、来不及发布的情况。因为小红书博主的内容都是提前安排好的，如果一天内发布多篇笔记也不会有很好的效果。

如果一段时间内品牌合作特别多，建议大家制作一个时间表来进行具体的笔记发布规划，避免出现遗漏合作笔记的情况。

（3）确定合作笔记形式

在完成选品、确定发布时间之后，还需要提前确定具体的笔记形式，如是图文笔记还是视频笔记。除了这些甚至还有更细节的内容，比如是合集类内容、干货类内容还是单品推荐类内容，这些都需要在品牌开始前确定，以避免之后产生不必要的麻烦。

2. 发布品牌合作笔记

在确定品牌合作之后，如果有试用产品可能还会有需要收集博主地址信息和产品是否需要寄回的问题。在上述提到的合作事项确定之后，就可以进入合作笔记的创作环节了。

（1）实际体验产品并完成笔记

笔记创作环节里最重要的一点就是，一定要在实际体验产品之后，再来创作相关的合作笔记。除了品牌方提供的一定要涉及的产品特点，笔记内容里最好也要有自己的实际使用体验，不能全篇照搬品牌方的产品介绍内容，否则对粉丝也不够负责任。而且小红书的用户也不喜欢看这样生硬的内容，笔记数据自然也不会好。

其实，之前小红书官方曾经对于商业笔记做过调查，收集用户反馈，发布了一份“种草”笔记内容反面案例，下面这些笔记内容都是用户不喜欢的内容，大家在创作品牌合作笔记的时候就可以来参考“避雷”。

① 过分夸大。

例如，标题里用特别夸张的词汇来吸引用户点击浏览，但用户看了之后反而会觉得笔记是虚假广告，不够真实，获得的评论大多是“标题也太假了，一点也不可信”“标题夸张，看多了一点也不信博主推荐”之类的批评。

除了标题，如果使用了添加夸张文字的图片或是文字效果说明不够符合实际，用户也会觉得这篇笔记很假、不真实。

② 广告硬植入。

虽然报备的品牌合作笔记审核相对于普通的种草笔记少了很多限制，但是广告硬植入的方式还是不推荐大家使用，毕竟小红书的独特性就在于普通人的日常好物分享，小红书的用户并不喜欢看这种硬植入，它更适合用在淘宝类的购物平台。

品牌方给出工作简报之后，很多博主偷懒，不愿意自行修改内容，这就会造成一种情况，用户浏览笔记时总感觉不同博主发布的内容很相似，这也会影响对账号的评价。

除了需要提到产品要点、软文植入，博主本人对于产品的效果评价和推荐理由也是很重要的笔记内容。图 4-6 所示就是一篇有干货、有个人体验的合作笔记。

图 4-6

③ 与博主定位不符。

前面提到小红书的品牌合作内容需要软植入，但是软植入也是需要技巧的，最重要的就是要和博主的日常定位和发布的笔记内容调性相符合。

举个例子，某博主的笔记内容中真人出镜较多，这次为了突出产品的特性发了一篇产品摆拍图的笔记，这样很容易被认为是在发广告。而且由于该合作笔记和博主的日常内容和定位不甚符合，因此对于粉丝来说不是一篇好内容。

分析了这么多反面案例，从中可以总结出广告投放的正确做法：一是需要博主根据自己的真实使用体验来进行品牌的软植入；二是在植入过程中需要将博主内容定位、品牌调性相结合，创作出与自身相匹配的品牌合作笔记。图 4-7 所示的赞助笔记就和该博主平时发布的笔记风格比较一致。

图 4–7

最后，还有很重要的一点就是，合作笔记对于平台用户来说要有实用价值，比如“干货内容 + 产品真实体验”的形式，在潜移默化中把产品的功效介绍给了用户，用户看完之后如果有这方面的需求，也会优先考虑博主使用过的产品。

创作用户喜欢看的合作笔记，也能够保证让品牌方满意，品牌合作笔记的数据自然也就不会差。当然在创作完成合作笔记之后，一定要记得先跟品牌方确认，保证笔记内容没有问题之后再发布。

(2) 注意笔记数据和评论

成功发布笔记之后，品牌合作的大致流程就算走完了，但是博主要记得及时查看笔记发布之后的数据。因为品牌方后续仍会对博主的笔记数据进行监控，以保证这次品牌合作达到了自己预期的产品宣传效果。

一方面，笔记数据包括阅读量、点赞量，这些当然是越高越好，另一方面，合作笔记的评论区也需要注意，比如是否有不符合产品特点的评论、是否有恶意差评等，如果有的话也可以先跟品牌方商议之后再对评论进行处理。

合作项目结款和试用产品可能会产生的产品寄回问题也要同品牌方进行商议，如果是在小红书的品牌合作平台上完成的品牌合作，直接走平台下单交易，就不用担心合作结款拖欠的问题了。在解决完上面这些事项之后，一次品牌合作就大致完成了。

可能看上去这样一次品牌合作并没有很难，但其中涉及的品牌选择、笔记创作都需要博主认真来完成，保证对自己的账号内容和粉丝负责，也是对品牌方负责。

3. 小红书蒲公英平台

小红书上的品牌与博主合作及所谓的“报备笔记”都是通过小红书蒲公英平台来实现的。小红书蒲公英平台是连接创作者和品牌方的线上交易平台，创作者和品牌方合作进行的产品宣传、推广笔记等活动都需要在蒲公英平台上进行报备。换而言之，不经过报备就发布商业笔记是违反小红书社区规范的。

想要通过小红书蒲公英平台进行商业笔记报备，品牌方需要向平台缴纳交易金额的 10% 作为服务费用，还需要满足以下要求。

（1）品牌方

品牌方必须入驻小红书，并通过专业号资质认证审核标准完成专业号认证，才可登录小红书蒲公英平台。

（2）小红书博主

作为小红书博主，需要满足下列要求才能申请开通品牌合作权限，进行品牌合作：粉丝数大于 5000；拥有专业号身份；无违规行为。

目前小红书又上线了视频号功能，如果创作者已经开通视频号，就可以在“创作中心”看到品牌合作入口。如果想要申请成为品牌合作人，还需要满足有实名认证账号、账号的粉丝数大于 5000 的要求。申请通过后就可以登录小红书蒲公英平台，和品牌方进行商务合作了。接下来介绍如何通过小红书蒲公英平台进行商务合作。

（1）报价设置

成功申请开通品牌合作功能后，创作者必须登录品牌合作平台去设置报价，报价每个自然月仅可修改一次，未完成报价设置的创作者是不会被展示给品牌的。设置报价的流程如图 4-8 所示。

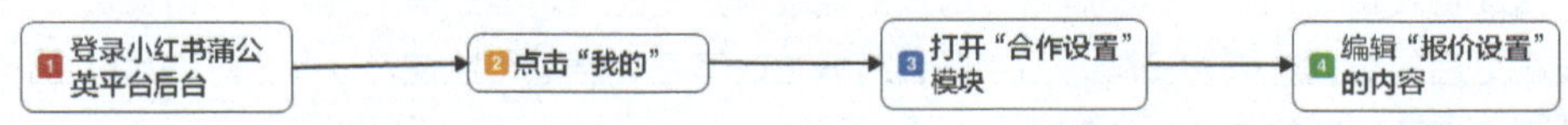

图 4-8

在合作设置中，创作者可以关闭合作设置，在该状态下品牌无法对账号发起合作，但可以看到账号的数据。若是开启合作设置，则需要至少填写图文合作或视频合作的其中一项合作内容类型并添加报价，并且该报价不能小于小红书平台规定的底价，如图 4-9 和图 4-10 所示。

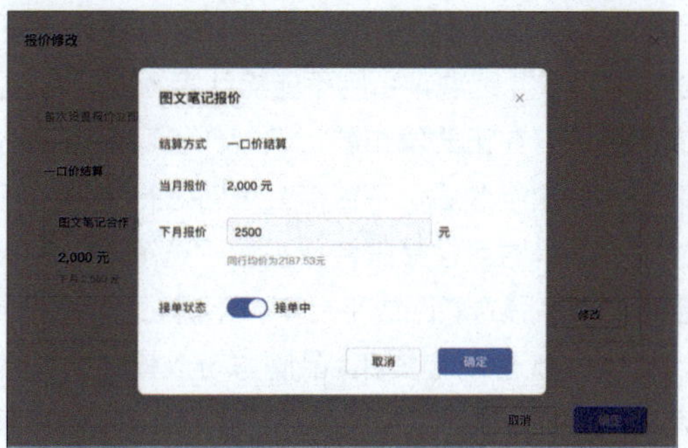

图 4-9

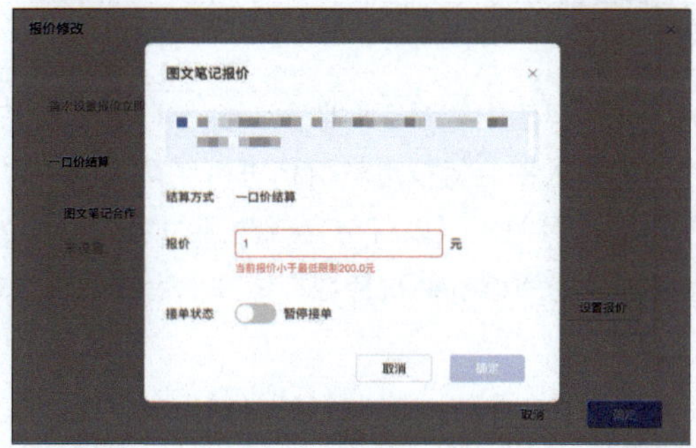

图 4-10

在品牌方向创作者发起合作后，创作者会收到通知，可自主选择接受或拒绝合作。

小提示

品牌方在发起合作前一般会与创作者私信联系，创作者需关注私信。

（2）合作流程与管理

创作者和品牌方可以按照“发起合作→笔记审核确认→笔记发布→确认完成”的步骤完成一次合作，如图 4-11 所示。

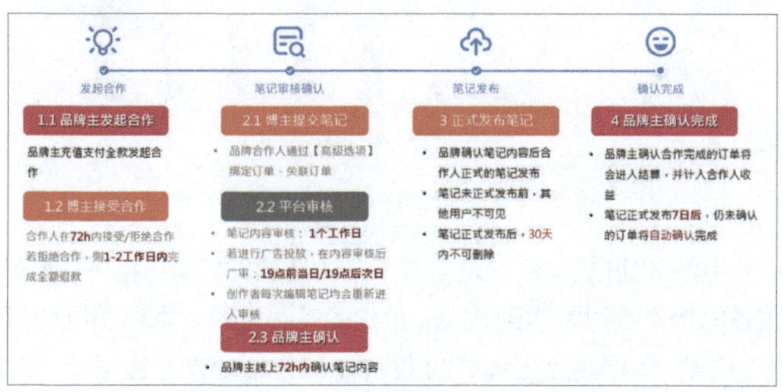

图 4-11

创作者在接受合作后，需要在平台提交合作笔记，并在发布笔记时勾选“高级选项”选项和“品牌合作关联合作订单”选项，否则不能被认定为提交合作笔记。

通过合作功能提交的笔记，在正式发布前，仅创作者可以查看。在最终确认发布前，创作者可以随时修改笔记，每次修改后，平台都会重新进行审核。笔记在平台通过审核后提交至品牌由品牌方确认，品牌方可在品牌合作平台预览笔记，确认笔记内容后，可由创作者正式发布笔记。若笔记被品牌方驳回或平台审核不通过，则创作者需修改后再次提交。

正式发布笔记后，合作订单进入观察期，品牌方可以提前确认合作完成，否则七天后平台将自动确认合作完成，由平台进行款项结算。创作者也可通过“我的合作→查看数据”路径查看合作笔记的相关笔记数据。

需要注意的是，合作笔记无法删除。

(3) 收入提现

创作者可在“我的收入”页面中查看实时收入，合作订单确认完成后，收入明细会实时更新。机构签约创作者的收入平台将按月与机构进行结算，由内容合作机构进行收入发放与个税代扣。个人创作者当月收入（以订单完成时间为准）会在次月 10 日前完成个税代扣（扣税标准请参考国家劳务所得税纳税标准），并由合作机构通过小红书 App 钱包进行收入发放。

4.1.3 是否需要签约 MCN 机构

随着图文、短视频等内容产业的快速发展，自媒体数量越来越多，随之出现了越来越多的内容合作机构，即 MCN。在大量的内容生产和内容消费需求的增长下，国内的 MCN 机构在近几年迅速发展，数量也越来越多。图 4-12 所示为艾媒咨询发布的 2015 ~ 2023 年国内 MCN 机构数量及预测的数据图。

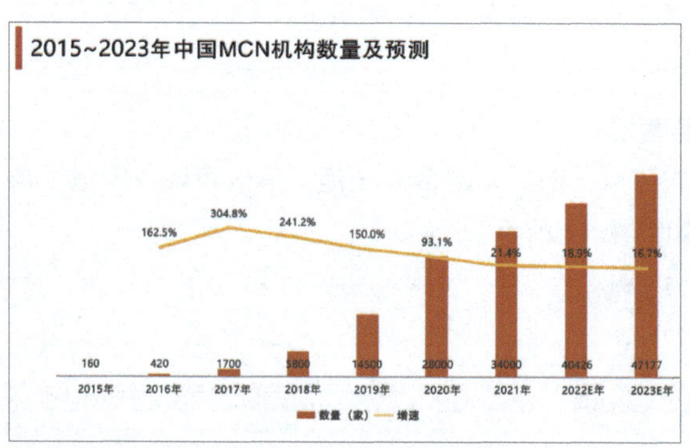

图 4-12

在小红书运营中，MCN 机构依然是个绕不开的话题，机构与博主，少不了签约合作，很多粉丝数量较多的博主会时常收到 MCN 机构的签约邀请。本节将围绕“是否需要签约 MCN 机构”这个话题，为大家说明 MCN 机构能够带给创作者的帮助、可供选择签约的 MCN 机构类型，以及创作者是否有必要签约 MCN 机构。

1. MCN 对创作者的作用

MCN 机构就像是经纪公司，充当着创作者和品牌方之间的沟通桥梁，其本质是为创作者和品牌方提供服务，帮助创作者更好地成长和变现，也帮助品牌方获取更好的营销效果。

对于创作者来说，这些 MCN 机构一方面负责签约账号的商务合作事项，帮助创作者对接品牌和合作方、沟通合作形式和金额；另一方面帮助创作者输出内容，例如，MCN 机构帮助创作者策划选题、进行图片和视频的后期制作等。

除此之外，优秀的 MCN 机构还能做到更长远的事情，即帮助创造者更好地成长和接受专业的内容指导，根据每个人的特长和优势，让创作者学习如何创作优秀的内容，而不是单纯提供内容制作服务。毕竟想要批量流水线生产这些相似内容是很简单的，但创作者想要走出自己的道路，做出差异化才是最重要的事情。

2. 创作者签约的 MCN 类型

一般来说，博主签 MCN 机构可以分为三种形式：签约、孵化和挂靠。

（1）签约

签约是一种应用最广泛的、最基础的合作形式，也是小红书的创作者最有可能遇到的合作形式，在利益分配方面，一般是创作者占大部分的分成比例，比如四六分、三七分等。一般在小红书上积累 5000 以上粉丝数的博主就会有被 MCN 机构的工作人员私信询问与 MCN 机构的签约情况。

与中意的 MCN 机构签约的创作者就叫作签约博主。这类创作者有生产内容的能力和一定的粉丝基础，签约之后账号还是归创作者本人所有，机构除了帮助创作者对接商务合作，也会给创作者提供一定程度的内容指导、平台扶持和话题推荐等。

创作者需要注意一点，内容指导是需要专业能力支持的，如果 MCN 机构没有制作内容的专业能力，其内容指导就是无用的。

（2）孵化

孵化是一个更加深度的合作模式，一般情况下 MCN 机构对合作账号会提出更高的要求及收益抽成，如孵化的账号所有权归 MCN 机构所有、MCN 机构占据商务合作分成的大头等。这类账号的内容一般是由 MCN 机构的运营团队来策划和制作的，创作者本人只需要出镜、录音或者是参与选题制作即可。

（3）挂靠

挂靠是指创作者在某个 MCN 机构挂名，但是账号运营、内容制作、商务合作都还是由创作者本人负责，机构会给创作者提供一些平台的最新动态及话题推荐，但也仅限于此，不会提供创作指导、平台扶持等帮助。

分析了这三种形式之后，可以得出结论：相对合理的合作模式是签约，即机构只提供指导，参与商务合作，为变现做更多的事情，但并不替代创作者制作内容。

3. 是否有必要签约 MCN 机构

现在 MCN 机构数量很多，网上关于 MCN 机构签约骗局的新闻也有不少，如图 4-13 所示。但实际上签约一个靠谱的 MCN 机构，对于创作者来说也是有不少好处的。

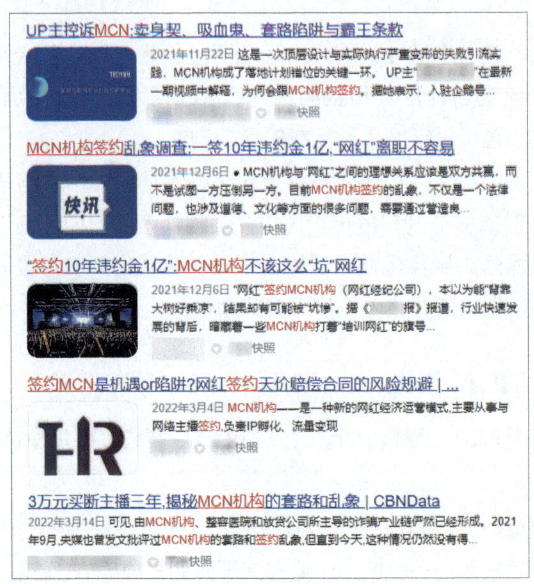

图 4-13

术业有专攻，创作者一般擅长的是输出内容，而对于品牌对接、商务合作这些方面不太熟悉，也不清楚各行业的现状，对于如何制订商务合作中的报价、怎么处理合作当中的笔记图片授权问题等不是特别了解。

签约之后，MCN 机构会帮助创作者管理商务方面的事务，因为它们更加了解行业的情况，也会为创作者争取更多的权益，创作者也就能够更加专注于内容创作。

当前的商务合作鱼龙混杂，MCN 机构能够更好地帮助创作者规避商务合作中的各种风险，如避免创作者在完成达人推广后收不到钱款等。

除此之外，创作者单独创作内容的时候，可能因为不清楚平台规则而导致账号违规限流，又或者是消息滞后，无法掌握平台的最新咨询，签约 MCN 机构就能够解决这些问题。专业的机构都会提前告知签约博主最新的平台消息。

归根结底，要不要签约 MCN 机构，还是需要创作者根据自己的实际情况进行选择。如果选择签约，最好通过以下几方面进行甄别，谨慎挑选 MCN 机构。

① 公司是否提供内容方面的指导。

② 公司是否提供商业合作的对接。

③ 博主是否必须负责创作内容。

④ 账号是否归博主所有。

⑤ 是否强制博主接受与账号风格不符的商务合作。

4.2 小红书如何引流变现

小红书作为内容“种草”社区，向来是商家和品牌方们的主要宣传阵地，同时小红书上还有不少初创品牌，通过经营小红书账号、发布笔记来给自己吸引客流量，常见的有民宿、美甲店、美发店等。除此之外，个人账号同样也会有引流的需求。

本节将介绍如何才能在小红书上吸引更多的流量，获得更高的转化率。

4.2.1 为什么要引流

为什么要引流？要回答这个问题，先应明确自身的定位，即是个人还是商家。个人自不必说，引流是个人账号变现的重要形式；接下来从商家的角度分析为什么要引流。

对于商家来说，通过运营小红书账号吸引流量进行宣传转化的方式确实值得一试，尤其是美甲店、理发店、民宿、服装店等以女性为主要消费群体的商家，就非常适合在小红书这样的女性社区来做引流，原因有两点。

1. 成本低

商家想要在小红书上做生意，只需要开通小红书账号、日常发布笔记即可，成本十分低廉。如果能够掌握小红书的运营逻辑，自然就可以达到很好的宣传效果了，而所需付出的不过是一个账号、一部手机，对比没有自然流量的公众号、需要专业内容制作团队的抖音，小红书可谓是品牌入门的最优选择。

有些商家才发了几篇笔记，就可能出一篇爆文，一下子获得几万的阅读量，图 4-14 所示就是某美甲账号的前期笔记，热度十分可观；而有的商家连续发几个月可能都没有太多的流量，这都是正常的现象。

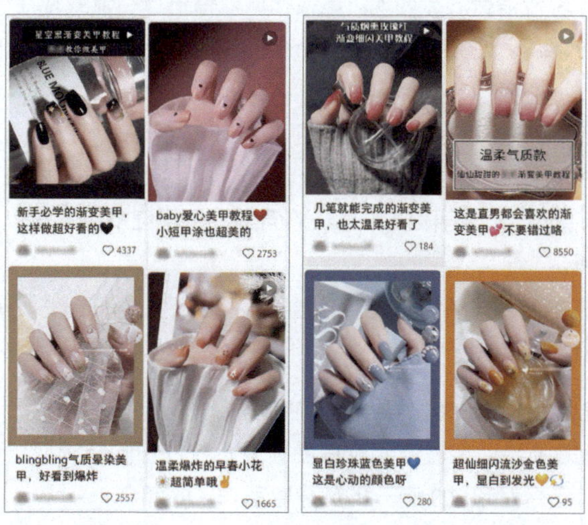

图 4-14

想要提高出爆文的概率，还是需要依靠高质量的笔记内容，笔记内容好当然阅读量也不会差。而且就算没有太好的笔记数据，之前发布并且被收录的小红书笔记也能在社区中留存一段时间，只要有人搜索就可能看到，从而产生持续的影响力。

2. 客户群精准

用户获取笔记主要有两个渠道，一个是阅读首页的推荐内容，另一个是主动搜索相关内容和关键词。简单来说，能够看到笔记的用户通常都是对笔记内容感兴趣，有可能产生实际购买行为的用户，比起品牌花大价钱做海投广告，通过上述方式获得的客户流量更加精准。

在小红书上做品牌投放也是同样的道理，但是在做品牌投放的时候会使用更全面、更周到的投放方案，小红书中的 KOL、KOC 发布的笔记数量更多，品牌投放覆盖的用户范围也就更大，投放效果也更好。虽然比起个人运营小红书的方式来说，品牌投放的成本会高一些，但是比起其他互联网平台来说，在小红书上的品牌投放成本已经比较低廉了。

正因为小红书的运营成本低且转化好，很多账号都会在小红书进行引流。博主要想脱颖而出，其实还是需要熟悉小红书的运营规则，保证笔记内容的质量。

4.2.2 引流卖货与小红书店铺

小红书店铺是小红书开放的商城，只要具备专业号身份，无论个人还是企业都可以在小红书开店。开通小红书店铺后，博主就可以在直播和笔记中分享并销售自己的商品。站在创作者的角度来说，小红书店铺是一种比较新颖的变现方式。

1. 小红书店铺的优点

小红书博主的变现方式一般有两种：一种是接推广，另一种是把小红书上的用户引流到其他平台，再通过引导消费进行变现。建设私域流量进行引流变现在小红书上是违规的，有很大的风险和操作难度。现在平台管控越来越严格，引流极易受到平台的处罚，轻则限流，重则封号。

在这种情况下，小红书店铺为博主提供了一种新的变现的可能。用户直接进入博主的小红书个人主页，就可以进入店铺购买产品，创作者不必想尽办法把流量引流到站外，也不用再担心因为引流而导致账号限流和封禁的问题，在小红书上就可以完成从吸引用户到流量变现的整个过程。

在小红书开通店铺非常简单，只需要将账号升级成专业号即可，没有对粉丝数的要求。小红书店铺有以下几个特点。

① 账号和店铺互相绑定，有账号才能有店铺。

② 小红书店铺的平台佣金较低，月销售额 1 万元以下的店铺可以免佣金，月销售额 1 万元以上的店铺，平台对超过 1 万元的部分收取 5% 的佣金。

③ 小红书店铺可以在商城里找到。

④ 小红书店铺的资金结算采取“T+7 结算”的形式，在 7 个工作日内完成资金结算，能够帮助用户快速实现资金回笼，减轻压力。

⑤ 笔记中可以通过添加标记商品或者直播，为自己的店铺带货。

开通小红书店铺唯一要交的费用就是保证金，个人店铺缴纳 1000 元，企业店铺缴纳 20000 元，其他特殊类目店铺的保证金会更高，但是保证金在未来关店时是可以退回的。

2. 小红书店铺的开通流程

要开通小红书店铺，需要先将账号从普通账号升级为专业号。

若是企业需要开通小红书店铺，只要进入“专业号中心”页面，系统就会提示升级至企业号（见图 4-15），之后按照系统指引一步步地升级至专业号，再开通店铺即可。

个人账号在小红书 App 按照“我→左上角侧边栏→创作中心→创作服务→更多服务→开通专业号”的步骤可升级至专业号，如图 4-16 所示。

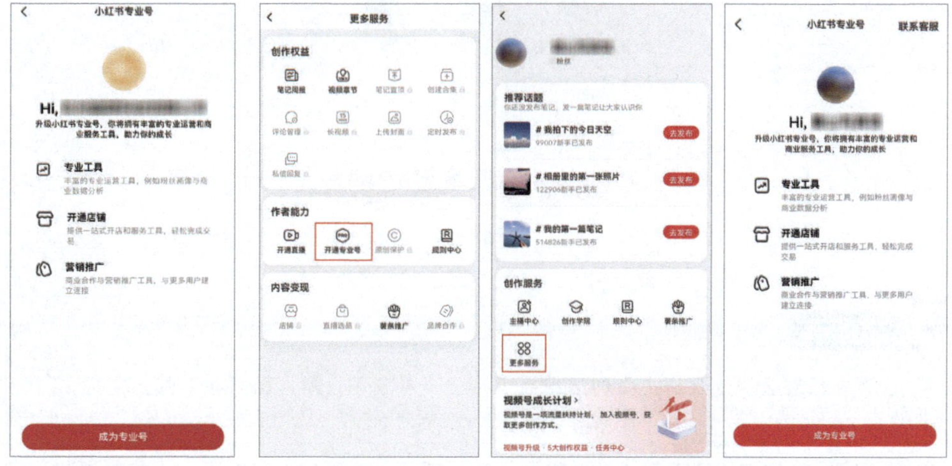

图 4-15　　图 4-16

专业号升级成功之后，就可以在专业号中心点击店铺的入口，步骤为“我→左上角侧边栏→专业号中心→内容变现→店铺”，之后就可以按照流程开店了，如图 4-17 所示。

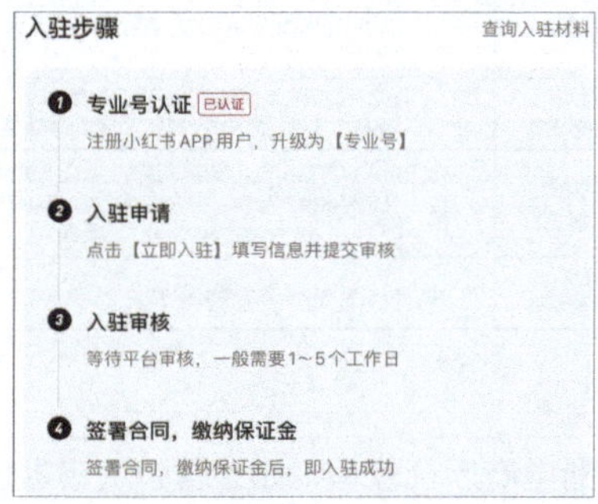

图 4-17

开店流程较为简单，如果不知道账号所在类目要上传什么资料，可以在流程中点击资料上传页面的“入驻咨询”和“查询入驻材料”查询相关内容，如图 4-18 所示。

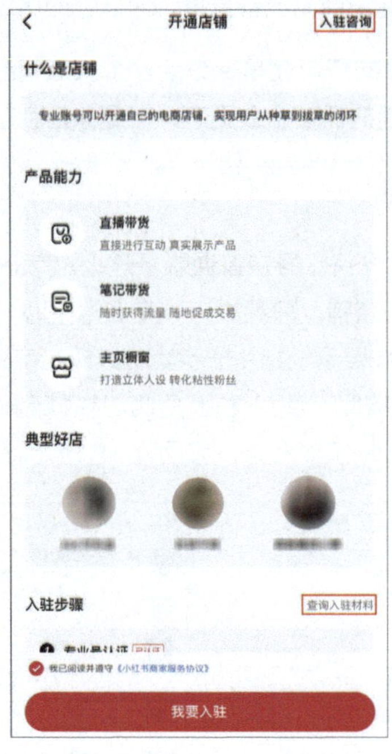

图 4-18

官方旗舰店和专卖店类型的店铺要上传的资料较多，所以必须在电脑上完成。

除了官方旗舰店和专卖店，其他类型的店铺都可以在手机上完成开通。店铺类型及其命名规则可以参考图 4-19。

店铺类型	店铺命名规则	注释	举例	
			专业号名	店铺名
个人店	号名（专业号账号名）+的店	所有通过专业号认证并申请入驻开店的店铺	萤火虫手作	萤火虫手作的店
个体工商户店				
普通企业店				
专卖店	品牌名（专业号认证名）+专卖店；跨境贸易商家后缀自动为海外专卖店	为商标权利人提供普通授权开设专卖店，品牌名规则：品牌名+类目词/区域+专卖店	美的行吟	美的行吟专卖店
旗舰店	品牌名（专业号认证名）+旗舰店；跨境贸易商家后缀自动为海外旗舰店	由商标权利人独占性授权开设旗舰店的，若独占授权书中类目限制，或该品牌有多条产品线，商家只经营其中一条产品线，则必须在专业号认证中体现类目	维达	维达旗舰店
卖场型旗舰店（邀约入驻）	品牌名（专业认证名）+旗舰店；跨境贸易商家后缀自动为海外旗舰店	指以知名零售商资质开设且经营多个品牌的旗舰店	苏宁易购	苏宁易购旗舰店

图 4-19

开店之后就是一些常见的电商后台管理，如设置运费模板、店铺装修、上传商品详情页等，如图 4-20 所示。

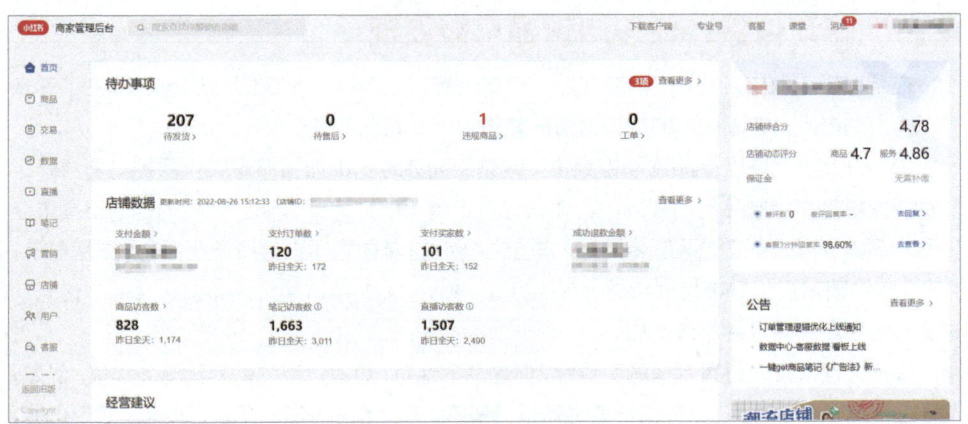

图 4-20

开店之后可能会遇到店铺评分问题。店铺评分在很大程度上影响商品的排序，以及参与小红书官方的营销活动报名等。店铺评分最低为 3 分，最高为 5 分。店铺分由物流体验、商品体验、服务咨询、售后退款、交易纠纷五个维度的分数加权计算得出，如图 4-21 所示。五个维度的分数由每个维度内的细项的分数加权计算得出。

店铺分维度	维度权重	店铺分细项	细项在维度中的占比	细项的定义	考核周期
物流体验	25%	揽收及时率	70%	揽收及时的包裹量/应揽收包裹量	近30天
		配送时效	30%	已签收包裹从发货到签收的全流程时长总和/已签收包裹数量	近30天
商品体验	25%	商品评分	100%	商品得分之和/评价个数	近60天
服务咨询	20%	3分钟回复率	100%	3分钟人工回复率=（咨询量−3分钟未人工回复的咨询量）/咨询量 考核时间：08:00:00～23:00:00	近30天
售后退款	20%	仅退款自主完结时长	50%	商家自主处理仅退款申请直至退款完结总时长/商家自主处理仅退款申请直至完结总笔数	近30天
		退货退款自主完结时长	50%	商家自主处理退货退款申请直至退款完结总时长（不包含商家同意退货到用户填写快递单的时长）/商家自主处理退货退款申请直至完结总笔数	
交易纠纷	10%	纠纷发起率	100%	新建仲裁工单量/新建总包裹量	近60天

图 4-21

以上就是小红书开店的全部流程。

4.2.3 知识付费：任何知识都可能变现

在互联网行业中，2016年被称为“知识付费的元年”，不仅因为这一年诞生了许多知识付费的产品，还因用户的知识付费的意识由此开始逐渐提升。

随后几年，互联网产品逐渐视频化，政策层面亦进一步加强知识版权保护。消费升级驱动大众增加文化产品的消费支出，知识付费市场不断扩大，呈现出全民内容输出寻求变现和产品内容形式多元化等新特点。艾媒咨询《2022年中国知识付费行业报告》数据显示，2021年中国知识付费市场规模达675亿元，预计2023年市场规模将突破1800亿元，这也印证了用户需求在不断增加。

许多人理解知识付费就是购买课程，但这并不绝对，知识付费的内容具有多样性。例如，A向B提了一个问题，B根据自己的经验进行解答，A付给B一定的现金，这也是知识付费，尽管它非常简短，也不够持续。

在当下互联网平台中，知识付费分为社交问答、付费阅读、专栏订阅、社交直播四种形式。

- **社交问答**。内容生产者对用户提出的某个问题进行回答。有些平台专门定制了这种形式的产品，如知乎的付费提问，也可以在微信中直接进行社交问答。
- **付费阅读**。内容生产者自选主题进行单次内容分享，音频、视频、图文都可以，用户如果对其产生兴趣，可以根据需要购买。
- **专栏订阅**。内容生产者推出的系列课程、分享等也是知识付费中的常见形式。
- **社交直播**。内容生产者以音频或视频直播的方式进行内容分享，可与用户实时互动。

1. 小红书上如何做知识付费

小红书的知识付费形式主要是专栏订阅和社交直播这两种。创作者通过“小红书App→专业号中心→主播中心→直播课”即可创建自己的知识付费课程。

从图4-22中也可以看见小红书的课程类型为直播课与视频课。直播课就是前面说的社交直播，体现为直播的形式，需要先付费才能观看。而视频课就是前面说的专栏订阅，体现为非直播的形式，可以将之前录制好的视频上传到小红书上，并且按照章节等进行区分，便于用户购买。

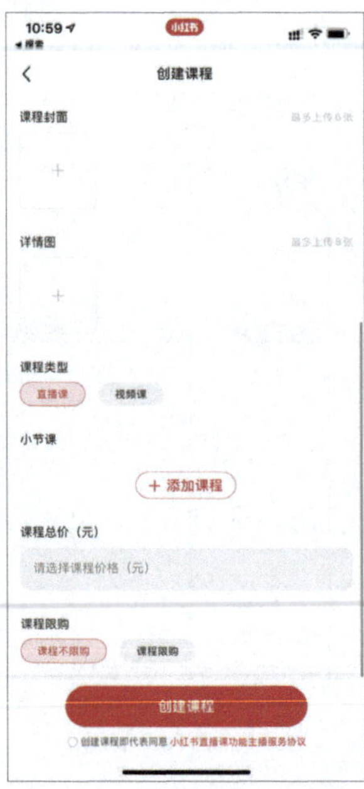

图4-22

这两种形式都有各自的优势。直播课每次都需要消耗时间，但对整体的精力消耗较小，不需要出完整的系列内容。视频课在前期消耗的精力较多，不仅需要对课程进行策划，还需要逐一录制课程，但录制好以后就不需要消耗任何精力就可以持续受益了。

2. 如何选择课程内容

知识付费是一种教育产品，自然也没有脱离教学这一特点。大众购买课程的主要原因是看不懂课程中的专业知识，因此创作者的课程内容一定要是自己所擅长的才行。例如，某博主擅长画画，就可以进行画画教学，如果擅长化妆，就可以教别人化妆，如果擅长做饭，也可以教别人做饭。

知识付费的前提一定是比他人更加擅长这部分内容，否则也不会有人愿意付费学习了。例如，擅长做饭不仅要做饭的次数够多，而且要比别人做得更好。

例如，小红书上的某位造型师擅长通过改变穿搭、发型、妆容等形式来提升个人的形象气质，因为大多数人并不具备这种专业能力，所以该造型师便推出造型课程内容，通过一对一的形式来为用户定制形象改善方案，如图 4-23 所示。这是一个很好的利用个人专业知识去做知识付费的案例。

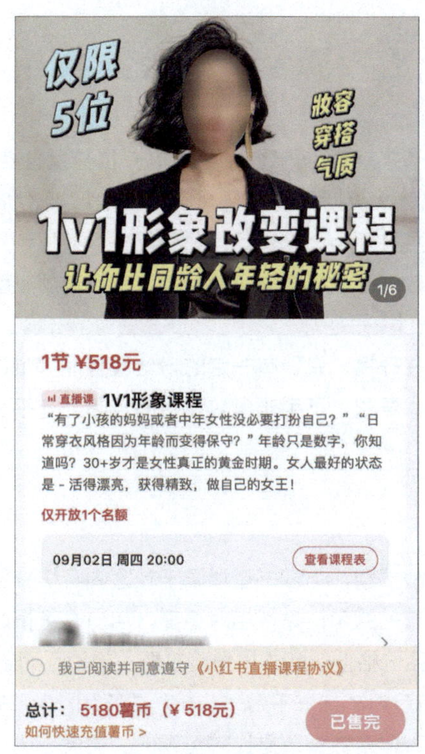

图 4-23

我们每个人身上都有属于自己的亮点，有很多可以挖掘的擅长，例如，经常能找到优惠产品，能变小魔术，可以用游戏方法教学等，这些内容都有非常多的受众，是可以将擅长变成课程的。所以在知识付费的课程选择上，我们不妨脑洞大一点，充分挖掘自己的亮点。

4.3 小红书直播——和朋友见个面

近几年，直播带货一直都处于电商的风口，依托淘宝直播的热潮，小红书于 2019 年 6 月开始了直播内测，如今已经趋于稳定。虽然相比较淘宝、抖音与快手直播，小红书作为后起之秀，入市时间比其他平台都要晚，发展备受影响，但小红书始终坚持发展直播，目前，小红书直播仍然是一条实现运营变现的途径。

本节将介绍小红书直播的具体情况和操作方法。

4.3.1 小红书直播与其他平台直播的区别

虽然现在众多互联网平台都已开拓了直播业务，但是小红书的直播还是有一些特别之处。

1. 发展潜力大

相比淘宝、抖音、快手等互联网平台，小红书开拓直播业务的时间相对较晚，但由于直播电商业务还处在迅速发展阶段，还是有巨大的发展潜力。小红书上的中小型主播较多，具有影响力的头部主播较少，这是因为在小红书的直播计划里，特意强调“寻找新星”，平台将直播流量分散到各个小红书主播身上，尽量让中小型主播也能有足够的发展机会。

新人主播在小红书入驻开播，只要有一定的粉丝量且能够维持一定程度的粉丝活跃性就可以达成直播带货的基本要求，上手难度较低，而且因为有平台的支持，还能享受小红书电商直播发展的红利。

2. 用户黏性高

与其他平台大打价格战不同，小红书直播属于社区内容媒介的延伸，本质上仍然是好物推荐和分享。因此，小红书的用户黏性相对更高，用户在直播间中购物通常是因为被主播成功“种草”，而非商品价格低。从主播角度来看，带货反而更加容易。

图 4-24 ～图 4-26 所示为小红书平台一些粉丝数不到 10 万的账号的带货情况，虽然没有出现“卖爆”的情况，但是数据还是比较可观的。这就证明小红书能够带货，并且客单价并不低，何况这些账号还远远算不上头部。

图 4-24

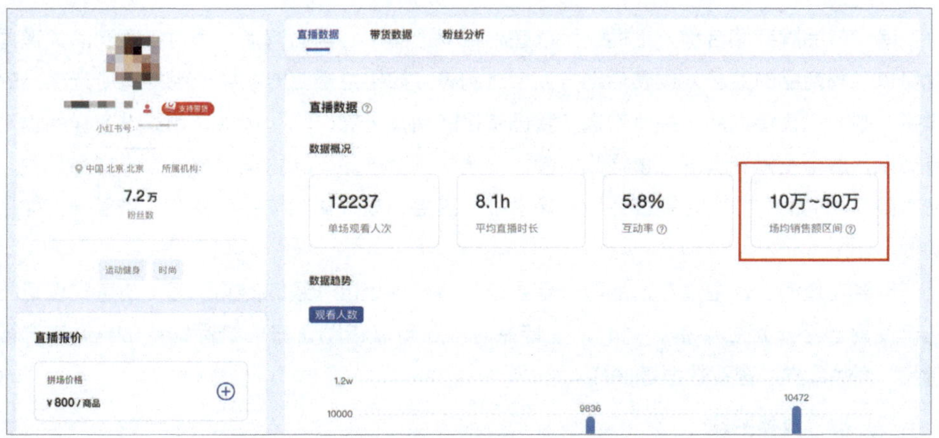

图 4-25

图 4-26

3. 可选择商品仍然较少

小红书有自身的困境，即可选择的商品种类仍然较少，而一些专门的购物网站，商品品类全，品牌也比较丰富，直播带货自然繁荣。这也是小红书需要解决的问题。

4.3.2 提高小红书直播间的观看人数

接下来从直播前、直播中和直播后三个方面介绍应如何做直播，才能让直播间变得火爆，吸引更多的用户进入直播间。

1. 直播前的准备工作

直播前的准备工作包括选品、拟订直播主题和直播预告。这些工作能够为直播的质量和基础热度提供保障。

（1）选品

除了与品牌商家合作，主播还可以在小红书选品中心里面选品，通过搜索产品关键词就可以了解商品的信息、优惠活动与佣金比例等。如果主播此时手中已经拥有所选产品的样品，则可以直接选品，并且勾选“我已有该商品，无需样品”选项；如果没有样品也没有关系，每个主播拥有五个拿样品名额，每选中一个产品，就将消耗掉一个拿样品名额，在收到产品的七天内主播需要完成一场直播，直播完成并寄回样品后就可以恢复一个样品额度。

需要注意的是，主播在选品时一定要选择与自身定位一致的商品，超出自身定位范围的产品粉丝不一定会买单。同时，在选品时，还可以借助官方的选品助手的帮助来进行选品、商品拿样、查看数据等操作。

（2）拟订直播主题

选品确定之后，接下来就要确定直播相关事宜。首先要确定的就是直播带货的主题和框架，接着就可以确定直播时间。这些工作可以划分为两个方面，一个是针对主播自身，另一个是针对粉丝。就主播自身而言，提前做好内容框架和直播脚本的规划，才能避免在直播时慌乱无措，如产品的上架顺序、直播时问题互动等，这些细节都需要提前规划。而对粉丝来说，他们需要了解直播时间和直播产品，才能决定是否能够且愿意观看直播，从而合理安排自己的时间。

（3）预告笔记

直播预告是十分重要的，吸引人的直播标题和精致的直播封面，往往能在很大程度上吸引用户进入直播间，为这场直播带来基础人气，所以一定要认真做好这一步。

预告笔记可以运用小红书的直播预告功能来完成（预告图片比例为 3：4，可添加五个选品），也可以自主撰写一篇内容笔记，以图文或短视频的形式发布。注意使用其他软件美化图片或视频，使其更加精美、更具吸引力，如图 4-27 所示。

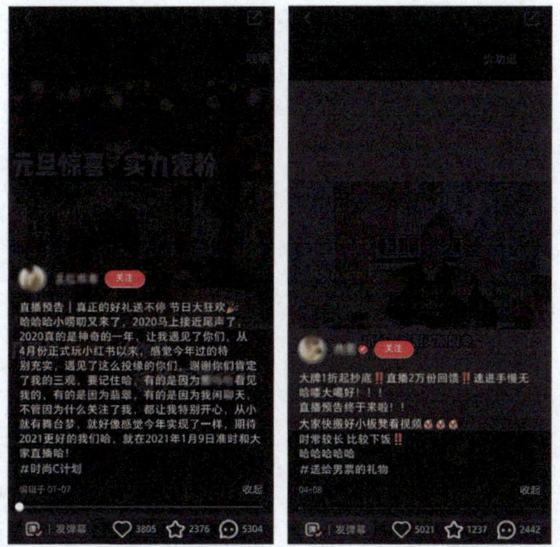

图 4-27

2. 直播时的工作重点

直播当天的工作尤为重要。接下来介绍在直播时的重点工作，做好这些工作可以把用户留在直播间，并不断吸引新用户进入直播间。

(1) 直播环境

在开播之前，首先要检查一下外在因素，以保证直播能够顺利进行，以下几点一定要特别注意。

- 高速、稳定的网速，若 Wi-Fi 不稳定建议换 4G/5G。
- 注意光线，不要使自己处于过曝或过暗状态。
- 不要随意结束直播或切出直播间，若由于网络意外退出直播间，此时马上重新进入直播间，画面会继续播放。

(2) 设置直播封面

在开播前，需要设置直播封面，图4-28所示为直播封面的上传页面。直播封面是影响普通用户能否进入直播间的关键因素，所以直播封面需要能够吸引用户的注意。

图 4-28

直播封面在兼具美观的同时，必须与直播内容和主题是有相关性，否则会被判为违规。图 4-29 所示为小红书直播封面示例。

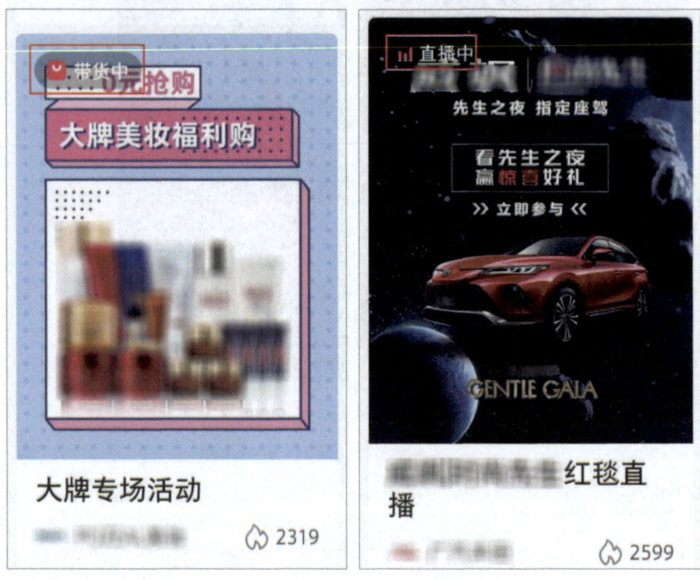

图 4-29

(3) 设置群公告和违禁词

在开播之前，一定要设置群公告和违禁词。设置这两项能够规范直播间的环境，防止恶意控评。直播间的评论中如果出现违禁词，在一定程度上也会影响直播质量。

(4) 直播节奏

直播时，可以根据事先写好的内容框架与直播脚本有序地进行，以保证直播间的良好节奏。主播要做到不拖沓、条理清晰、情绪稳定。同时，主播要确保一定用户的留存率，即让最初的观众不会退出直播间，新来的观众能留在直播间，这样才能使直播间的人气持续飙升。如果发现留存率不佳，主播应当及时做出调整，留住观众。

(5) 粉丝互动

粉丝互动率是衡量直播间人气的一个重要指标，主播可以从以下几项着手，提高直播间的粉丝互动率。

- 新粉丝进入直播间后，点名欢迎粉丝进入，让粉丝拥有参与感。
- 当收到粉丝送出的礼物时，主播要及时表示感谢。
- 当粉丝送出的礼物较大时，主播可以适时发放福利反馈直播间的粉丝。
- 根据粉丝的发言，找出话题点。
- 人气达到一定值后，主播可以利用直播间抽奖来调动粉丝情绪，在增加直播间互动氛围的同时，也可以增加主播与粉丝的黏性；另外，主播还可以派送礼物给粉丝，增强与粉丝的互动。

3. 直播收尾工作

在直播结束前几分钟做好以下两点，有利于下次直播的顺利展开。

（1）花一点时间与刚进直播间和还在观看直播的粉丝告别，让粉丝持续有存在感。

（2）直播结尾可以用粉丝意向收集的形式告别，收集下一期直播的主题，并预告下一次直播的具体时间和内容。

直播结束后可以做一些总结和反思。图 4-30 所示为某主播在直播后发布的笔记，不仅整理了直播中提问较多的问题并予以解答，还为之后的笔记创作甚至下一次直播提供了灵感。

图 4-30

4.3.3 直播的注意事项

小红书的直播功能与其他平台的直播功能大体相似，但在直播的规则和要求上有很大的区别，这是因为每个平台的特点不同、受众不同。在小红书直播一定要注意以下几点。

1. 不能引流

小红书是一个消费决策型平台，因此很多人在小红书上问怎么能买到好东西，这也提高了小红书可以为品牌构建私域流量的可能性。品牌方都在想着怎么在小红书上引流到微信，但这其实是一根“红线”，也是我们最需要注意的一点。

小红书曾经很明确地反对在平台上引流至站外，因此在直播中是不能提到站外平台的联系方式的，包括微信、二维码、手机号、淘宝链接等，这些都是违规的。

如果被小红书官方人员发现，会立刻暂停直播且会被限制直播权限。但目前的审核形式都是机器识别了，可以做到实时审核，所以不要抱有侥幸心理。

2. 带货限制

小红书直播以带货为主，而非娱乐，所以带货是小红书直播的特色之一。但前面也强调，小红书是不允许引流至站外的，因此带货也有一定的基础限制。

目前只能带小红书店铺内的商品，带货的过程中也不能带淘宝或者其他小红书店铺内的商品，而是只能带提前加入带货列表的商品，可以在账号运营中心点击“直播→选品中心”，从中选择相关的商品。

3. 不良直播内容或语句限制

小红书的直播理念是对美好生活的分享，因此对直播的场景和语句也有一些限制。

直播中的不良表现，如抽烟喝酒、驾驶中直播、在床上做可能引起误会的直播等，都会被视为违规内容。

除此之外，在直播中一定要注意言行，直播不同于与朋友私下聊天，不能违反国家法律的规定，例如，带货时说到“全国最低价”“中国最好的产品”等都是违反广告法的。

因此，在直播前建议主播针对产品介绍部分写出大致的脚本，以免在临场发挥时出错。

4. 注意穿着

很多小红书博主认为直播只是换个形式与好友见面，因此可以随时随地直播，不必太注重着装，但是在小红书里直播对穿着也是有要求的，一定要注意这一点。

注意穿着的意思并非一定要穿着华丽，是不可过于随意。例如，去游泳时穿着泳装直播，在海边穿着比基尼直播等都是违规的。

5. 禁止消极直播

消极直播是指在直播中人物长时间消失或者与用户没有任何互动，这样会对小红书的用户带来很不好的观看体验，所以禁止消极直播也是小红书直播规范中的一项。

常见的消极直播主要有以下两种：

- 主播长时间离开屏幕。
- 主播睡着了。

主播遇到类似问题时，一定要先关闭直播，避免被平台处罚。

6. 未成年人直播限制

目前有很多学生在使用小红书，这些学生可能具有博主身份，但年龄极有可能未满18周岁。小红书是不允许未成年人“单独”直播的，未成年人直播时必须要有成年人陪同。这时主播需要在直播设置里添加陪同直播的人的身份信息，因为小红书要求所有出镜直播的人必须登记真实的个人信息。

7. 其他常见的违规行为

其他常见的违规行为有：直播时不友善的互动行为，如骂人、吵架等；宣传封建迷信思想；以及法律法规明确禁止的内容。

这些直播的注意事项并不复杂，主播在直播前一定要完整地看一遍，避免因为违规而造成账号封禁的后果。

第 5 章

小红书专业号运营——让铁杆粉丝加入私域流量

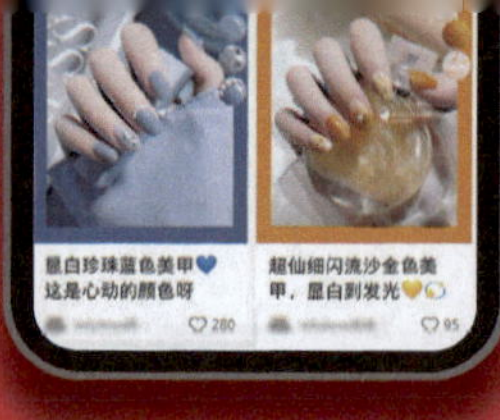

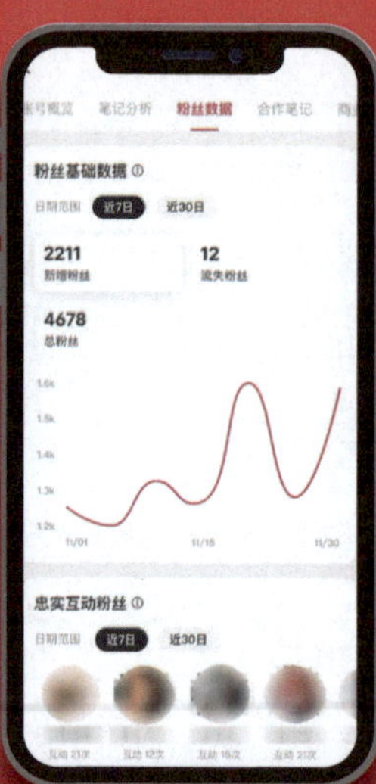

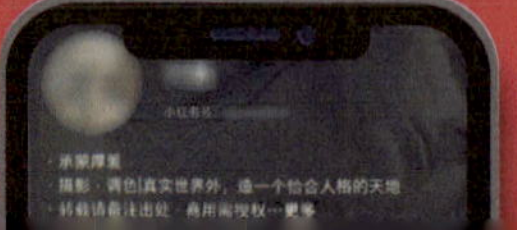

目前，越来越多的企业与品牌入驻小红书，期望借由小红书庞大的流量进行产品营销。小红书为有此需求的用户设立了专门的账号类别——专业号。本章将为大家介绍小红书专业号的运营内容，帮助有需求的运营者顺利进入小红书运营。

5.1 小红书专业号的前世今生

小红书专业号的前身是小红书企业号，小红书企业号的前身是小红书品牌号，要了解小红书专业号，自然要从最初的小红书品牌号开始。接下来介绍小红书品牌号向小红书专业号发展的历程。

5.1.1 品牌号

2019 年，小红书平台在原有品牌账号的基础上进行功能升级，上线了品牌号。

小红书官方对品牌号的介绍是：品牌号将更好地连接消费者和品牌，帮助品牌在小红书完成一站式闭环营销。如果把小红书比作一座城市，品牌号就是这座城市中的品牌体验中心。品牌方可以自定义品牌号页面，打造独特的风格以传递品牌内容；并通过品牌号进行内容运营，创造商业话题，聚合 UGC 内容；同时，品牌号直接链接小红书品牌旗舰店，能高效完成交易转化。

小红书官方希望通过品牌号，帮助品牌连接用户、传递品牌内容、创造品牌话题、促进产品交易转化，完成一站式闭环营销。图 5-1 所示为品牌号上线时的官方示例图。

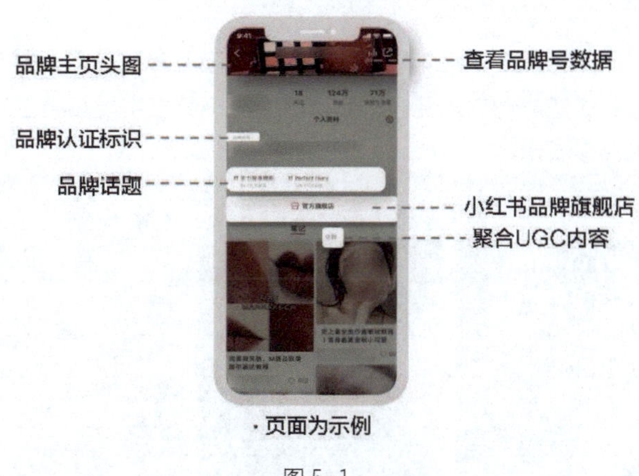

图 5-1

5.1.2 企业号

2020 年，小红书上线了企业号，在原有品牌号的基础上，进一步提升了企业号在小红书社区内的价值。以下为小红书对企业号的官方介绍。

企业号六大升级，打造全链路生活服务场景。

① 服务对象升级。更多营业主体可入驻小红书。

② 数据洞察升级。实现数据驱动运营。

③ 定制服务升级。提供个性化营销模板，与用户亲切沟通。

④ 运营工具升级。新增企业号笔记置顶功能；新增抽奖功能；提供商业话题自主开放申请。

⑤ 粉丝互动升级。在“@ 我”翻牌粉丝笔记的基础上，新增私信智能回复功能，提升沟通效率。

⑥ 链接场景升级。在企业号主页实现线上店铺和线下门店一键关联；按位置关联附近门店；新增企业卡片；在线下商户的社区详情页内，一键链接用户并使其前往关注企业号。

小红书在不断完善“生活场景 + 营销 + 消费”这三者之间的关系。通过企业号，线下门店和部分主体企业可以入驻小红书，并且企业号的创作者能够看到详细的粉丝数据，并且有了获取粉丝的平台功能。

图 5-2 所示为小红书官方的一个企业号，企业号都会显示统一的“企业”或“企业账号”字样身份认证标识。

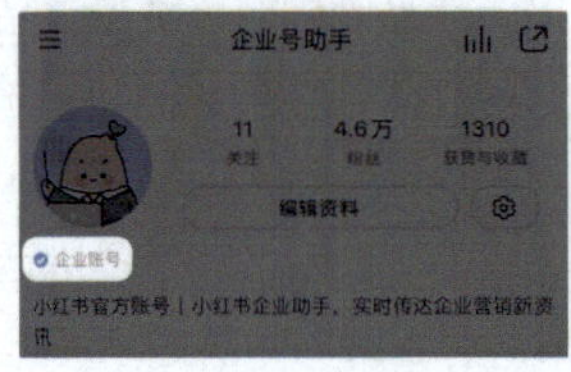

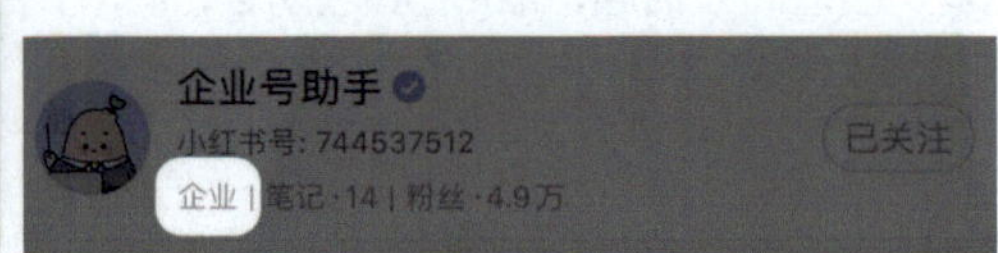

图 5-2

可以想象，一个拥有超过 3 亿年轻用户的平台，蕴藏着多么巨大的商机。很多小红书用户有一个消费计划或是成功的消费经历后，都会在小红书中发布相应的了解或分享购买产品的笔记，如图 5-3 所示。

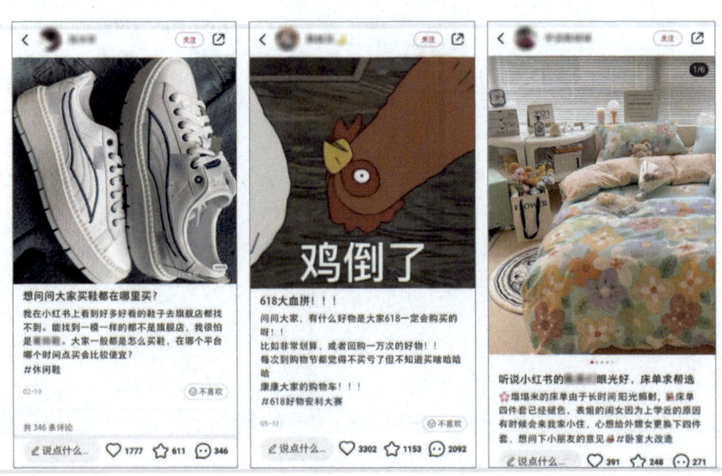

图 5-3

目前用户形成在小红书搜索内容以供消费决策的习惯，而且创作者能进行精准营销并利用内容影响用户消费决策，从而提升店铺的转化率。

以往的商家千方百计地寻找能够触及目标用户的渠道和方式，现在小红书做到了，而且这个机会是提供给每一个商家的，企业号正是这个生态中的重要一环。不过最适合做小红书企业号的企业还是以女性甚至是所有年轻人的吃喝玩乐和衣食住行为主营业务的企业。

5.1.3 专业号

2021 年 8 月初，小红书正式上线专业号，专业号集合了多种身份，覆盖了更多行业类型，拥有独特的标识，彰显品牌个性，能够助力链接用户。而小红书专业号正是原来企业号的升级版，如图 5-4 所示。

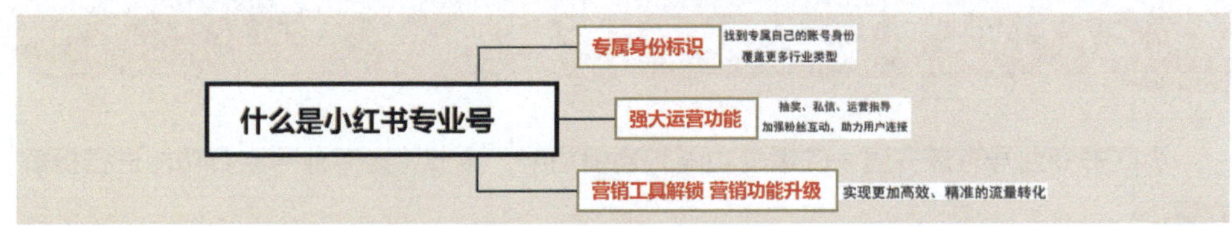

图 5-4

小红书这次的升级，不只是称呼上发生改变，而是彻底对“底层的账号体系”有了一个新的理解。因为专业号不仅是对企业账号的升级，也是对个人账号的升级。本章所说的专业号指的是由企业账号升级而成的专业号，即以企业身份开通的专业号。在下文中统一简称为专业号。

图 5-5 所示为由个人账号升级而成的专业号，图 5-6 所示为升级为小红书专业号后的账号身份标识示例。

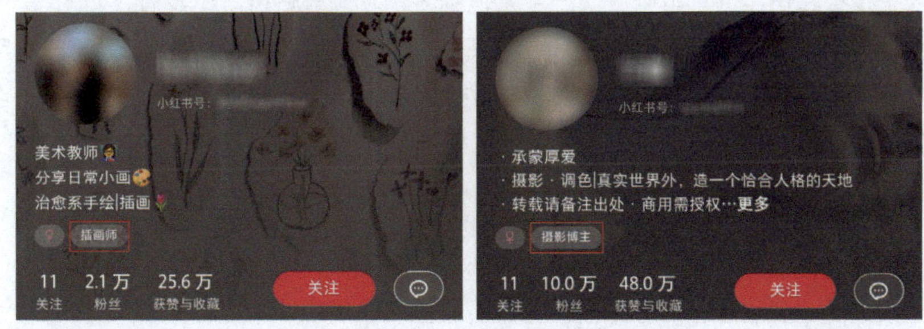

图 5-5

图 5-6

小红书官方认为专业号是参与小红书商业生态的入场券，专业号具备更多的营销功能和商业功能，而未升级专业号的账号则不能使用这些功能。简单来说，如果用户想在小红书上进行成熟的运营与营销，无论是进行品牌营销还是开店卖货，升级专业号都是获得这些功能的前提。

在本次升级后，小红书店铺功能有了非常大的改变。以往的小红书是“号”和“店”分离的，即小红书账号与小红书店铺是分离的，运营者可以只在小红书开店，也可以只在小红书运营账号，但现在的平台机制变成了只有专业号才能开通小红书店铺。同时作为升级专业号的福利，在小红书开店的门槛大大降低了。只要是符合资质的专业号，都可以零门槛开店。

5.2 小红书专业号的功能拆解

小红书专业号有许多强大的运营功能和营销功能，本节将对专业号众多功能进行拆解介绍。

5.2.1 是私信，又不仅仅是私信

在小红书里，私信是为数不多支持可以双方连续对话的功能，也是唯一一个支持私密对话的功能，其重要性可见一斑。但大多数的小红书运营人员会将私信功能只用来解答用户的问题，这就相当于将私信的功能弱化了。而专业号，包含了多个私信辅助功能，例如，我们可以通过配置功能，利用私信来进行营销。

私信组件的重要作用在于减少了用户私信的路径，降低了用户的流失率。例如，账号未使用营销模板私信组件前，用户从产生兴趣到咨询共需要进行三个步骤，如图 5-7 所示。使用私信组件功能以后，咨询只需要一步，即点击笔记左下方的咨询按钮即可。利用私信组件功能能够方便用户快速开启咨询流程，避免不必要的操作，从而可以提升用户咨询的转化率。

图 5-7

私信组件的操作方法也非常简单，只需以下两个步骤。

步骤 1 在小红书聚光平台的广告管理模块新建一个以“客资收集”为推广目的的计划，如图 5-8 所示。

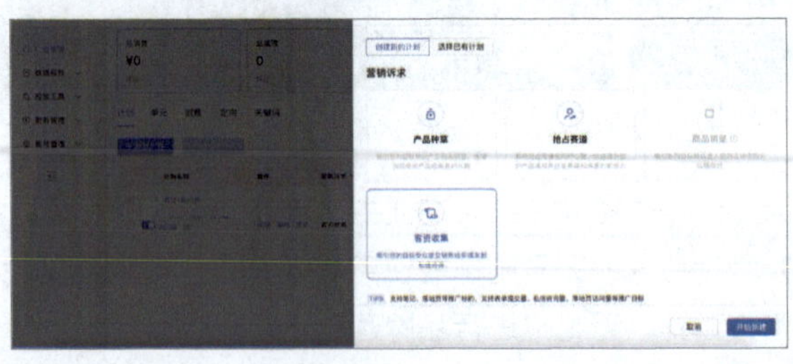

图 5-8

步骤 2 在“投放创意”中选择“添加笔记”，并选择匹配的私信按钮文案，如图 5-9 所示。

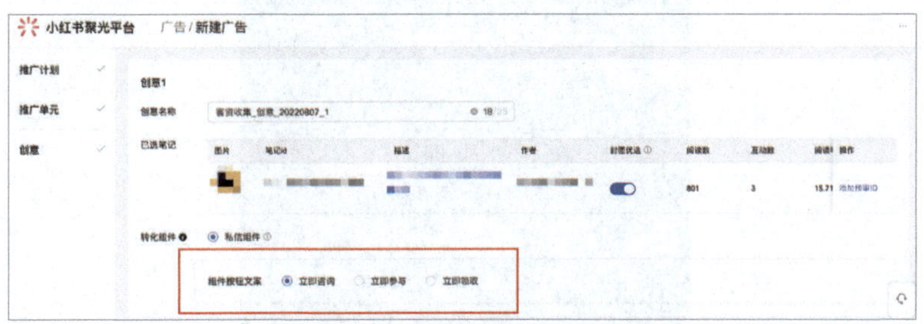

图 5-9

需要注意的是，此功能会使用小红书的效果广告，并产生一定的费用，同时私信组件功能也只会在商业推广的流量下进行展示，如果是用户进入企业主页查看笔记是无法看到私信组件的，也不会消耗推广费用。

5.2.2 品牌的脸面：专业号基本功能设置

了解了专业号的意义，接下来就要认识专业号的基本功能，只有更好地利用这些功能，才能实现营销目标。

1. 账号主页基本设置

(1) 企业身份标识

个人主页将显示企业账号的身份及认证，在搜索结果页面，专业号也将显示特殊标识，如图 5-10 所示。

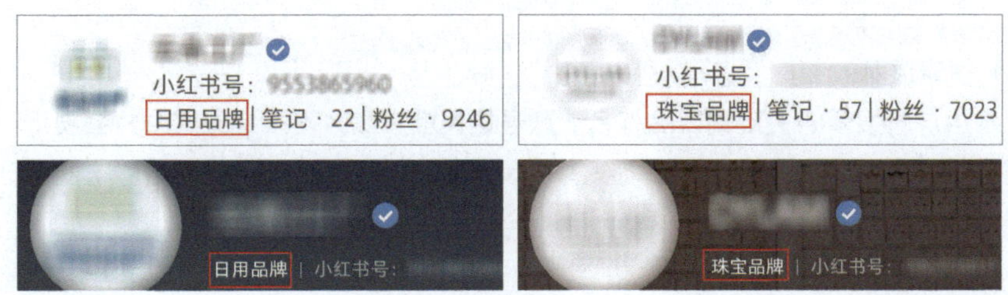

图 5-10

(2) 个性化主页

个人主页中可以自定义的部分包括头图、专业号简介和账号菜单栏。这些功能都是无门槛的，只要完成审核即可拥有。

头图和个人账号中的主页背景图相类似，不过作为专业号的头图，往往需要体现企业形象或企业文化。图 5-11 所示为小红书某专业号的个人主页的头图和简介。

账号的菜单栏中可以添加企业店铺或线下门店链接，当然，同时添加也是可以的，这一设置能够方便企业引流变现。

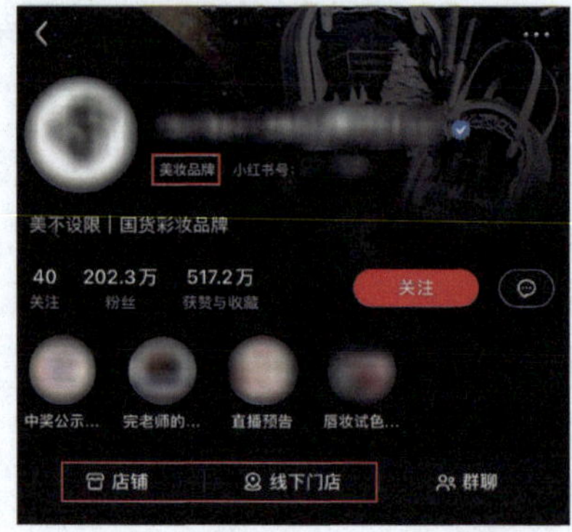

图 5-11

(3) 搜索联想

搜索关键词时，在搜索框下方会显示联想词，当搜索匹配度较高时，联想内容栏中将出现该品牌的专业号，如图 5-12 所示。搜索联想功能需要专业号近期无违规行为，该功能能够增加专业号曝光度。

图 5-12

(4) 搜索展示

如果用户所搜索的关键词与品牌名或账号相关度较高，搜索结果页中将会展示专业号的专属入口，引导用户关注，如图 5-13 所示。这一功能为专业号曝光和涨粉提供了更大的可能性。

图 5-13

2. 营销转化

(1) 链接店铺

专业号可以在电脑端后台绑定小红书店铺，这时小红书专业号的主页中将会增加一个店铺入口，用户只需要点击入口即可快速跳转至对应的商城，如图 5-14 所示。而且该功能没有开通门槛，只要拥有店铺即可绑定。

图 5-14

(2) 内容合作

专业号可以在小红书蒲公英平台发起与小红书博主的内容合作，简单来说就是商业笔记的合作，商业笔记合作的手续费为博主报价的 10%。该功能同样无门槛，只需要完成专业号认证后即可申请开通。图 5-15 所示为小红书合作平台。

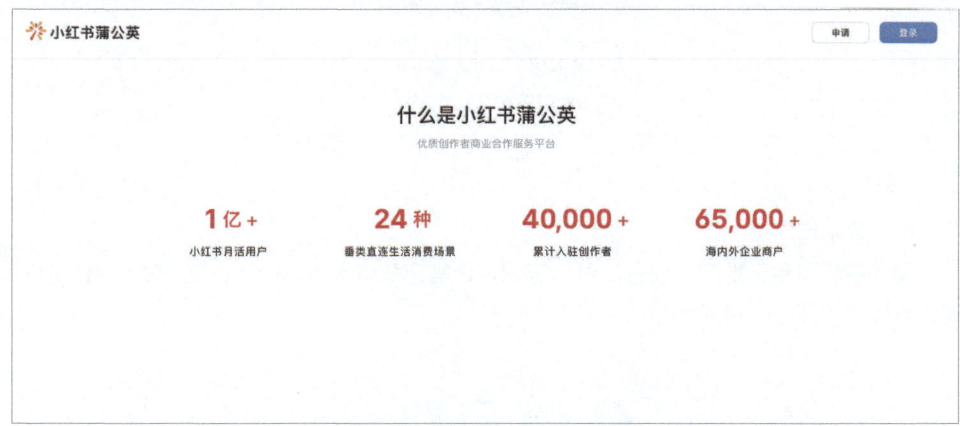

图 5-15

(3) 效果广告投放

效果广告投放对大家来说都不陌生，百度的竞价排名、淘宝的直通车都是效果广告，小红书的广告也是如此，按点击量收费，但价格会受到竞争排名的影响。目前可以投放多种目的的效果广告，如图 5-16 所示。

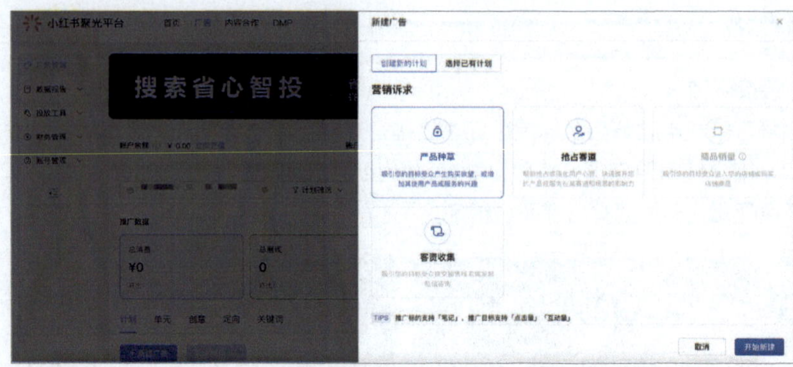

图 5-16

效果广告投放功能需要品牌提前认证广告投放资质，完成后即可在小红书聚光平台使用。实际的展现效果如图 5-17 所示，在搜索结果或者信息流中推送时会显示广告或者赞助的字样。

图 5-17

（4）薯条推广

薯条推广可用于推广专业号的原创笔记，让笔记获得更多的曝光。这一功能用手机就可以操作，如图 5-18 所示。

图 5-18

很多创作者不知道效果广告和薯条推广的区别，二者虽然都是付费流量，但在计费上却有所不同。薯条推广按曝光量收费，但用户收到推送后是否点进推广笔记进行阅读，不在推广范围内；而效果广告是按照笔记的实际点击量收费的，没有用户点击笔记，是不收费的。因此对于品牌方而言，如果重视实际推广效果建议使用效果广告。

除此之外，薯条的操作更简单，使用手机即可进行充值投放，而效果广告则必须使用网页端操作，所以薯条会更偏向对即时性要求较高的中小型品牌，而效果广告能设置的选择非常丰富，更适用于对专业性要求较高的中大型品牌。

（5）直播

小红书专业号的直播功能除了可以带货，还可以用企业身份与用户互动，增强粉丝的黏性。图 5-19 所示为正在直播的企业号在粉丝主页的动态推送示例。

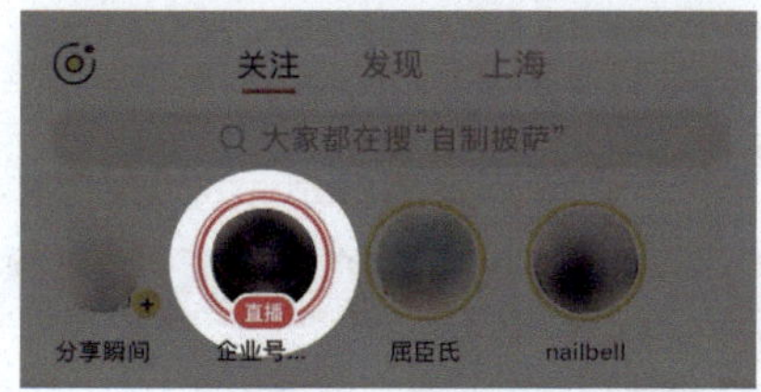

图 5-19

（6）笔记置顶

专业号可选择一篇笔记置顶，置顶后的笔记会排在账号主页笔记区域的第一个位置，如图 5-20 所示。该功能无门槛，申请专业号即可使用。

图 5-20

（7）商业话题

专业号可以免费申请和运营一个与专业号名称相关的商业话题，用户发布笔记的时候可以选择该话题，做活动的时候也可以使用，如图 5-21 所示。赠送的免费话题可以使用专业号登录小红书 App，根据“创作者中心→专业号服务→商业话题”路径进行申请，如果需要申请多个话题，则需要发送邮件向小红书申请，并且需要额外付费。

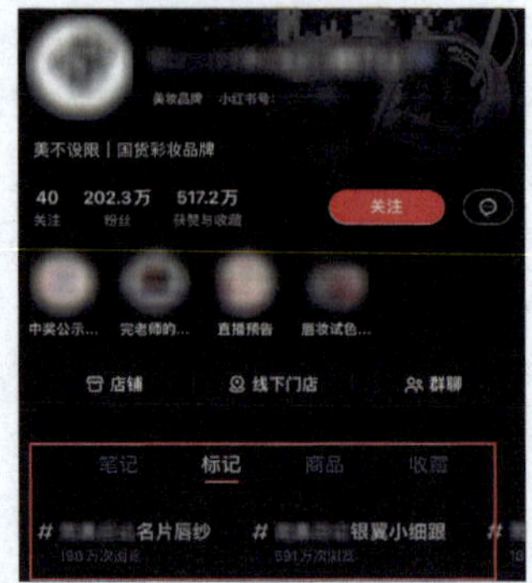

图 5-21

(8) 线下门店管理

专业号可以绑定相关的线下门店，图 5-22 所示是某个线下品牌店铺的倒流聚合页面。该功能无门槛，申请专业号后即可使用。

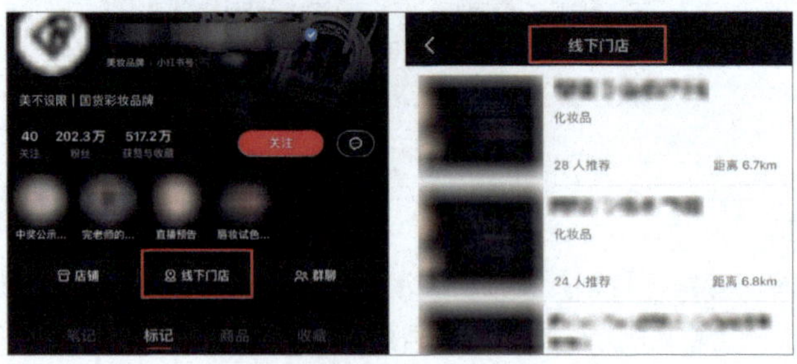

图 5-22

(9) 抽奖功能

专业号可通过带抽奖组件的笔记，发起个性化的抽奖活动，帮助专业号带来粉丝，这个功能非常实用，如图 5-23 所示。

图 5-23

3. 粉丝运营

（1）评论管理

发布的笔记达到一定数量后，回复评论就有些复杂了，如果一篇篇点开笔记进行查看和回复，效率未免太低了。评论管理功能就能很好地解决这个问题，它将所有笔记的评论都聚合在一起，而且可以筛选粉丝评论和非粉丝评论，甚至还可以按照点赞数来排序，快速找到热门的评论，是一个实用性很强的功能，如图 5-24 所示。该功能没有门槛，成为专业号后即可使用。

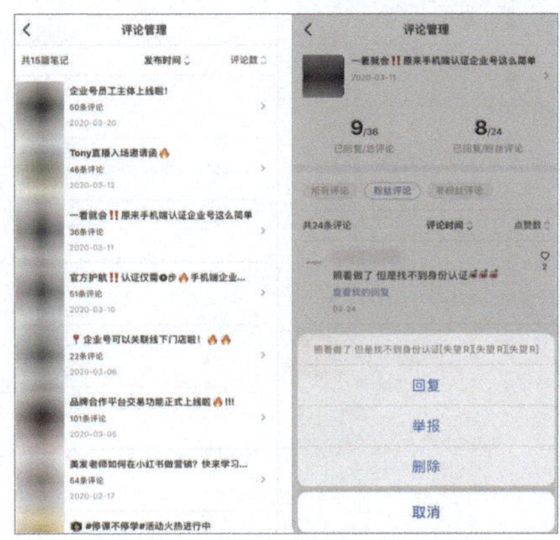

图 5-24

（2）标记

用户在发布“种草”笔记时可能会标记品牌专业号，对于一些积极性的内容，专业号是非常欢迎的，而且希望这种用户内容能够获得曝光展示。而标记品牌专业号管理功能则可以将这些“标记”的笔记展示在专业号的个人主页上，品牌可以挑选一些内容较好的笔记进行展示，如图 5-25 所示。该功能没有门槛，只要成为专业号就可以使用。

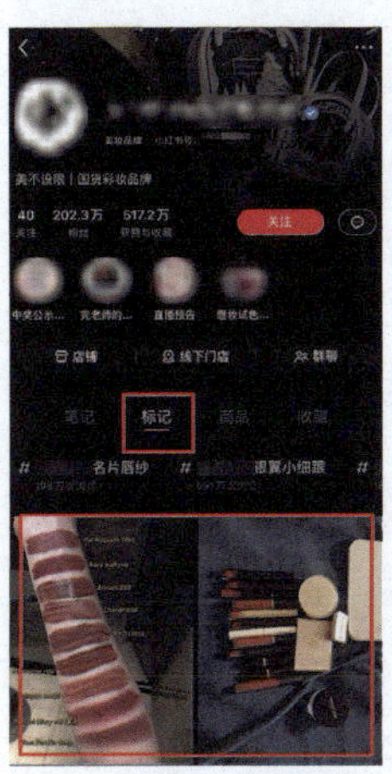

图 5-25

（3）在电脑端回复私信

专业号在小红书运营到一定阶段时，随着粉丝量和互动量的增加，其私信数量也会剧增。此时如果只是使用手机进行回复，效率就比较低，尤其是同时有多个用户同时咨询时，这时使用电脑回复私信能够更加方便地切换窗口。

用电脑回复私信，需要在专业号上登录电脑端平台并打开私信回复功能，其余操作与手机端相同，如图 5-26 所示。该功能无门槛，申请专业号后即可使用。

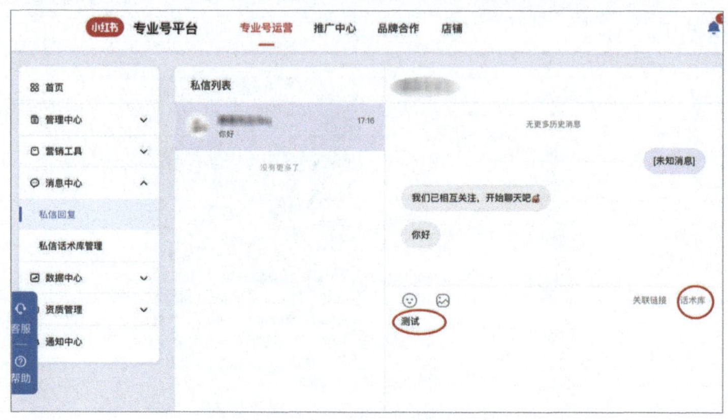

图 5-26

（4）话术库功能

话术库功能是电脑端私信的附属功能，可以把常用的回复设置到话术库里作为模板，做到更快捷地回复客户消息。图 5-27 所示为话术库的内容添加页面。

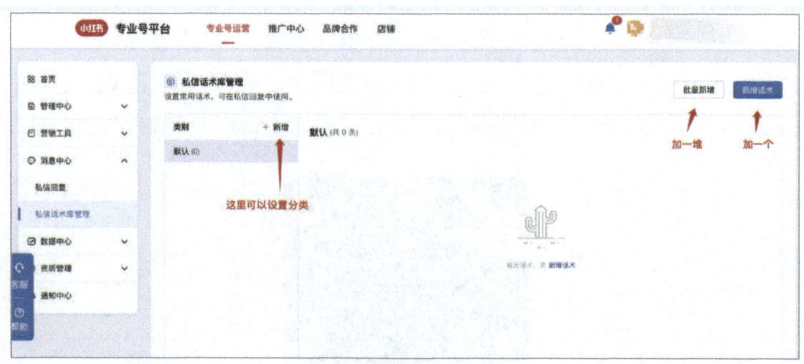

图 5-27

5.2.3 数据分析：由数据驱动的运营方法论

在内容平台做内容，通过观察数据得出未来内容的优化方向是非常理想的运营方法，这往往比凭感觉做内容效果更佳。小红书专业号运营同样可以立足于对账号数据的分析观察之中。

小红书专业号需要重点分析的内容主要为粉丝数据、账号笔记数据和合作笔记数据。

1. 粉丝数据

粉丝数据包含粉丝的增长情况、粉丝画像等，与个人号的粉丝分析数据相类似。其中涨粉速度主要受当前笔记的互动数据和账号整体的内容垂直度这两点的影响。

粉丝数据的内容如图 5-28 所示。

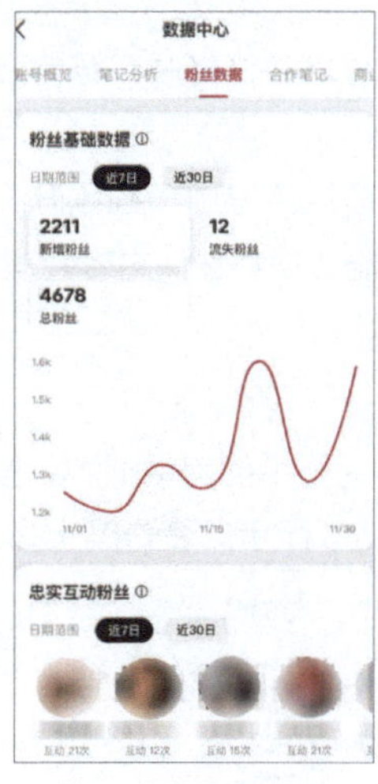

图 5-28

2. 账号笔记数据

账号笔记数据包含专业号的笔记阅读量与点击情况，如图 5-29 所示。通过笔记数据，创作者可以直观地看到每篇笔记的数据，以便于后续进行内容优化。

图 5-29

例如，某篇笔记的点击量很低，那么说明该笔记的话题或者封面标题需要进行优化，具体的优化方向可以参考自己发布的点击量较高的其他笔记。

除此之外，笔记涨粉数、笔记分享数、视频完播率等数据同样可作为账号笔记数据参考的内容。这些数据越高说明账号的运营情况越好，对于较弱势的数据，可以参考以下方法解决。

- 若笔记涨粉数较低，创作者可以从优化账号的内容垂直度、完善个人简介、置顶优质笔记等方面着手改进。
- 若笔记分享数较低，创作者可以尝试增强笔记内容的干货程度，并在笔记里引导用户分享给朋友。
- 若视频完播率较低，需要考虑是否是由于视频开头过长或是内容语言太复杂导致用户看不完视频。如果创作者能使视频整体内容紧凑，就能有效提升视频完播率。

3. 合作笔记数据

合作笔记数据包含专业号的合作笔记的流量情况，笔记的阅读量和点击量情况，以及单篇笔记的数据分析情况，如图 5-30 所示。合作笔记指的就是和 KOL 合作的报备笔记。

图 5-30

与账号笔记数据分析同理，得出合作笔记数据结论后，在后续的广告投放中就需要对与 KOL 合作的内容进行重点把控，例如，视频完播率较低的原因是产品在视频中出现得比较突兀，需要重新编排脚本。

所有的数据分析都应该是为了实现账号内容与运营的优化，创作者可以根据实际情况，对企业号运营进行有针对性的调整。

5.2.4 小红书专业号里的其他功能

专业号里有许多功能，其中大部分功能都是日常使用的，如前面提到的私信营销模板、直播等功能，还有两个作用很大却被不少人忽视的功能，它们是抽奖工具和商业话题。

1. 抽奖工具

专业号要想在冷启动阶段快速涨粉，使用抽奖工具是一个不错的选择。只靠慢慢更新内容来涨粉无疑是较慢的，而抽奖可以通过奖励吸引用户转发宣传，还可以在抽奖之后得到用户关于产品内容的反馈，帮助账号合规地快速涨粉。

小红书上的抽奖主要有三个特点。

① 小红书每个月根据身份不同只能发布 1 ～ 3 次抽奖，且必须使用小红书官方的抽奖组件。

② 小红书开通抽奖功能有一定的门槛，并非有账号就能开通抽奖。

③ 小红书上通过利益诱导产生互动的形式会判定为违规（使用抽奖工具组件的除外）。

专业号只要粉丝数达到 1000 即可开通抽奖功能，如图 5-31 所示。

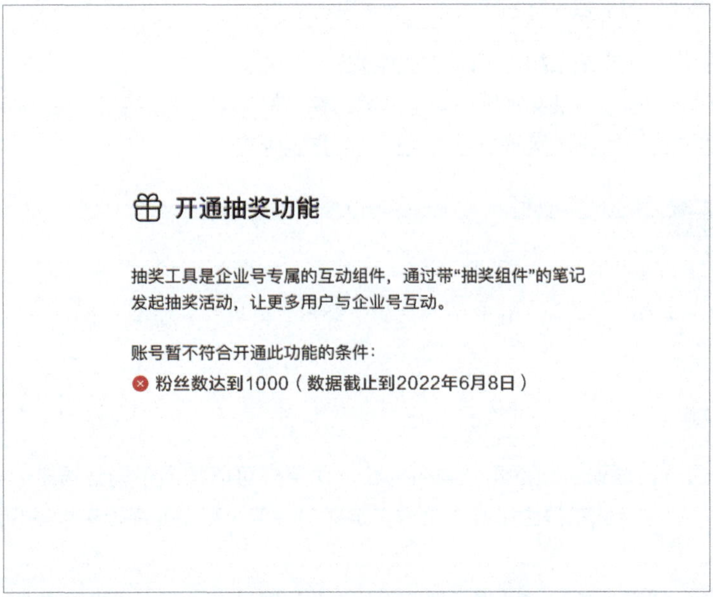

开通抽奖功能

抽奖工具是企业号专属的互动组件，通过带“抽奖组件”的笔记发起抽奖活动，让更多用户与企业号互动。

账号暂不符合开通此功能的条件：

粉丝数达到1000（数据截止到2022年6月8日）

图 5-31

抽奖活动信息可以登录小红书电脑端的账号后台，在“营销工具→抽奖活动”中进行设置，设置好以后在手机端的“发布笔记→高级选项”中，根据实际需要，在笔记中添加和设置好抽奖活动后即可上线。

图 5-32 为小红书笔记中的抽奖活动页面示例。

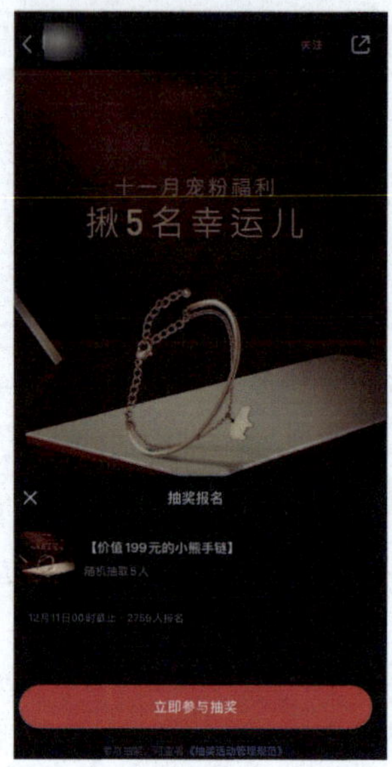

图 5-32

抽奖过程存在如下容易疏忽的问题，一定要注意。

- 抽奖的奖品只能是实物，不能是虚拟物品和现金。
- 笔记正文中描述的抽奖规则必须与抽奖组件中的完全一致，否则也会判定为违规。
- 抽奖结果由系统自动随机产生，企业不能指定中奖人。

小提示

抽奖虽然能快速获取粉丝的关注，但粉丝的精准度并不高，所以很难对品牌的日常笔记产生帮助。因此只能作为特殊的活动形式使用，不可作为唯一的运营方式。

2. 商业话题

小红书通过话题聚合起不同分类的内容，使用户可以按照不同话题来分类浏览不同内容的笔记。这些话题都是由小红书官方自定义的，用户和企业都没有编辑和管理话题的权限。

如果有一个话题能够聚合品牌全部的笔记，而品牌又可以在一定的权限上控制该话题，那么运营话题、发起话题活动不仅能够使品牌形象有较大的提升，也能成为品牌方的一个运营方法。使用小红书推出的商业话题功能，品牌方可以自定义话题名称、编辑话题的封面，以及控制话题里出现的笔记。

在注册专业号时可以免费申请和运营一个与专业号名称相关的商业话题，之后再次申请商业话题就需要额外收费了，如图 5-33 所示。对于赠送的免费话题，用专业号打开小红书 App 后，在“专业号中心→商业话题”中即可申请。

申请话题自然有一些规则，其原则是必须与企业名称或者产品有较强的关联性，其次是不能将品类词、节日名、名词、短句等添加到话题中。审核通过后的话题效果如图 5-34 所示。新的话题下的笔记是空的，在话题申请成功后，应引导用户在话题中发布笔记才能形成良好的运营效果。

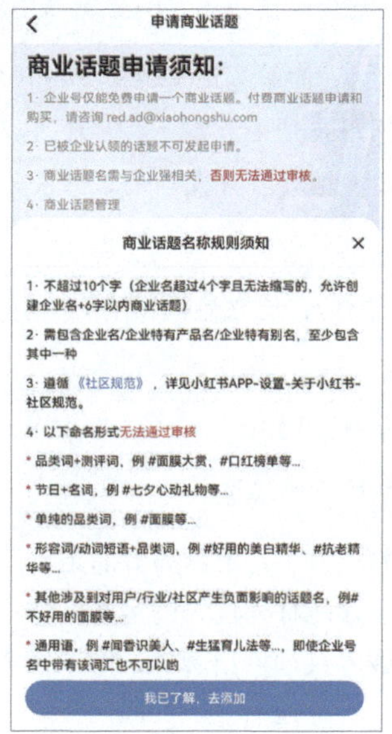

图 5-33

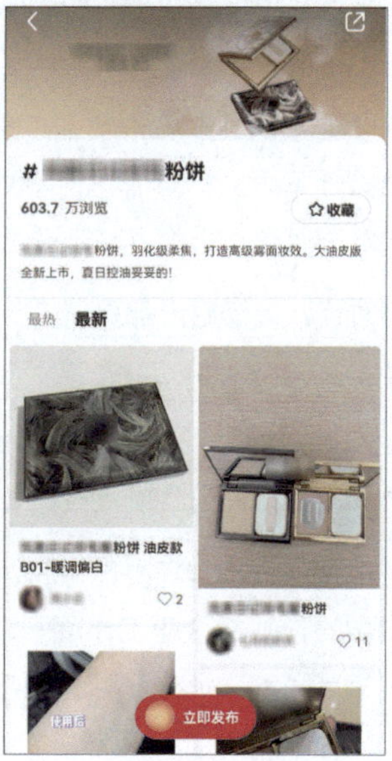

图 5-34

5.3 小红书专业号运营指南

本节将介绍有关专业号运营的五个步骤（见图 5-35），让大家能够快速上手专业号的运营。

图 5-35

5.3.1 制订运营计划

制订运营计划主要分为账号定位和运营策略两个部分，二者是相辅相成的。

1. 账号定位

专业号的账号定位并不是简单地以企业为核心来发布笔记内容。专业号入驻是带着目标的，必须要清楚做专业号是为了什么，是购买转化？还是建立用户与品牌之间的联系？还是以更低的成本打造品牌形象？目标不同，运营策略也不同。

如果专业号以购买转化为目标，那么就要以产品为主去做运营，将产品同其他热点话题进行结合将成为主要的内容运营方法。

如果是为了建立用户和品牌之间的联系，那么就要以官方账号的身份与用户进行互动。

比如，某个博主购买了某品牌的产品并发布笔记，如果笔记中某用户的评价是正面的，该品牌的专业号就可以去点赞，发布一条评论询问用户是否满意，甚至还可以给予一些奖励，这将有效提升品牌在用户心中的形象；如果用户的评价是负面的，专业号则应该尽快与用户沟通并解决问题，以挽回口碑损失。

在互联网时代，每个用户都是一个传播中心，所以，建立品牌和用户的链接很有必要。

例如，某家电品牌的小红书企业专业号保持着同用户互动的良好习惯，经常给用户分享的笔记点赞或评论，这些笔记能够为其他用户提供参考，想要了解产品信息或者售后的用户也可以同这些笔记的创作者进行交流，为新用户的消费决策提供帮助。

在专业号运营上，不是只把账号拟人化就万事大吉了，运营者要清楚地知道哪些运营工作是必须去做的，并将这些工作逐一做到极致，才能称为优秀的运营工作。所以要确定专业号是来销售产品的，还是获取新客户的，抑或是来维护口碑的，接下来才能制订相应的运营策略。

2. 运营策略

确定了运营目标后，便可以制订一系列的运营策略了。运营策略是支撑企业完成既定目标和实现定位的途径。

举个例子，一个目标群体是年轻人的运动鞋品牌，其账号定位可以是“为年轻潮人提供穿搭攻略”，只是在创作穿搭内容时，每套搭配里的“鞋”必须是自有品牌的产品。如果该品牌的运营目标是为了获取新客户，那么就可以利用内容去追“潮穿搭”话题中的热点，例如，搭配中的上衣、裤子都是其他知名度较高的品牌，但鞋是自有品牌，在内容中主要强调穿搭，将用户对其他品牌的关注度转移到运动鞋上来，这些用户实际上是符合品牌的用户画像的，也非常容易做出消费决策。

5.3.2 完善账号信息和功能设置

完善账号信息和功能设置听起来很简单，有些品牌方可能会把需要填的全部填上，以避免出现疏漏。但这样做其实忽略了企业形象塑造的问题，企业形象并不是因为信息完善就能塑造的。

网络是一个可以较低成本获取客户信息的渠道，专业号的一言一行、一个头像、一个简介其实都能产生意想不到的影响。当然这种影响并不一定都是正面的，有的专业号可能因为简介写得不妥而导致了客户的流失，所以专业号中展示的内容不仅要完整，还必须要精心设计以达到形象的统一。

1. 账号信息

账号信息主要包括完善基础信息、头像（申请专业号时已完善）、简介（可在后台修改）、个性化主页（主页头图、官方简介、自定义菜单）、企业卡片，这五项内容都可自定义。

专业号的头像通常会使用品牌的官方 Logo。如果想要更好地融入小红书平台，可以尝试定制头像，把 Logo 调整得更受年轻人喜爱，这样更符合平台的特征。

企业信息简介需要体现账号官方认证信息并说明账号的定位，所以即便专业号的昵称已经包含了品牌名，但在简介里还是有必要注明“×× 品牌官方账号”的字样，以彰显官方账号的权威性。

例如，“×× 品牌官方账号，×× 鞋搭遍你爱的每一件衣服”。

专业号可以按照图 5-36 所示的格式去设计兼具权威性和品牌特色的简介。

图 5-36

主页头图能展现品牌特色，进一步传达品牌形象。图片要求是 JPG/JPEG/PNG 格式，宽度为 1125 像素、高度为 960 像素，单张图片小于 1MB。图 5-37 所示为某数码相关领域的专业号，其主页头图就体现了强烈的现代感和科技感。

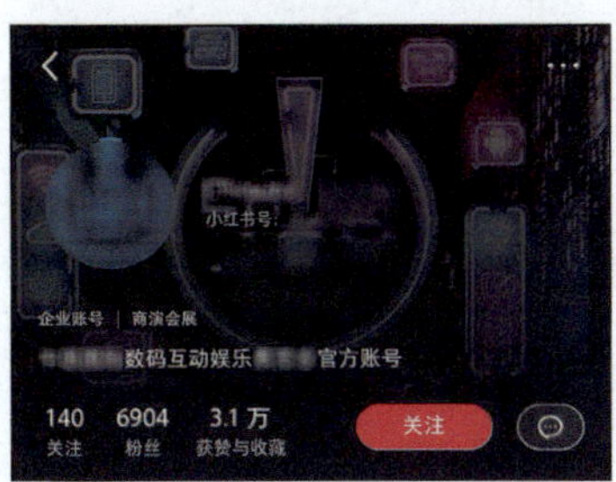

图 5-37

自定义菜单功能可以链接商城的店铺或者线下门店。

企业卡片不是必须完善的，通常对有线下门店的品牌适用性更强，对纯粹的线上品牌则帮助有限，品牌方按需选择即可。

2. 功能设置

功能设置包括话术库、商业话题、标记管理、薯条、搜索联想等基础功能。

专业号在回复用户时，除了可以回复文字，还可以回复图片，以及回复商城链接或者优惠券，可以根据实际需要灵活运用。

搜索联想和搜索展示功能是专业号默认开通的功能，因为这两项功能能够帮助专业号获取精准的流量，这对专业号的运营是非常重要的。所以开通专业号之后一定要及时检查这两项功能是否生效。

薯条的作用是为笔记提供额外曝光，相当于购买付费流量，对企业推广产品、推广笔记内容是很有帮助的。下面介绍两个关于薯条的使用逻辑。

（1）细化薯条的投放效果监控

品牌方可以以 75 元的推广费为限，在不同的时段发布相同的内容，从而测试出推广效果最优的时段。另外，类似的方法还可以用来测试在同一时段发布不同的内容和标题的效果。最后通过分析数据总结出大概什么样的内容更适合做投放，进而投入更多的预算做更广泛的投放。

品牌方仍有余力的话，监控竞品的笔记数据也可以有效增加自身产品的竞争力，尤其是监控那些数据效果较好的竞品笔记，可以观察这些笔记在什么时段互动量上涨得较快。

（2）“傻瓜”式逻辑

分析自己笔记的数据，一旦某个笔记的数据增长比较快，就可以基本认定这是一篇有潜力的笔记，这时直接增加推广力度，大力投放即可。

商业话题相当于一个品牌专属的聚合页，以往用户想看一个品牌的相关内容往往是搜索品牌名，然后通过关键词匹配平台推荐的内容。有了商业话题以后，用户可以在该话题下主动发布笔记，也可以利用该话题聚合品牌的相关内容，如图 5-38 所示。

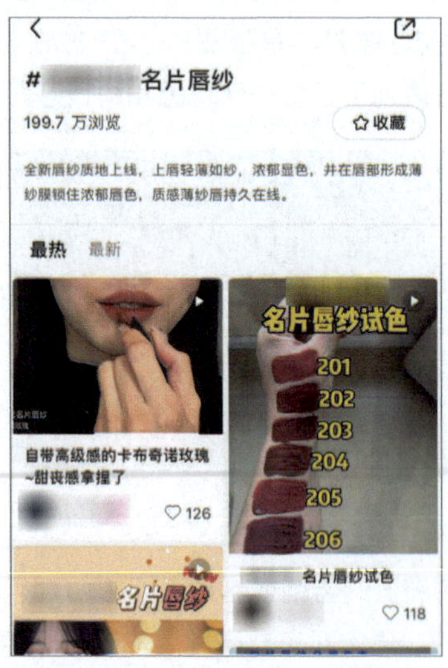

图 5-38

5.3.3 选择热点话题

做好账号定位和运营规划之后，需要通过创作贴合热点内容与话题的笔记来保持账号内容的日常热度。推荐的做法是在内容选题上主动出击，尤其是对热点话题必须保持高度敏感。

举个例子，某年夏天突然流行格子裙，那么作为一个运动鞋品牌，应该也要用运动鞋去搭配格子裙，以此发布一些穿搭笔记。因为多数用户的关注点都在格子裙上，这些穿搭笔记就可以获取大量的搜索流量，点击进笔记的用户也可能会关注到鞋的品牌上来。

图 5-39 所示为某萌娃类博主与童装品牌的合作笔记，该博主在分享萌娃日常的同时，自然而然地引出推广产品的内容，使用户在关注萌娃的同时，也能了解到萌娃所穿着的童装产品，这也是成功的“蹭热点”的案例。

图 5-39

除了可以发布内容，专业号还可以利用评论功能提高笔记的互动量，但专业号不能利用评论功能四处打广告，这是小红书平台所不允许的。平台倡导友善地和用户互动、为用户解决问题。

在用户购买商品并分享自己的购买经验后，品牌应积极主动地使用评论功能同用户进行互动，这样能够较为容易地让用户对品牌产生好感，很多用户在收到互动的时候也会随手关注专业号，毕竟在平台上专门发布分享笔记的用户，往往已经对该品牌或产品具有一定的好感度，所以关注专业号并持续同专业号互动的概率是比较高的。

除此之外，专业号同用户的互动也能促进与用户之间的关系，优质的评论能得到更多的曝光，进而也能获得更多用户的认同，这就形成一个良性循环，让这些对品牌运营有益的内容被更多的用户看到，进而起到宣传的作用。

5.3.4 提升笔记流量

小红书里的流量大部分都是由系统按照规则来进行分配的，而这部分流量我们称为自然流量。有的创作者想要主动出击，掌控部分笔记流量，小红书为此推出了薯条和效果广告两个工具进行助力。

1. 薯条

薯条是小红书个人账号与企业账号都可以使用的付费推广工具，使用薯条可以增加笔记额外的曝光度。目前付费的标准是 75 元购买 5000 次笔记的曝光（安卓系统充值），相当于 1.5 分钱购买一次曝光，但其中产生的实际曝光效果与小红书无关，因为小红书售卖的是笔记的曝光。

小提示

曝光与阅读会比较容易混淆，曝光指笔记推荐到用户的手机上，在手机上出现一次，即为一次曝光，无论用户是否点进去，都会记录一次。如果用户点进去，则记录为一次阅读。在账号主页看见的笔记“小眼睛”的数值就是阅读数。

（1）投放步骤

薯条的投放需要如下两个步骤。

步骤 1 找到需要投放的笔记（只能是自己发布的笔记），点击右上角的三个点，即可选择薯条推广，如图 5-40 所示。

图 5-40

步骤 2 进行薯条推广的相关设置，付款后即可开始推广笔记，如图 5-41 所示。

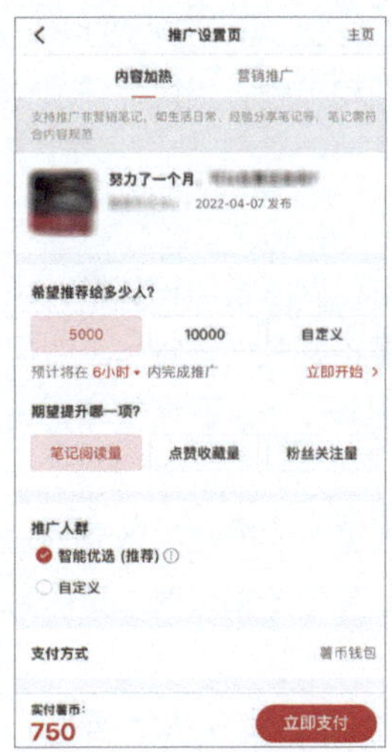

图 5-41

整个投放流程非常简单，真正困难的在于怎样投放出效果。通过投放薯条可以解决笔记没有流量的问题，但薯条不能解决内容不够优秀的问题。这意味着，别人看不到笔记可以通过薯条解决，但是花了钱买了流量，没人点击和互动，这就和薯条无关了。

（2）测试内容

为了增强薯条的投放效果，仍需优化笔记质量，这样才能吸引用户点击，这时需要完成以下几点来优化薯条投放的效果。进行薯条投放的第一步应该是先确定笔记首图、标题及整体账号的定位和内容是否被平台用户喜欢，特别是在内容没有把握的时候，这一步更是不可欠缺的。

内容测试包括如下两个部分。

① 测试笔记首图和标题。

投放薯条之后，相关笔记被大量曝光在平台用户的信息流中，如果想让用户在成千上万篇笔记中选择点击对应的笔记，笔记的首图和标题就相当重要。因此，在投放薯条的时候，需要对笔记的首图和标题进行测试。

具体投放策略：先少量级地投放，比如先投 50 元钱，后续查看不同笔记的曝光量和阅读量数据，计算相应的点击率（点击率 = 阅读量 / 曝光量），如图 5-42 所示。

图 5-42

平台笔记的平均点击率在 7% 左右，表现较好的笔记能达到 10%，可以将这个数据作为衡量标准，来选择最合适的首图和标题。如果笔记没达到这个标准，就要继续优化标题和首图。

② 测试账号主页的内容。

一篇好的笔记被曝光之后，不但能够增加粉丝量，也能够吸引用户浏览账号主页，从而判断是否喜欢该账号的内容，要不要关注该账号。账号主页内容、账号定位和整体的账号价值就成为能不能涨粉的关键因素。大家在完善笔记首图和标题之后，也应该先对账号的主页内容进行一些测试和完善。

具体投放策略为：以平时投放笔记时的数据效果为对比，分析账号主页内容和账号定位是否受平台用户的喜爱，并以此作为依据来对主页内容进行修改和完善，然后进行下一步的笔记投放。

随着时间的变化及笔记内容类目的不同，每一篇笔记的数据都存在一些差异，最好的对比方法还是对比上一次投放的效果。图 5-43 所示为笔记投放后的数据效果示例。

191	25	29
视频播放量	点赞数	收藏数
1	18	15
评论数	主页浏览	新增关注

图 5-43

在完成前两部分对笔记和账号内容的调整之后，就可以加大薯条的投放了。这时候的投放目的不再是追求单篇笔记的数据效果，而是为了提高整个账号的数据，快速把一个账号做出成绩，所以这个时候需要加大投放预算。

在加大投放预算的同时，运营者选择“粉丝关注量”进行投放，应根据自己的内容受众来选择投放的人群，实现精准投放，如图 5-44 所示。

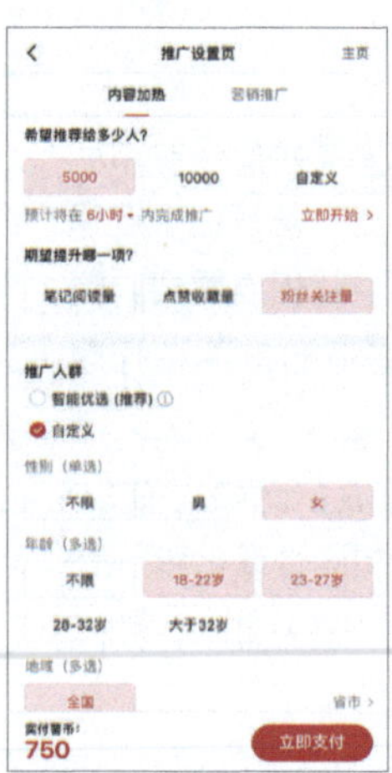

图 5-44

比如，作为一个平价美妆博主，可以将笔记内容推广人群设置在“女性 27 岁以下”。

笔记投放的人群越精准，其成为粉丝的可能性就会越大。但是，要注意像美妆、母婴等没有明确地域限制的类目最好不要设置投放地域，否则投放效果也不会很好。相反，像美食、旅游这类有明确地域限制的类目，就可以加上投放地域这一项。

在投放笔记时，小红书有很多“期望提升”的选项，如粉丝关注量、笔记阅读量、点赞收藏量等，如图 5-45 所示。这个选择倾向性意味着把笔记推给以往经常容易做出上述行为的用户，例如，我们选择“粉丝关注量”选项的时候，系统会将笔记推送给那些更倾向于关注我们的用户，而选择“笔记阅读量”选项的时候，则代表系统做推广的人群在小红书中的浏览时间更长，也更容易点击笔记的内容。

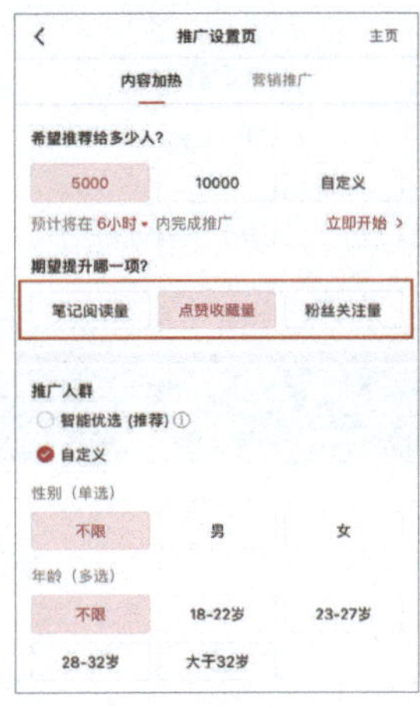

图 5-45

2. 效果广告

效果广告是小红书中的另一种付费推广工具，它与薯条有较大的不同。效果广告仅品牌方可以使用，并且只适用于推广商业笔记。效果广告在付费机制上也与薯条有较大的不同，薯条是按照曝光量来付费的，而效果广告是按照投放效果来付费的，只有用户实际点击过才会收费。

(1) 效果广告的使用步骤

效果广告的投放较为简单，却比薯条多了很多的前置条件，其中推广共需要三个步骤。

步骤 1 在小红书聚光平台中完成企业身份的专业号验证，并在广告 - 账号管理 - 推广资质认证中，按照要求上传推广资质证明，如图 5-46 所示。

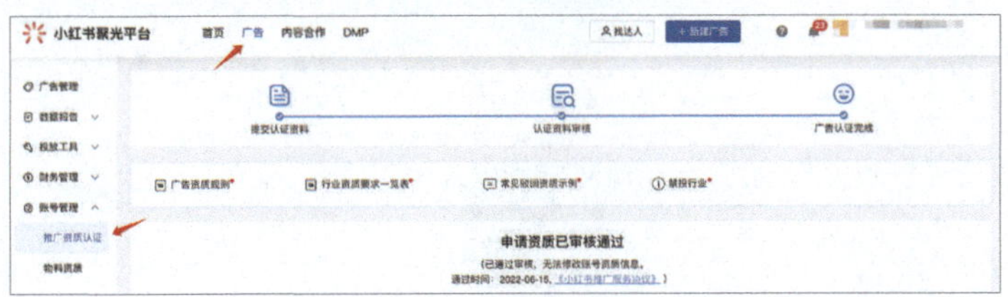

图 5-46

步骤 2 按照图 5-47 中的步骤分别设置具体的投放标准，选择相应的投放选项。

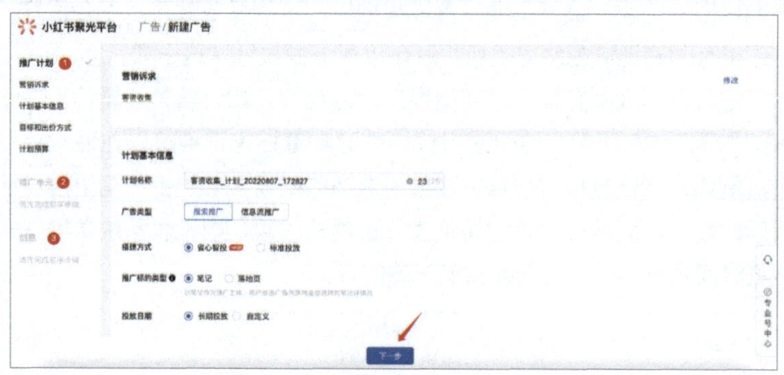

图 5-47

步骤 3 在账户中充值，即可开始投放，如图 5-48 所示。

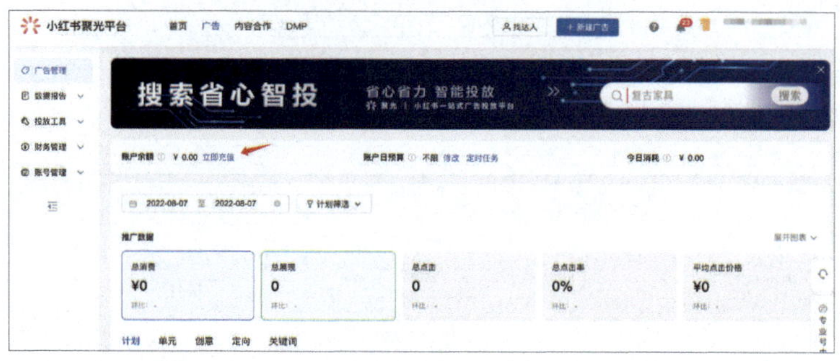

图 5-48

虽然步骤多了，但投放效果广告的操作并不复杂，如何优化效果广告才是真正的难题。

（2）效果广告的优化

在投放效果广告时，流量经过了曝光、点击、私信、转化这几个关键点，可以根据关键点制作流量漏斗，曝光是这四个里流量最多的，将它放到最上面，点击放中间，转化最重要，把它放在底部，如图 5-49 所示。

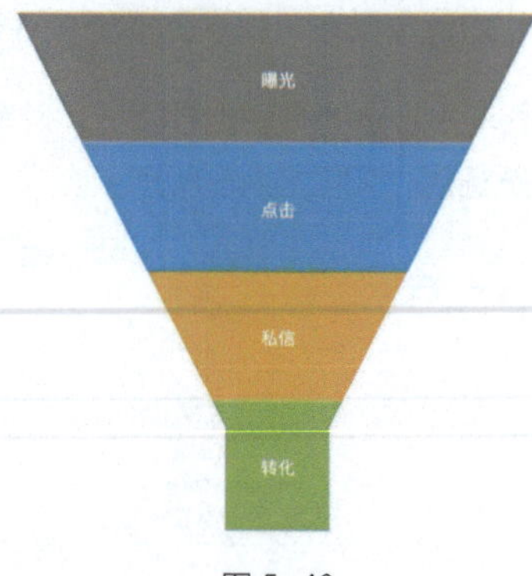

图 5-49

这个四个关键点有如下影响因素。

① 曝光的影响因素：关键词和预算。

② 点击的影响因素：标题、首面和目标人群。

③ 私信的影响因素：笔记内容。

④ 转化的影响因素：产品或者客服。

根据这些因素，在投放一轮效果广告之后，可以在漏斗模型上补充相关转化率数据。图 5-50 所示为漏斗模型补充数据后的示例。

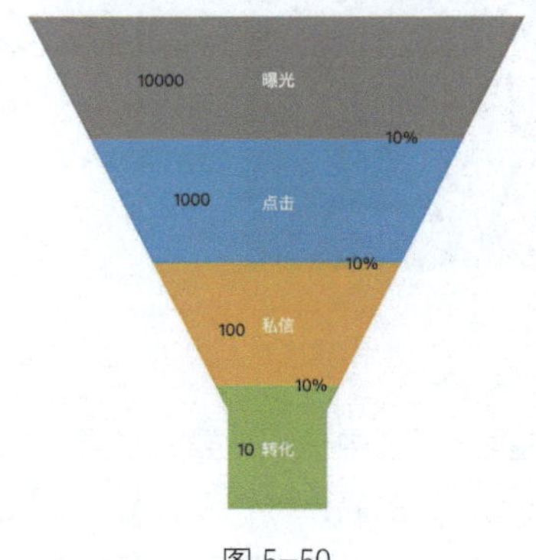

图 5-50

运营者可以根据每个环节的转化率，针对不同的影响因素去进行优化。

转化率的优劣建议大家参考两个数据：一个是参考小红书的大盘数据，另一个是对比以往投放的数据。在咨询客服后，一般能够获取大盘的数据情况。而以往投放的数据就需要日常去做记录，如果每次都是投放了没效果，也没做任何的记录和整理， 那其实每次投放都无法成为参照物。

根据这些历史数据的情况，如曝光不够，就多花点预算去推广或者尝试更换不那么热门的关键词，避开竞争关系。如果私信转化率不高，可以考虑在笔记内容里引导私信。

以上才是投放效果广告的运营人员的正确思路。因为投放标准跟内容息息相关，所以作为运营人员，应多关注平台发布的一些内容趋势，这也有利于去做投放效果广告的优化工作。

5.3.5 提高粉丝活跃度

对于已经有一定粉丝量的账号，维系现有粉丝量并让这些粉丝活跃起来就是目前的重点工作。活跃度体现在很多方面，如粉丝增长率、笔记热度、收到的私信量、活动参与度等。专业号可以先明确需要提升的项目，再针对性地设计运营方案。

在提高粉丝活跃度的工作中，有一些实用性很强的功能，如“抽奖”功能可以使用。专业号每个月拥有三次抽奖机会，用好了这个功能，就能迅速地提高粉丝的活跃度，如图 5-51 所示。

图 5-51

需要提醒创作者的是，数据是运营中非常重要的工具，创作者必须养成分析数据的习惯，学会从数据中获取信息。小红书的后台数据是比较全面的，笔记的曝光、点击及账号的发展情况，都可以从后台数据中直观地了解到，从而方便创作者优化内容。

5.4 小红书专业号的社区运营规范

小红书专业号的社区运营规范并不复杂，有一些是与其他内容平台相同的规范，比如不能发布违反法律法规的内容，也有一些是小红书特有的规范，比如内容中不能出现有二维码、链接等。

下面会对专业号运营时常见的违反社区运营规范的问题做一个简单的梳理，在日常运营时请务必遵守小红书的社区运营规范，避免出现违规的问题，否则轻度违规会被限制流量，严重违规会被封号惩罚，甚至追究法律责任。

1. 违反法律法规

① 违反法律和行政法规，如违反宪法、散布谣言等。在此不展开过多介绍，因为这是各平台的统一规定，而且专业号正常运营时并不会发布这种内容。

② 出现未成年限制的内容，如未成年人吸烟、喝酒等不当行为。这个问题在专业号正常运营时很少会碰到，但偶尔也会不经意碰到，例如，某些彩妆品牌可能为了有趣，会让 3 ～ 5 岁的小女孩对彩妆产品进行辨认和使用，虽然内容有趣，但很明显违反了不能对未成年人应用不良内容的规则，这是在运营中应该注意的。

③ 违反广告法。这是较容易出现的一类问题。运营专业号的基本都是品牌或者商家，所以在对产品进行宣传时可能会使用一些修饰词，如绝佳产品、顶级材质、一流制作工艺等，实际上这些修饰词是违反广告法的，此类的违法词汇较多，可以通过搜索引擎搜索“极限词”来进行规避。

2. 交易导流

① 高风险交易行为。小红书是一个生活方式分享社区，社区中不应包含高风险类型的内容交易，由于很难判断内容的真实性，所以小红书目前不支持发布和售卖高风险类型的产品内容，如医美整形、医疗器械或者其他具有营销倾向的内容（如代购、转卖、拼单等）。

② 导流行为。导流不仅影响社区内容生态平衡，也可能带来较高的风险，所以小红书一直禁止发布导流内容，如手机号、微信号、邮箱、地址等，也不能发布导流到其他平台的联系方式，如网址链接、二维码、水印等。

3. 侵权行为

随着人们法律意识逐渐提高，版权问题也越来越受到重视，内容侵权不但违反小红书的社区规范，导致笔记被限流，严重的甚至还会被追究法律责任。作为企业，若侵权属实，处理方法也并非删除了事，而是有可能被起诉，请专业号运营人员务必重视。

4. 不当行为

小红书平台反对发布不友好、欺骗或含有危险行为的内容，也禁止发布任何作弊信息及行为。

① **不文明行为**。如骂人、恶意骚扰等。

② **欺骗行为**。造谣或者发布违背科学常识的内容，如不属实的健康养生知识。

③ **危险行为**。如极限运动时未提示安全防护、高危驾驶行为等。

④ **作弊行为**。如批量恶意注册小红书账号或者通过程序、脚本模拟、制造虚假数据（例如虚假的粉丝关注量、点赞量、收藏量、评论数等）。

以上是专业号运营时经常遇到的违反社区规范的问题，建议运营者在运营之前一定要至少把小红书社区规范完整阅读一遍，因为这些违规的处罚都不是立刻能解除的，多数违规的惩罚周期甚至超过三天，对账号运营有非常大的影响。

第 6 章

小红书——不可忽视的 Z 世代品牌营销渠道

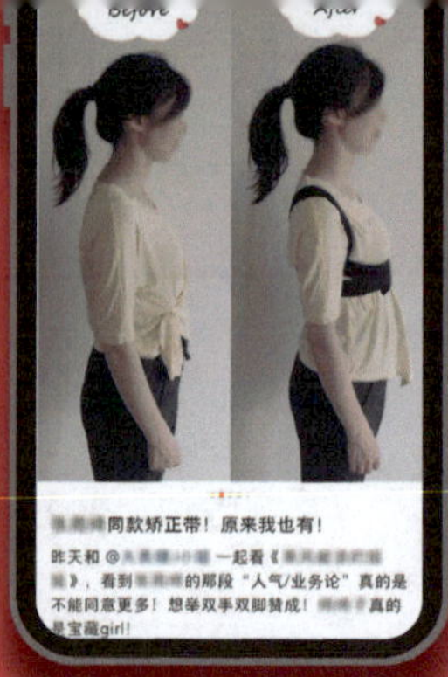

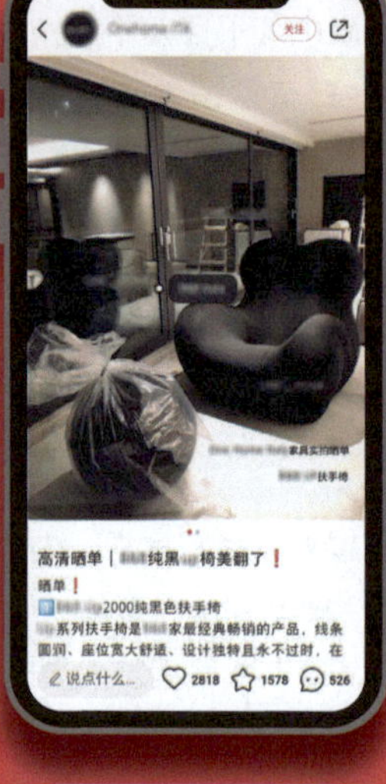

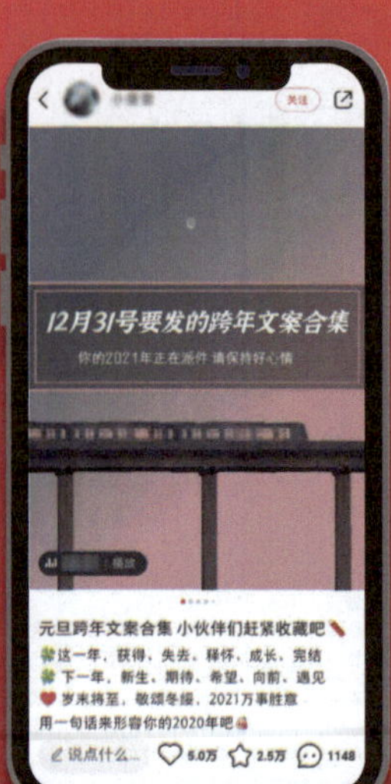

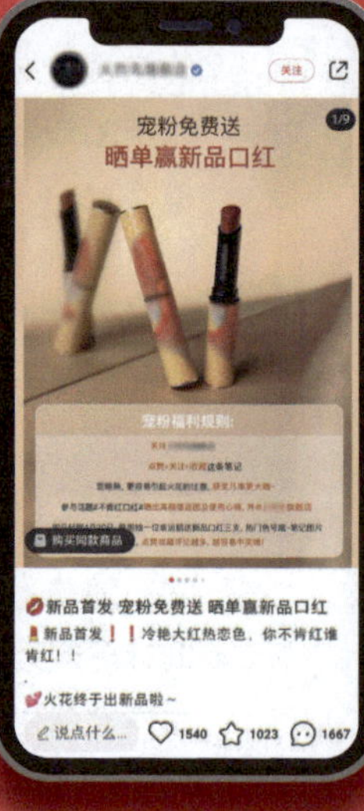

随着 Z 世代（1995—2009 年出生的一代人）的到来，年轻人市场成为各大互联网平台的必争之地。Z 世代的信息获取途径、社交传播方式和消费决策平台更加线上化，注重品牌影响力及营销的个性化和互动性。这对当下的广告营销提出了新要求。拥有众多年轻用户和优质垂直内容社区的小红书，成为不可忽视的 Z 世代品牌营销渠道。

何种品牌适合在小红书营销，怎样写出一份优秀的品牌投放方案，如何选号投放，以及评论区管理等，这些问题都能在本章一一获得解答。

6.1 适合在小红书做营销的品牌

在思考如何做品牌投放之前，首先要弄清楚品牌是否适合在小红书平台投放。如果产品本身与小红书定位相去甚远，投放方案的先决条件就是不成立的，那么再优秀的方案也很难发挥效果，营销内容的投放效果就可想而知。

本书第 1.3.2 节中详细介绍了什么样的品牌适合在小红书中进行内容营销，大家可以查看相关内容。

6.2 小红书品牌投放方案的制订

如果确定了自己的产品适合在小红书上投广告，也认为小红书的流量推广价格在承受范围内，那么就可以开始设计投放方案了。当前小红书平台主流的投放流程主要分为四个阶段，如图 6-1 所示，品牌方既可以从第一阶段开始投放，也可以从第二阶段开始，投放阶段决定了后续的投放策略。

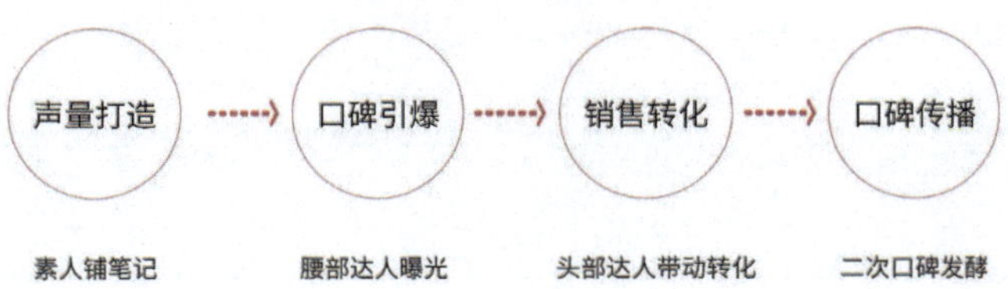

图 6-1

小提示

品牌投放即品牌推广，是指企业为塑造自身、产品及服务的形象，推出的力求获得广大消费者广泛认同的一系列活动过程，其主要目的是提升品牌的知名度。

6.2.1 投放背景分析

在设计具体的投放方案之前，需要对投放背景进行分析，这是制作投放方案的基础工作，具体可以总结为以下三点。

1. 投放目的是什么

投放目的不同，对应的投放策略不同，最终从数据统计可以得出的结论也就不同。如果在投放之前完全不知道自己为什么而投，那这种投放就没有意义，即便投放的片段用户互动效果尚可，但实际上对于营销是否能影响用户消费决策还是要打一个问号的。

投放的目的视具体情况而定，例如新品上市要做品宣，或者新锐品牌要做转化，这些都可以成为投放的目的。图 6-2 所示是某品牌的新品预热内容。

图 6-2

2. 投放的预算有多少

不同的价位的预算有不同的投放方式，就像是买衣服，在奢侈品店里可以买到好看的衣服，在平价店铺里也能买到好看的衣服，尽管产品本质都是衣服，但价格肯定不一样。

在进行广告投放时，工作人员一定要事先确定预算，再有针对性地设计投放方案，让有限的资金发挥出最大的效果。在实际工作中，很多市场人员不敢向上级询问预算，这其实是非常不合理的。脱离预算去做方案，最终不仅可能导致公司蒙受损失，自己也会失去一次成功的投放经验。所以在开始投放前要尽可能地拿到本次投放的预算，如果品牌没有提供预算，那么就可以根据竞争对手的投放情况来制订自己品牌的投放预算。

3. 品牌或产品在平台的表现状态怎么样

品牌方必须清楚地了解该品牌在小红书上的表现状态，包括品牌状态、产品类目状态和竞争情况，如图 6-3 所示。接下来为大家逐一介绍品牌或产品的表现状态。

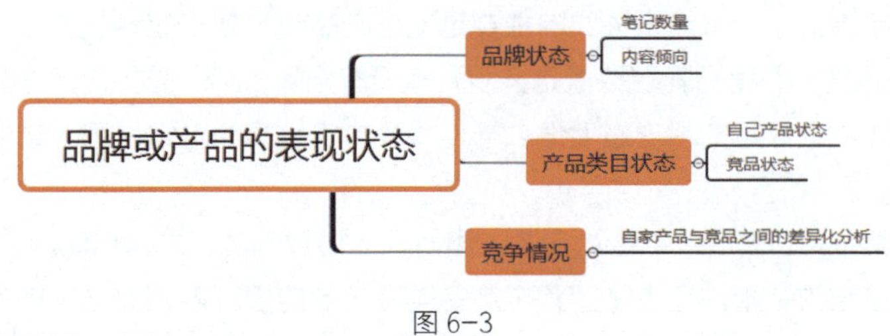

图 6-3

（1）品牌状态

品牌状态可以分为笔记数量和内容倾向两部分。

笔记数量即品牌在小红书笔记中的提及度和曝光量。如果提及的笔记内容很少，那么品牌本身就不具备口碑优势，在小红书平台又很少有用户自发分享该品牌相关的内容，所以在设计投放方案时就要做大量笔记。如果笔记数量已经很多，可以直接考虑内容倾向。

内容倾向包括正向的和负向的。如果是正向的，意味着品牌已经在小红书具备了大量的口碑优势，可以适当地利用头部达人去引导转化了；如果是负面的，也不要急着公关，先看看用户都说了什么，这些问题是否是真实存在的，应该怎么去解决问题，问题解决后再以“产品优化后”为主题进行笔记铺量，打造口碑。若品牌正处于负面内容倾向阶段，暂时不要计划投放直接转化。

对品牌状态的分析可以帮助品牌方判断目前品牌适用的投放阶段，以便制订投放人群的策略。

（2）产品类目状态

在小红书输入产品类目词，但要注意输入产品所属的细分类目词。例如，要做美妆品牌的投放，就可以输入美妆类目的关键词，但不要直接输入“美妆”两个字，最好可以细分成眼影盘、口红、散粉等的小类目关键词。

图 6-4 所示为“眼影盘”类目的搜索页面，从图中可以看到，该类目已经有超过 149 万篇笔记，笔记竞争非常激烈，但与此同时，爆款笔记数量也比较多。

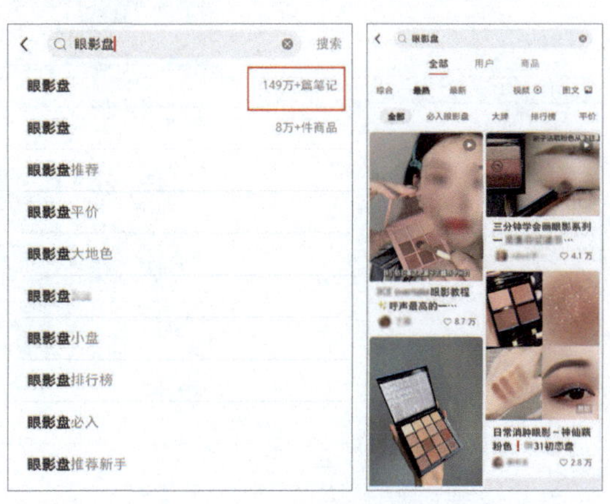

图 6-4

对于搜索结果，品牌方需要关注的主要是整个产品类目处于哪种状态，热度标签上已经推荐了哪些品牌，推荐品牌的数量是多少，有没有自家品牌，前 20 篇笔记大部分都推荐了哪些产品，笔记评论的用户态度怎么样，以及热度较高的笔记采用了什么样的写作方式等。

分析产品类目状态是为了判断内容写作类型，以便我们制订内容策略。

根据以上总结的结果，可以了解整个产品类目大致的情况，明确自家产品与哪些品牌是竞争关系，用户的喜好是什么，用户更关注的产品特点是什么，接下来就能设计出更具倾向性的定制内容方案。

（3）竞争情况

根据之前的调研情况，品牌方已经可以了解到目前有哪些品牌算是竞品。接下来的需要了解产品与竞品之间的竞争情况。品牌方需要查看每一个品牌的竞品，逐一分析，了解每个品牌的特点是什么，凭借什么打动用户，以及对手的品牌关键词下有多少笔记。

品牌投放的最终目标是一定要超过对手的，但不一定要在一次投放中就完成。对于强势的竞品，我们可以先做差异化内容，打造自己的优势；而对于弱势的竞品，就可以针对它的弱点，放大我们的优点，甚至可以实现口碑上的碾压。

除此之外，在投放广告中也面临着笔记与笔记之间的竞争，要看一下目前这个类目有多少篇笔记，这也决定了要做哪些关键词。比如之前举例的“眼影盘”类目，新的笔记内容想要在超 149 万篇笔记中竞争是非常困难的，尤其是对于新锐品牌而言，最好考虑其他竞争相对小的类目。图 6-5 所示的“眼妆”类目就不失为一个好的选择，笔记数量不到“眼影盘”类目笔记数量的一半，但内容相关性很强，热度数据也不错。

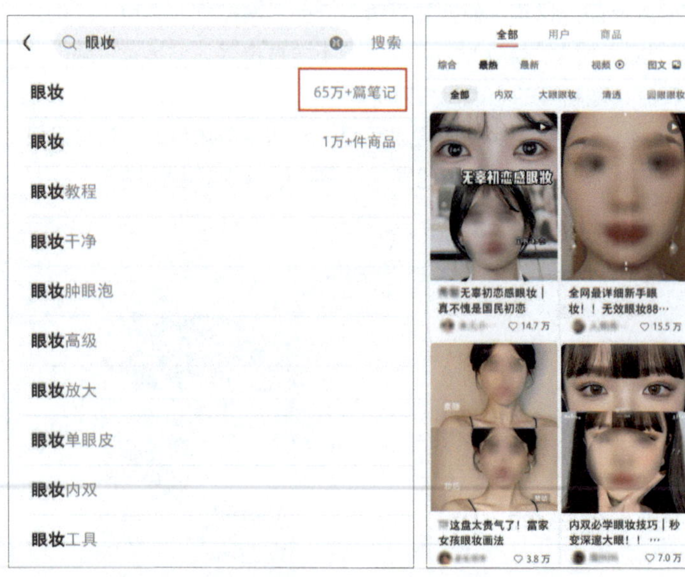

图 6-5

分析产品竞争情况是为了判断内容的关键词，以便确定推广笔记时要围绕哪些词去写。

6.2.2 利用数据制订投放策略

投放策略是具体的执行规划，通常以“阶段选择 + 用户画像 + 关键词 + 内容类型 + 投放数量”的形式进行组合，如“让粉丝数在 1000 左右的美妆素人，围绕眼妆、眼影盘推荐，眼影盘大全写 100 篇评测类型笔记”，这就是一个完整的投放策略。接下来介绍如何将从投放背景分析中获取的数据转化成真正的投放策略。

1. 阶段选择

前面已经介绍过，通过分析品牌状态可以知道自己处于哪个运营阶段。接下来详细介绍各个阶段的特点，与各个阶段相适应的品牌状态，以及应完成的工作。

（1）第一阶段：声量打造

声量打造指在小红书社区中积攒数量较多的正面笔记，让小红书中出现关于自己品牌的“声音”。图 6-6 所示为某品牌在小红书的搜索页面呈现的声量打造效果，可以看到相关笔记非常丰富，热度数据也不错，这就是“声量打造”完成比较好的品牌。

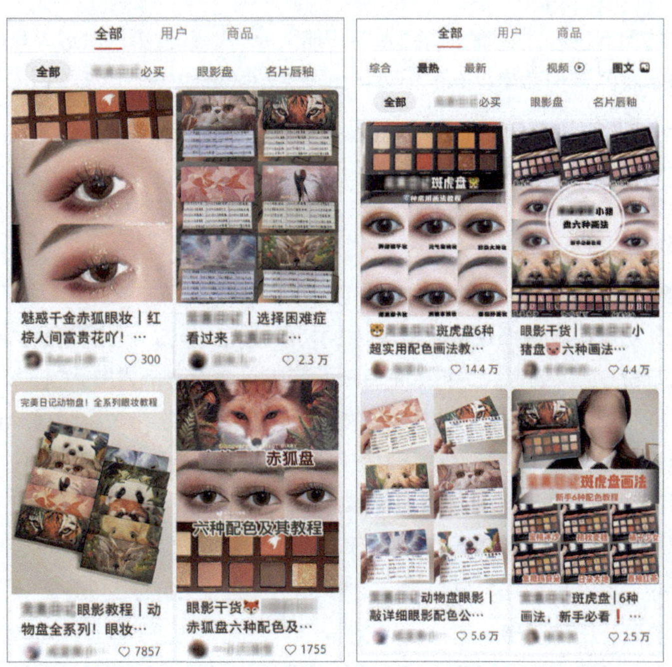

图 6-6

① 如何判断数量是否足够多？

最快捷的方法是和同类目的竞品相比较，尤其是类目下排行前十名的竞品。比如，当前需要推广某品牌的防晒霜，就可以在小红书中搜索“防晒霜”这个类目，并选择按热度排列笔记，观察排名前十的笔记中是否有关于该品牌的笔记，盘点“好用的防晒霜”笔记中提及该品牌的频率高不高，如图 6-7 所示。

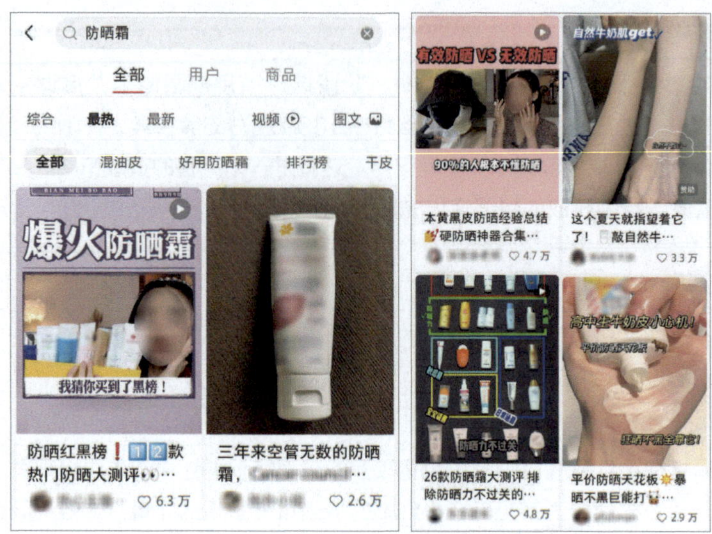

图 6-7

如果自己的品牌已经达到前十名的水平，那么就可以跳过第一阶段。当然，在判断时也要考虑类目本身的笔记体量，有的小类目本身笔记数量比较少，品牌也不多，这时就要具体情况具体分析。

找到一个和自己品牌体量差不多的竞品，参考竞品当前的笔记情况。比如竞品当前已有 1000 条笔记，那么自家产品至少要拥有 500 条笔记之后才能开始第二阶段的投放，否则，就要继续铺笔记。

② 笔记要怎么铺?

当前阶段，品牌可以选择以“20% 左右的初级达人（1 万～ 5 万粉丝）+80% 素人博主（5 千～ 1 万粉丝）”的形式进行笔记投放，而不必非得选择头部 KOL。

笔记的投放速度不宜太快。假如某品牌之前好几天才会发布一篇相关笔记，突然有一天发布了几十篇笔记，这就很不合理。最好以逐渐增加的数量进行投放，比如第一天投放 2 ～ 3 篇，第二天投放 3 ～ 4 篇，以此类推，经过一段时间，逐渐提高至一天 10 篇，然后保持这个数量继续投放。如果在短时期内投放过多笔记，就会为所投放的笔记增加不必要的竞争，不利于素人笔记提升排名和扩大影响。

（2）第二阶段：口碑引爆

口碑引爆阶段是声量打造过程中由量变引起质变后的阶段。简单来说，就是品牌积累了大量素人推荐笔记后，却仍然缺少能带来头部效应的笔记。此时，品牌就需要选取少量的头部达人和大量腰部达人，与他们合作生产优质内容。

在这一阶段中，品牌需要重视的不仅仅是笔记的数量，还有笔记的排名，目的是让这些优质内容获得靠前的排名，提升对消费决策的影响力。

图 6-8 所示的某款洗脸巾推荐笔记，在排行前十名的笔记中有两篇都是关于它的推荐，这就是口碑引爆效果比较好的情况。

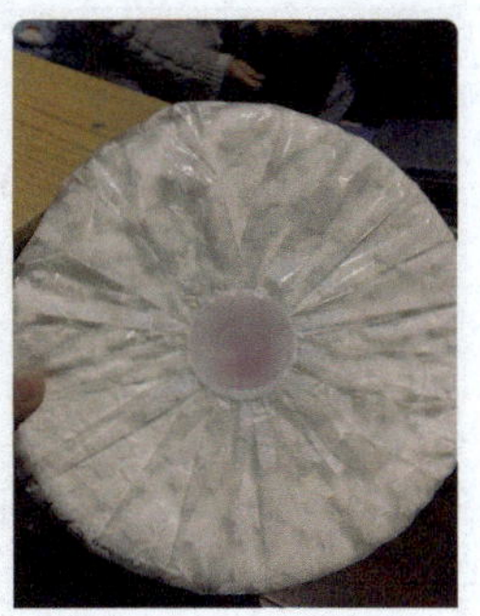

图 6-8

博主配比通常为“20% 腰部达人（5 万～ 10 万粉丝，更多也可以，但不包括名人）+60% 初级达人（1 万～ 5 万粉丝）+20% 素人博主（5 千～ 1 万粉丝）”。这时少量投放素人博主的笔记可以起到维持笔记权重的作用，因为笔记权重也会受到时间因素的影响。

在这一阶段，由于已经具有一定的投放基础，每天可以投放更多的内容，不过也不宜过多，一天 5～10 篇笔记即可，其中腰部＋初级达人占一半数量。如果总体的投放量比较大，那么也可以投放 20 ～ 30 篇 / 天。但如果投放需求不太迫切，最好还是拉长投放周期。

（3）第三阶段：销售转化

销售转化就是让用户对产品建立认识并下单。在这一阶段，主要利用拥有带货能力的头部达人及名人宣传推广，当然，使用名人带货的成本比较高，最好视品牌自身能力而定。

博主配比一般为“10% 名人 +20% 头部达人（50 万粉丝以上，且具有较强的带货能力）+50% 腰部 / 初级达人（1 万～ 50 万粉丝）+20% 素人博主（5 千～ 1 万粉丝）”。

投放节奏是让名人和头部达人“打头阵”，腰部达人和素人博主跟进。

图 6-9 所示就是某产品在“名人带货”后持续投放的素人笔记，这样的笔记可以延续名人带来的热度效应，营造消费的氛围。投放节奏整体以快为佳，但也不要一天投完，一周左右结束即可。

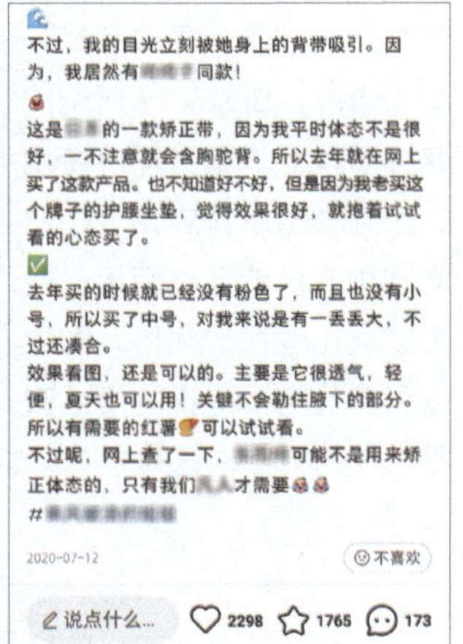

图 6-9

名人发布相关内容之后，往往会带来很强的流量效果，很多用户会开始搜索相关产品，如果在搜索结果中能够看到其他用户的正面评价，那么实现销售转化的可能性就很大。前期铺笔记的效果在此时就会显示出来，笔记铺得越好，此时的销售转化效果就越好。但也不能完全依赖前期铺下的笔记，而是要有新的笔记产生。因此，腰部达人的投放就很有必要，这一部分的投放可以让搜索相关产品的用户觉得该产品非常火，“全网都在用”。

(4) 第四阶段：口碑传播

口碑传播是在用户购买产品后通过分享正面的使用评价来进一步巩固品牌口碑。在这一阶段，主要依赖的是真实消费的用户自发分享的笔记，不过要创作出优质内容比较困难，普通用户的创作动力也不会很高，比较常见的是“产品图片 + 简单几句话的文案”的笔记形式，如图 6-10 所示。这时就需要用到专业号。

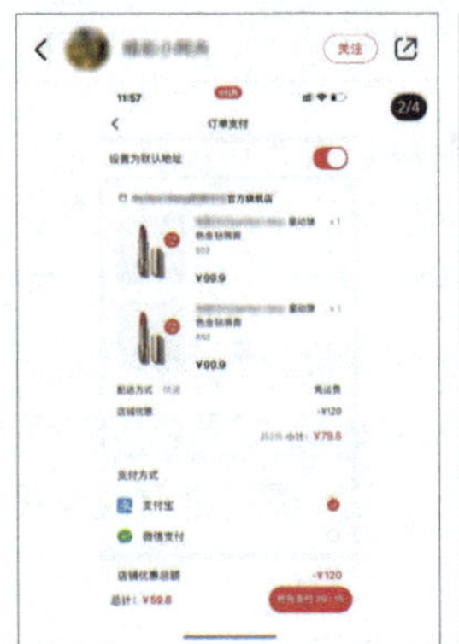

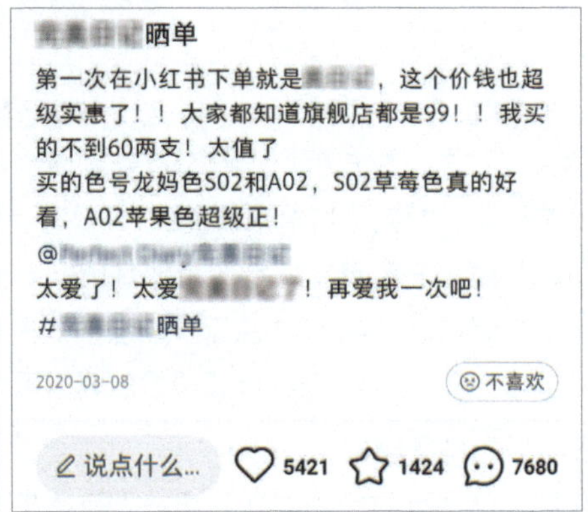

图 6-10

专业号要做的是调动用户的分享积极性，可以发起“晒单有礼”活动或是在电商发货时放入“晒单有奖”的小卡片，如图 6-11 所示。这样可以促进真实用户持续在小红书贡献真实评价，从而产生二次的口碑传播，并形成真正的投放闭环，即通过付费的商业笔记的投放激励长期的免费笔记的生产。

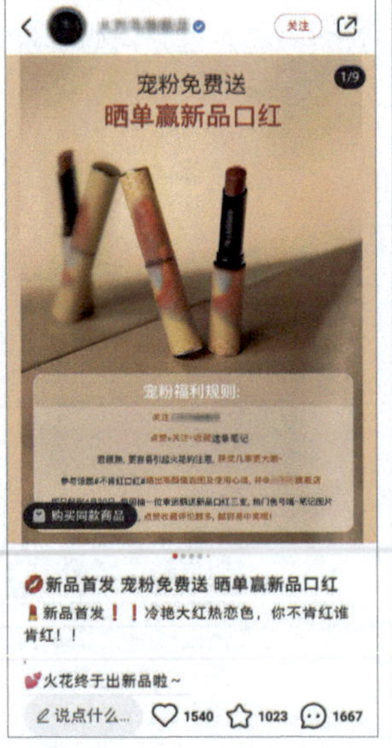

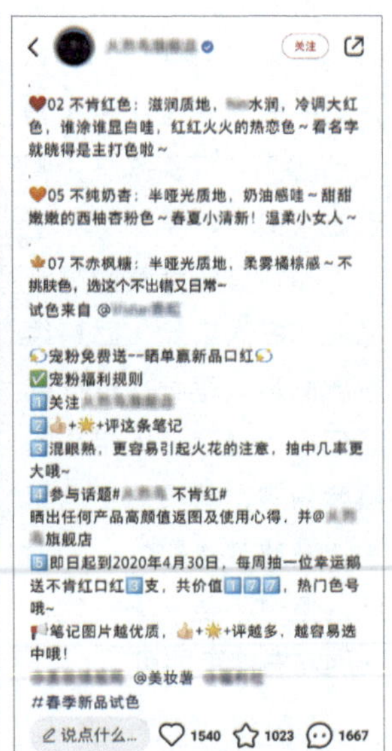

图 6-11

除此之外，还有一种特殊的晒单笔记是用户购买产品后提供授权笔记，专业号对其进行转载，常见于一些实体店铺和需要上门送货或安装的产品，如图 6-12 所示。

图 6-12

至此，就可以按照上述投放阶段来制订品牌的投放策略了。接下来就是继续为投放匹配用户画像、关键词、内容类型和投放数量。

2. 用户画像

产品的用户画像是由产品自身特性决定的，产品的受众也就是会购买该产品的人群。无论是出于日常销售的目的还是平台投放，品牌都会确定自己产品的用户画像，在此不作赘述。

在选择投放的博主时，品牌要注意选择同自己产品的用户画像相一致的博主。比如销售母婴产品可以选择萌娃博主，推广宠物用品则应该选择宠物博主。产品用户画像和博主粉丝画像的重合度越高，产品推广效果就越好。

图 6-13 所示为某育儿博主推荐纸尿裤的笔记，该博主分享了自己的使用体会，十分有说服力，评论区的反馈也比较好，而且引起了其他用户的共鸣，对产品的口碑打造也有积极作用。

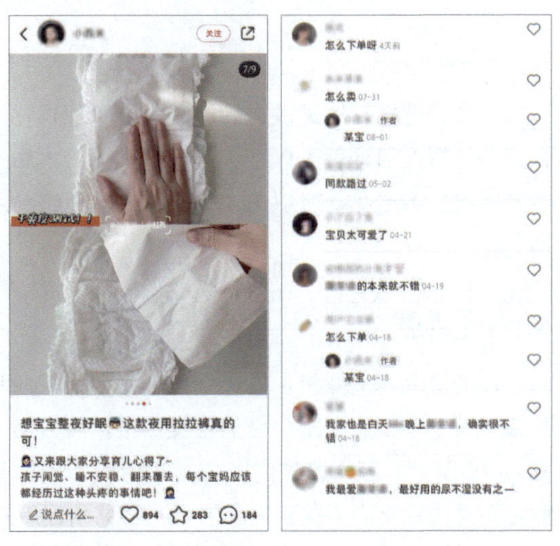

图 6-13

3. 关键词

品牌所投放的笔记要围绕关键词创作。首先，品牌词是必选项，既然要推广品牌，那么在笔记中一定要带上品牌词。其次是类目词，如果大的类目竞争太激烈，那么就选择细分的小类目词。最后，也可以根据产品的作用或使用场景去选择关键词。

图 6-14 所示为一篇推荐亲子装的笔记，该博主考虑到服装的色系和穿着季节，将其同“春游”“野餐”相组合，拍摄了一组精致的场景写真，对产品特性挖掘得非常充分。

图 6-14

不过，选择其他关键词的目的是寻求差异化，减少竞争，如果当前类目竞争较小，那么直接选择类目词就可以了。选择关键词的本质是让用户在搜索这些关键词时能够同时检索到所推广的产品，所以这个关键词必须是符合用户真实需求的，即用户会主动搜索的关键词。

4. 内容类型

在选择内容类型时，需要考虑的主要是平台用户喜欢看什么样的内容，这个问题可以从爆款笔记中找到答案。当前各类目下，比较常见的热门类型就是攻略、合集类笔记，如图 6-15 所示。因为这类内容能够对用户带来价值和帮助，相对来说更容易“种草”，毕竟它更是像软文而不是营销广告，不容易引起用户的反感。

图 6-15

除此之外，由于小红书的社区规则很严格，为了不让敏感词对笔记产生限流影响，在创作笔记内容时务必要在敏感词检测工具里将笔记检测一遍，确保笔记中无敏感词。

5. 投放数量

投放数量通常以超越竞品为基础目标，例如，竞品在小红书的笔记数量为 1000 篇，那么品牌的投放数量就可以暂时定为 1000 篇，但这 1000 篇笔记并不能一次性投放完成，需要分阶段来逐步投放，同时也应考虑到竞品的笔记的投放情况。

如果品牌需要计算投入产出比，那么品牌可以将销售业绩同小红书投入费用的转化率相结合，综合分析即可。不过，因为小红书并非直接转化销售的平台，如果营销费用并非只用于小红书平台投放笔记，投入产出比也只能作为参考。

6.3 选号——品牌投放的重要环节

选号，即选择合适的小红书博主账号进行产品和品牌的合作推广，这是品牌投放过程中的重要一环。

6.3.1 选号的重要性

在小红书做品牌投放会涉及方案策划、落地执行、项目复盘等多个环节，其中在落地执行过程中需要做的事情又包含选号、排期等。很多人会觉得这其中的选号只是一个联系博主并与其沟通的过程而已，实际上，选号算是个技术活，因为投放什么样的账号、怎么选择合适的博主都是一门学问。

1. 选号就是选品牌调性

在营销学中，“媒体”和“媒介”有很大的差异，在以往的传播渠道中，媒体是包含了内容制作与媒介的。例如，报社既发行承载文字的报纸（这时候报纸是媒介），又同时制作报纸上的内容，所以形成了“媒体”。

广告的传播渠道并非全都是“媒体”，如电梯广告位、地铁广告位等，这些只是媒介而已。媒体比媒介更强大，甚至媒体本身也能为广告带来背书的作用。例如，央视的广告历来都是需要竞标的，因为上了央视，除了证明其自身有强大的经济实力外，也证明其资质受到了国内一级媒体的认可，所以品牌在央视投放了广告后，会毫不犹疑地在产品包装印刷上“央视合作品牌”，这就是一种背书的作用。

博主也是一种“媒体”，因为博主也具备了自行制作内容及传播内容的能力，同时也为品牌起到一定的背书作用。

拓展延伸

背书是指为某人或某事允诺保证，借此提高事物的可信度。

但很多品牌对博主的定义仍然是“媒介”，觉得博主只不过是通过发布一些有意思的内容吸引了流量而已，而品牌只是想利用博主的账号发出广告，消费博主的流量。这样的做法对于博主和品牌方都是一种伤害，对于博主而言，强硬的广告或者不匹配的广告内容会影响粉丝黏性，而对于品牌来说，消费了博主的流量却没有真实地得到博主的背书。

品牌方在做博主投放时，博主发布的内容应当为品牌的调性提供助力。好的品牌调性是靠用户感受出来的，而不是品牌自己喊出来的。在小红书做 KOL 投放，绝对不能忽视博主背书带来的作用，更加不能浪费博主的背书。

背书的最大来源就是账号，因为内容也要依附于账号而存在，如果任意账号都可以发布优质内容，那么投放就成了“代发”，无法形成背书。选择一个好的账号等于选择一个好的背书，选择了一个好的背书，就等于为品牌的调性和印象添砖加瓦。

身处营销的时代，深刻理解品牌印象有多么的重要，例如，提起某些品牌就觉得高端，提起某些品牌就觉得低端（暂且不论哪种级别的品牌产品更赚钱），而消费者在购买时一定会受到这些印象的影响。因此，选号这件事远比我们想象的更加重要，因为选错账号带来的负面影响并非为 0，而是真的有可能是负数。

2. 选号就是选冲击爆文的概率

账号不能完全决定爆文的概率，内容也不能，只有这两者相结合，才有产生爆文的概率。

选号，就是要在万千账号中选择一个既能制作出优质内容，质量又高的账号。

很多品牌并不追求需要运气的“爆文”，更喜欢一些真实的、握在手里的感觉，比如发文数量，但这仍旧需要选择高质量的账号。选择高质量的账号后产出的爆文概率比较高，低质量的账号产出爆文概率相对较低。通过低质量的账号发布了更多篇的笔记，并不一定能产生量变到质变的改变。

比如发了 1000 篇笔记，若低质量账号的阅读量为 100～200，1000 篇笔记最多也不过 20 万的阅读量。优质账号的一篇爆文，就足以超过这 1000 篇所带来的效果总和。

另外，账号不仅仅能带来流量，流量只起到基础的作用，重要的还是博主的背书。爆文带来的超大流量加博主背书，才是投放的巨大利器。低质量的账号没有树立成功的博主人设，完全没有背书的能力。

6.3.2 选对不选贵——优质的小红书账号选择标准

如何正确选择合作账号，可以从调性一致、账号健康、内容优质这三个维度去考虑，如图 6-16 所示。

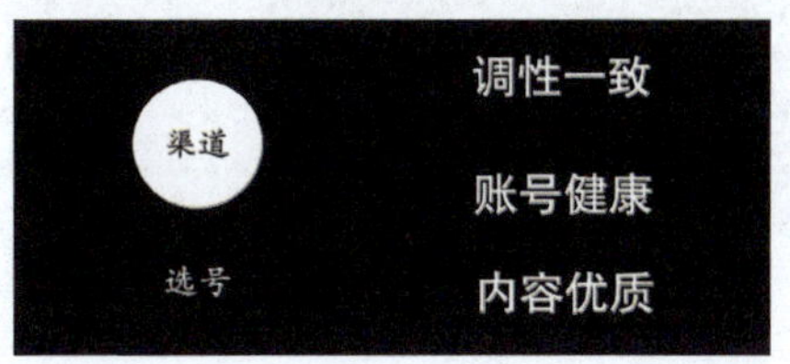

图 6-16

1. 调性一致

调性一致是指博主的账号风格与品牌的调性要保持一致。用小红书博主做投放其实就是做“半熟人推荐”，也就是把用户对博主的信任传递到所投放的产品或品牌上。

随着线上带货的飞速发展，当前的广告投放早已经过了“看见即买单”的阶段了。所以，如果没有做出破圈的效果，就尽量选择与自身品牌调性相匹配的博主，而不是一味地贪流量，寻求 KOL 合作。选号的首要的目的应该是在固有圈层里打出知名度。

2. 账号健康

健康指的是账号近期没有限流、违规等情况，而且账号的粉丝等各项数据皆为真实。数据情况可以使用第三方数据平台查询，如千瓜数据、新红数据等。不过，数据平台的作用是呈现数据，对数据的分析和理解仍然需要品牌方自己来做。

评价一个账号时，一些硬性指标是品牌方需要注意的。

第一，粉丝量大于点赞量的账号很容易出现问题。当然，在实际运营中有时会出现粉丝量大于点赞量的情况，专业号大多就是如此。因为企业本身具有知名度，有些用户会主动搜索关注，而且一些爆文的出现也能吸引用户。但从挑选投放对象的角度来看，这类账号就不在最佳合作对象之列，因为很难判断该账号是否有刷粉行为，最好的做法是略过不用。

第二，要警惕点赞收藏量超过粉丝量10倍的账号，如图6-17所示。这种数据情况通常是多篇爆文打造出的效果，但也相应地说明该账号工具化严重，账号没有鲜明人设，很难带来信任的传递，只能单纯地增加曝光。如果类目匹配度不够高的话，连基本的曝光都无法保证，因此，在构建基础阶段的品牌最好不要选择这样的账号。

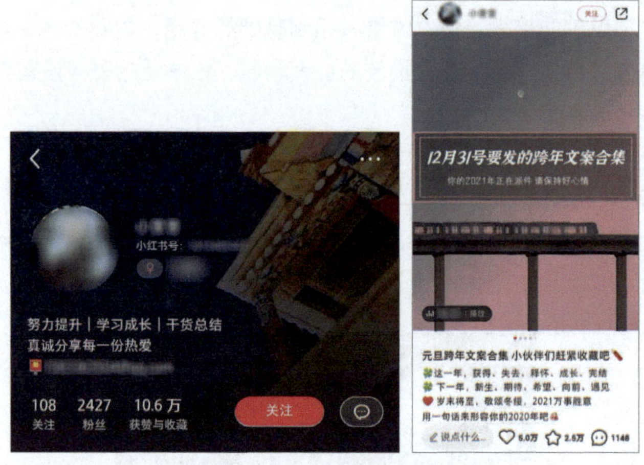

图6-17

第三，观察账号最近10篇笔记的数据，如果每篇笔记的数据几乎都一致，也应该警惕。小红书具有独特的平台推荐机制，随机性很高，基本不会出现每篇笔记都保持一样的互动数据情况。

第四，关注近期“爆文”出现率较高的账号。广告投放要追求性价比，需要的是有潜力的博主，如果这位博主最近创作了多篇“爆文”，那么当这位博主再次更新相同的内容时，这些内容成为“爆文”概率会更高，起码比其他账号出“爆文”的概率要高，如图6-18所示。

图6-18

第五，根据博主近期的涨粉率，可以预测博主短期内的发展情况。不过这种预测具有随机性，同时对监控工具的要求也比较高。

3. 内容优质

内容优质体现在很多方面，如笔记封面简洁、内容整齐统一等，如图 6-19 所示。这些都是打造优质账号的基础，它们代表着账号具有足够高的垂直度，博主的内容创作水平良好，因而粉丝的黏性也就会更高。这样一来，用户对博主的信任，才更容易传递到品牌上来。

图 6-19

6.3.3 判断账号真实度的方法

保证投放效果的前提一定是账号数据真实、内容真实。只有在数据和内容都很真实的情况下，账号才能具备粉丝黏性，投放的效果才会好。在短视频平台上，互动就代表了数据，而互动又很容易造假。尽管平台也在努力地打击违规内容，作为品牌方也需要判断账号的真实性。

大家可以从账号的总互动数、笔记的评论数以及账号的涨粉趋势来判断账号的真实性。根据目前小红书的博主表现情况，以下这三种形式，足够判断大多数账号的真实性。

1. 账号的总互动数

账号的总互动数是指该账号的总点赞收藏数与粉丝数，打开小红书账号主页可以查看该数据，如图 6-20 所示。将总点赞收藏数与粉丝数进行对比，是要验证账号真实性的第一项。

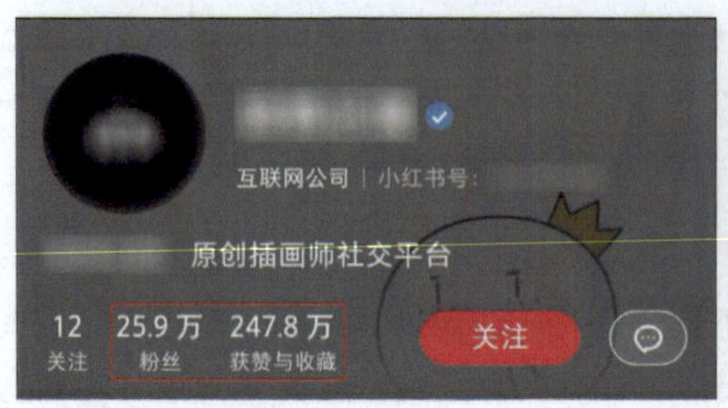

图 6-20

按照小红书的博主成长历程来看，往往总点赞收藏数是高于粉丝数的，因为粉丝增长的速度低于互动数的增长速度。如果粉丝数大于互动数，那么基本可以判断该账号疑似有虚假的成分。由于笔记的投放时间具备时效性，而总点赞收藏数小于粉丝数的情况又较为少见，因此在遇到这样的事情时，建议不必纠结，直接默认为数据有虚假成分即可，这样既可以节约时间，也不会真的错失优质的博主。

一般情况下，账号的总点赞收藏数是粉丝数的 2～5 倍，基本可以判断为正常的账号。总点赞收藏数是粉丝数的 5 倍以上，不代表数据造假，但很可能账号的主体人设不丰满，导致笔记的互动数据很好，但粉丝转化率不高，对于这种情况的账号，我们也需要警惕。

2. 笔记的评论数

除了看主页的总数据对比，还可以通过笔记的评论数判断账号真实性。评论的复杂程度较高，也给数据造假带来了很大的麻烦，即便评论很多，也有可能词不达意。所以在看评论区的时候，需要重点观察评论表达的内容是否与笔记内容匹配，评论区的用户名称是否相似，以及评论内容是否过于简洁。

3. 账号的涨粉趋势

除了观察主页的数据，粉丝增长的趋势是最客观的数据表达。正常的博主粉丝增长趋势是较为平缓的（见图 6-21），非正常博主的粉丝增长则是剧烈波动的（见图 6-22）。

通过查看账号的涨粉趋势，虽然不能直接判断该账号有虚假数据，但仅用于判断的目的已经达到了，品牌方不应该冒险选择这样的博主。

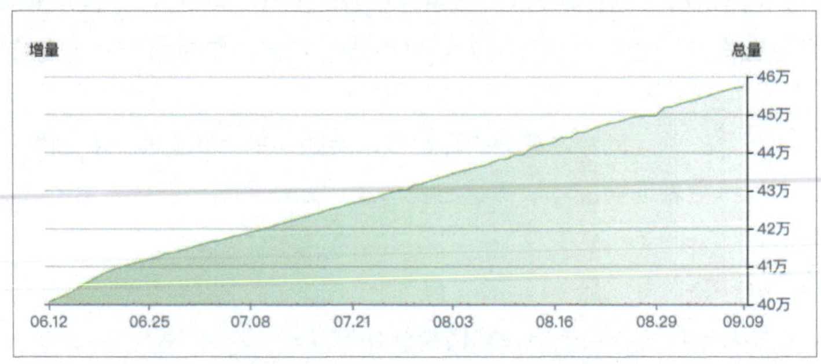

图 6-21

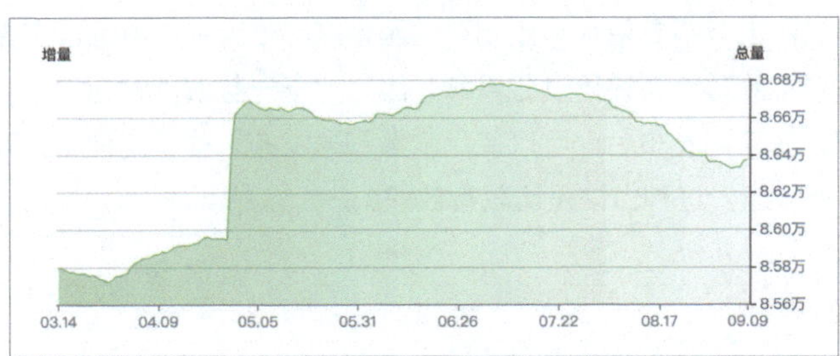

图 6-22

6.4 被忽视的小红书评论区

品牌方在进行小红书营销的过程中，经常会忽视对小红书评论区的运营。本节将为大家介绍有关小红书评论区管理的内容。

6.4.1 评论区管理

在传统的笔记投放中，品牌方的关注点基本都在合作笔记和博主上，尤其是笔记本身的价值最为人所认可。但实际上，笔记评论区的作用也非常重要。因为即使笔记写得再好，如果评论区出现一定数量的负面内容，笔记中的正向内容也将被颠覆。一条负面评论，可能需要至少三篇正向笔记才能洗掉其负面影响。

在投放笔记之后，一定要注意评论区的风向，有问题就立即解决，如删除评论、及时回复协商等，能够用更温和的方式解决是最好的。图 6-23 所示为某水杯的推广笔记，由于评论区反馈了杯子不易清洁的问题，品牌方及时做出了处理，重新发布了一篇关于水杯清洗的视频笔记，并在原文中补充提醒用户查看，这就是比较好的处理方式。

图 6-23

需要注意的是，千万不要用水军控制评论区，这样很容易影响品牌在真实用户群体中的风评。另外，也不要对负面评论过分发酵，因为对于一些偏激的用户，品牌方是很难改变其想法的。不过在笔记发布后，可以使用少量账号发布一些正向评论，对评论区起到引导作用，发挥羊群效应，这种做法是比较有效的。

6.4.2 评论置顶

评论置顶在评论区中起到了至关重要的作用。品牌方应该善用评论置顶功能，把关于产品的购买渠道、重要的注意事项和优质评论置于醒目位置。

小红书里除普通用户外，主要由博主和品牌方两部分人群构成，下面分别介绍评论置顶对这两个群体有哪些作用。

1. 评论置顶之于博主

小红书里较少出现“爆文”，这也意味着出现高互动率的笔记是个低频事件。不过一旦出现了“爆文”，笔记下方的评论区基本会出现两极分化的局面，一种是支持博主的，另一种就是反对博主的。对于博主来说，那些反对的声音是不利的，也是不该出现的，甚至很有可能因为一条不利的评论导致博主被迫删帖，但是它又的的确确增加了笔记的热度。

“如何让笔记有很多友好评论”是一个让很多博主都很头疼的问题。跟负面评论的留言者争论，或是彻底删除负面评论，都不是最好的办法。前者让人生气，浪费时间不说，也很有可能因为一时冲动反而做出了不利于自己的事情；彻底删除负面，也会浪费大量的时间，且会更给别人造成一种心虚的表现。

最好的办法是通过引导来让评论自然变成正向。例如，博主可以选出一些正向的代表性评论，并进行回复，从而引导后来的用户进行正向评论。但对评论的引导基本只对“爆文”有用，对于压根就没什么互动的笔记，即使博主回复了评论也不太会有引导别人产生互动的作用。

综上所述，评论置顶对产生新评论的作用较小，对产生新评论的风向有较大影响，博主应该善用自己的笔记评论功能。

2. 评论置顶之于品牌方

虽然评论置顶带给品牌方和博主的功能逻辑几乎是一致的，但品牌方用置顶评论更多的是出于商业考虑，所以在具体的操作上与博主仍然有一些明显的差异，主要存在评论区风向和引流这两方面的区别。

（1）评论区风向

品牌方管理评论区风向的逻辑跟博主的管理逻辑是非常相似的，尤其是在某些营销投放的笔记下管理评论，因为营销笔记往往是被品牌关键词收录的笔记。

当用户直接搜 XX 品牌时，这种用户一般是已经具备了很强的购买特征了，如果此时用户看到喜欢的笔记并点进去，想看看大家是怎么评价的这个产品，结果评论区骂声一片，那么就很可能导致该用户不再想要购买该产品。因此，评论置顶是未来品牌方必做的监控和管制之一。

(2) 引流

随着入驻的品牌方越来越多，在小红书投放的笔记的竞争越来越大，在平台投放获得的成绩和效果越来越小，因此博主和品牌方需要做的就是不断地把笔记内容变得更“软”，“软”到用户感觉不到在看广告。

品牌方与博主的合作笔记，如果太过于“软”同样也会存在问题，主要体现在品牌的产品描述和卖点描述都不能够呈现在笔记里，“硬”一点的描述又容易被判为广告。这种情况下，评论置顶就能起到一个很好的补充作用。

例如，评论区有人问笔记中某产品的品牌或购买途径，博主回复“XX 品牌”或是“XX 平台的 XX 店”，就能在笔记的补充里起到一定的增强品牌广告的作用，如图 6-24 所示。通过评论区的置顶与互动，品牌方还可以补充介绍其他营销活动及内容，提高品牌投放的效率，如图 6-25 所示。

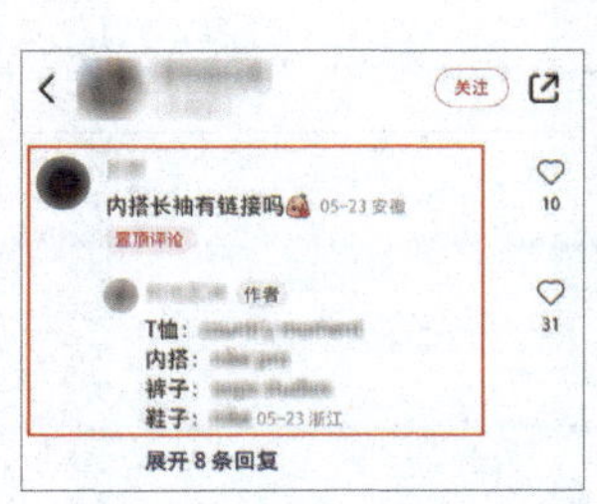

图 6-24

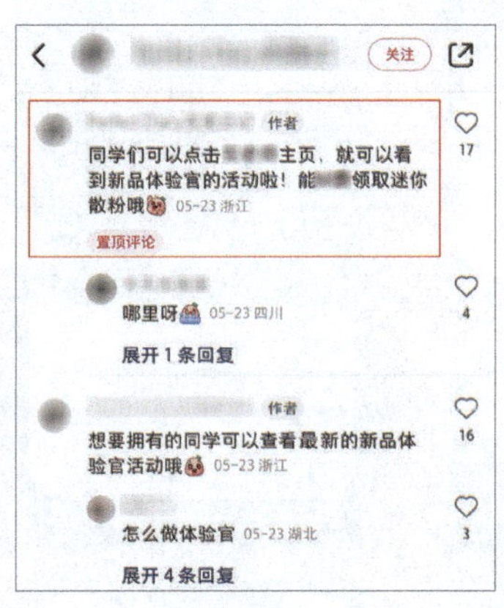

图 6-25

第 7 章

品牌运营团队的组织架构及小红书的发展趋势

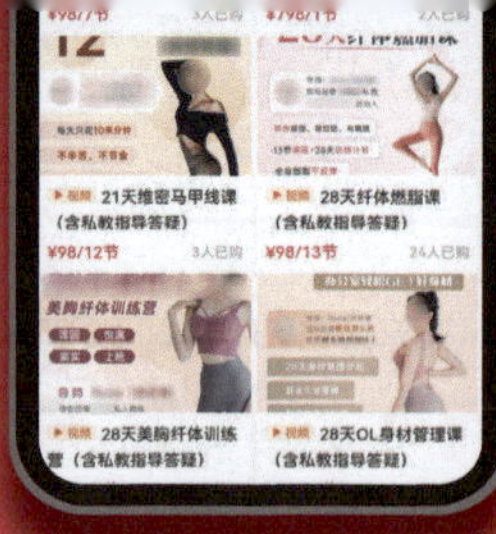

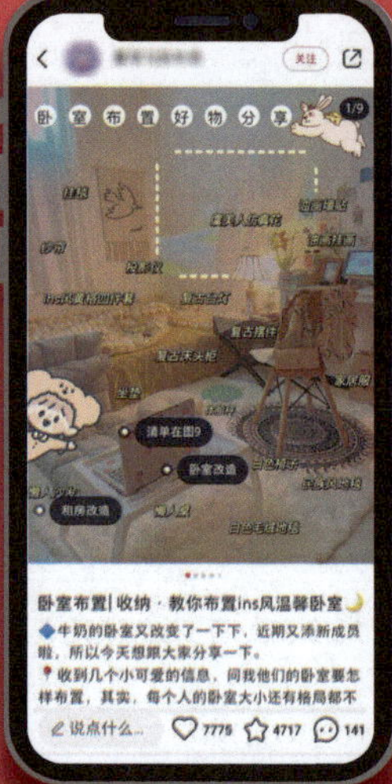

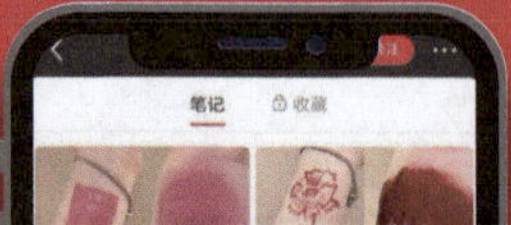

本章为大家补充品牌方的小红书运营团队架构的设计方案参考，同时介绍小红书的几大发展趋势。

7.1 品牌方小红书运营团队组织架构设计方案

很多品牌方既然看重小红书的商业前景，却又未组建小红书运营团队。笔者对行业内的多家公司进行考察和了解，总结了一份既科学又实用的小红书运营团队组织架构设计方案，为品牌方提供团队组建思路，帮助品牌方设计出与自身相匹配的小红书运营团队组织架构。

7.1.1 品牌方在小红书运营中的任务

组织架构服务于业务，品牌方架构小红书运营团队时，需要根据运营需求设置人员，即做到“因岗设人”。既然要“因岗设人”，品牌方就要先理清在小红书运营中可以做哪些事情。

以总团队人数 50 人左右的新消费品牌为例，在小红书可以进行产品“种草”、建立品牌形象、开设小红书电商和店播，还可以进行品牌粉丝的私域运营，如图 7-1 所示。

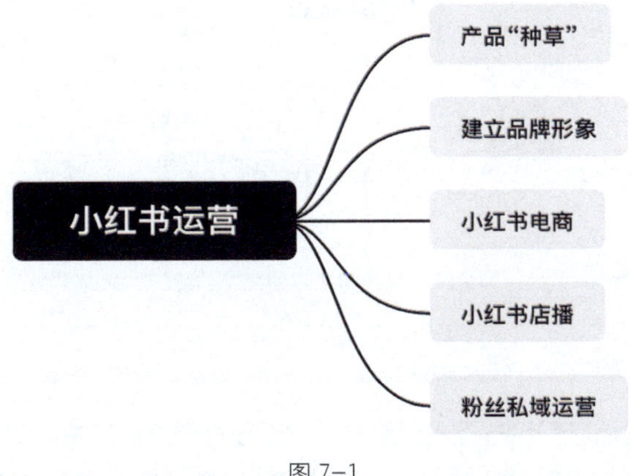

图 7-1

虽说品牌方在小红书运营中有多项任务，但根据品牌的不同发展阶段，实际需要做的事情会有所变化。

例如，刚刚起步的新消费品牌最重要的运营任务是做好产品“种草”和在用户中建立品牌形象，但随着小红书的深入运营，渐渐地就有必要拓展小红书的电商与店播业务，并且做好粉丝的私域运营。

此时就需要进行第二轮思考，即确定品牌方要在小红书运营中完成哪些工作。

7.1.2 品牌方的小红书运营策略

为了做好小红书运营，品牌方需要具体做的工作内容如图 7-2 所示，接下来为大家详细介绍相关内容。

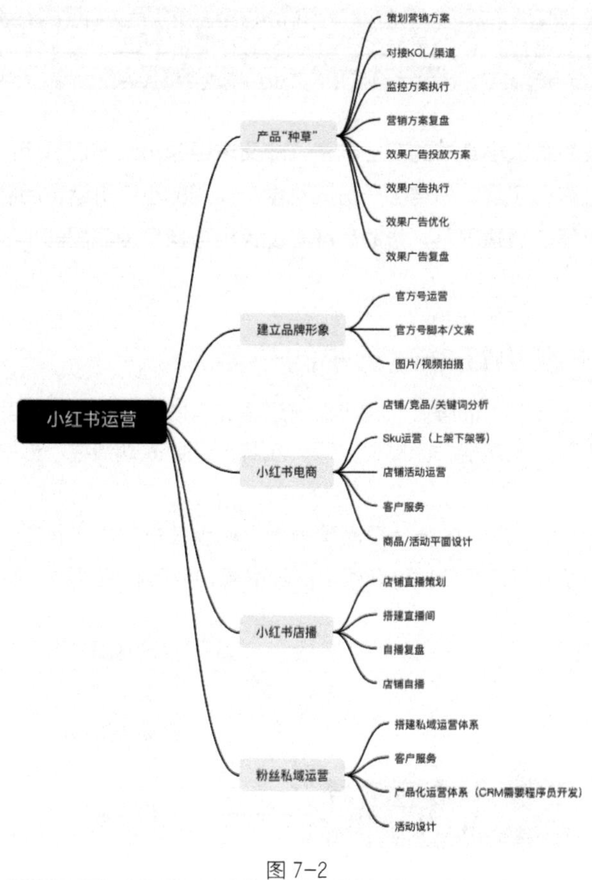

图 7–2

1. 产品“种草”

产品“种草”是指吸引用户点击到用户产生兴趣再到用户产生购买欲望的产品营销过程。品牌方为推动用户对产品“种草”，所做的举措主要分为 KOL 投放和信息流投放两部分。这两部分都有投放前、投放中和投放后三个阶段，具体的任务内容如图 7-3 所示。

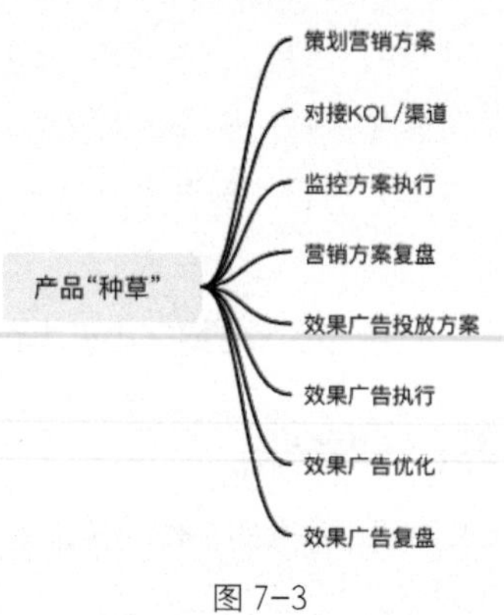

图 7–3

信息流投放之所以被归类为产品“种草”，是由自身的特性决定的。信息流是一种付费购买流量的工具，其承载的内容决定了信息流的作用。从目前的普遍情况来看，效果广告的转化路径和效果不错的效果广告投放，其内容都非常贴合产品“种草”的概念。

2. 建立品牌形象

建立品牌形象，多角度建立产品使用情境，传播品牌背后的故事，使用户了解品牌的调性。

用户“种草”、广告投放等运营操作都会影响品牌形象，但其中能直接影响品牌形象的是品牌的小红书官方账号。因为在绝大多数的用户眼里，官方账号就等于品牌本身，所以品牌的官方账号是何风格，内容运营如何会直接影响用户对该品牌的印象。

因此，在专业号开始运营之前，必须提前制订好账号的运营策略。

举个例子，如图 7–4 所示，同样是珠宝品牌，同样的账号功能，因为内容上的选择问题，给用户带来的感觉却截然不同。品牌调性不分好坏，只是受众感受和人群匹配的问题。

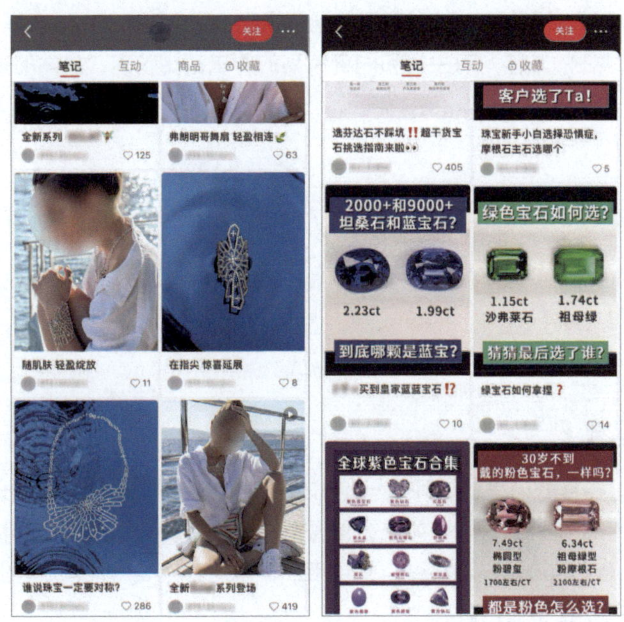

图 7–4

3. 小红书电商

随着小红书号店一体化的改版升级，用户在小红书开店的门槛降低，并且操作流程也变得简单。近年来，小红书的流量逐渐攀升，品牌方可以在小红书店铺方面做一些尝试。小红书店铺也属于互联网电商范畴，品牌方在开拓店铺电商业务时，店铺运营、客服解答等工作需要处理到位，具体内容如图 7-5 所示。

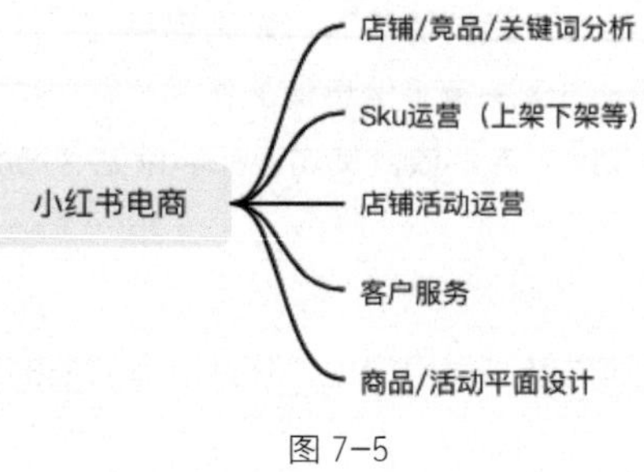

图 7-5

4. 小红书店播

2020 年 4 月，小红书正式上线了直播功能，目前在小红书进行直播运营的品牌正在逐渐增多。

小红书直播是一个很好的销售增幅工具，虽然观看小红书直播的人数没有其他直播功能强势的互联网平台的人数多，但是直播间的转化率还是比较高的。新品牌在最初的起步发展的阶段，追求产品的爆款销量并不现实，而小红书直播的高转化率更适合新品牌进行品牌营销与产品促销。因此，小红书直播功能值得品牌方尝试。

直播是个持续性的工作，对主播和内容策划的要求都比较高，具体的直播工作内容如图 7-6 所示。

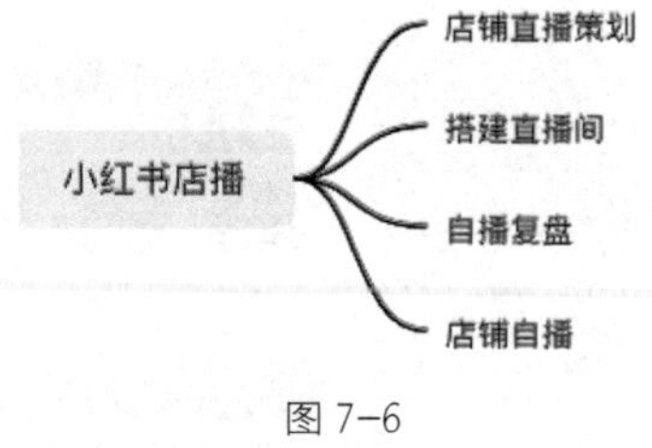

图 7-6

5. 粉丝私域运营

2021 年底，各互联网平台之间进一步扩大平台外链接访问权限，互联网社交平台逐渐支持直接访问电商类外部链接，如在微信里可以直接打开淘宝链接等，私域的价值日益增加。小红书是绝佳的流量来源平台，并且用户群体足够精准，又有很好的消费习惯，非常适合品牌方进行粉丝私域运营。

图 7-7 所示为品牌方可以在小红书进行私域运营的工作事项。

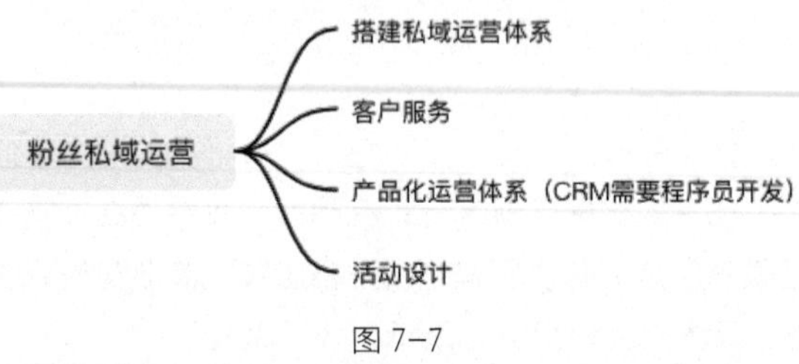

图 7-7

在私域运营过程中，品牌方在小红书引流人数较多，需要拉群运营，间隔合理的时间进行用户触达和管理时，建议品牌方使用 CRM（客户关系管理）系统。不过，由于不同行业的业务差距较大，目前还没一个特别完善的、适用于所有品牌的 CRM 系统产品。所以，品牌方在使用 CRM 系统时，很有可能因为业务需要，重新开发一个 CRM 系统管理工具。

拓展延伸

客户关系管理（Customer Relationship Management，CRM）是指企业为了提高核心竞争力，利用信息技术与互联网技术协调企业与客户之间的关系，从而提升其管理方式，向客户提供个性化的交互和服务的过程。CRM 系统以建立、发展和维护客户关系为主要目的，其本质是吸引客户、留住客户、实现客户利益的最大化，目标是促进发展客户关系，推动业务增长并提高客户忠诚度。

7.1.3 品牌方组织架构的设置

品牌方理清了要做的事情，下一步应该为要做的运营事务匹配岗位。

如果专人专项，每个工作人员只负责运营事务中的一件事情，员工的工作量不饱和，团队人力会有很大冗余，并且还会大大增加小红书运营团队的人力成本。实际上，在小红书运营中，有部分本质相似的职能是可以合并的，品牌方需要将同质事务进行合并后，再去匹配岗位。

依旧以刚起步的新消费品牌为例，据前面所说的将需要完成的工作事务进行合并，并匹配好相应岗位，就能够架构出一个完整的小红书运营团队，如图 7-8 所示。其中，运营岗位和设计岗位的重复率较高，可以根据实际需要进行二次调整。

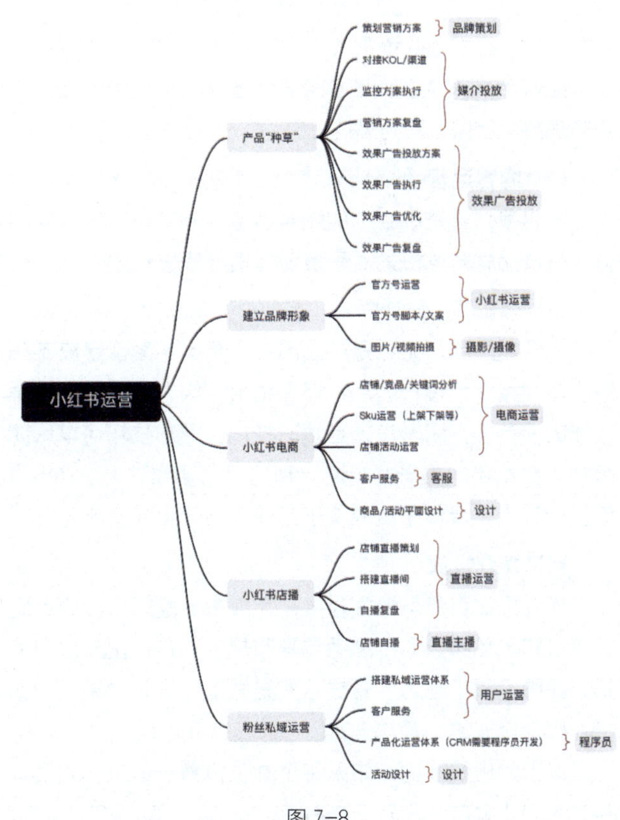

图 7-8

匹配好需要的工作岗位后，一个完善的团队组织架构还需要设置上下管理关系及相应的团队负责人。笔者提供两个分别适用于初创型品牌和成长型品牌的组织架构图，并以杭州薪资水平估算每个岗位及整个团队的人力成本，供大家参考。

1. 小红书初创型品牌组织架构

在初创型品牌的组织架构里，只保留了小红书最核心的产品——“种草”工作，这个团队共有四个工作岗位，如图 7-9 所示。

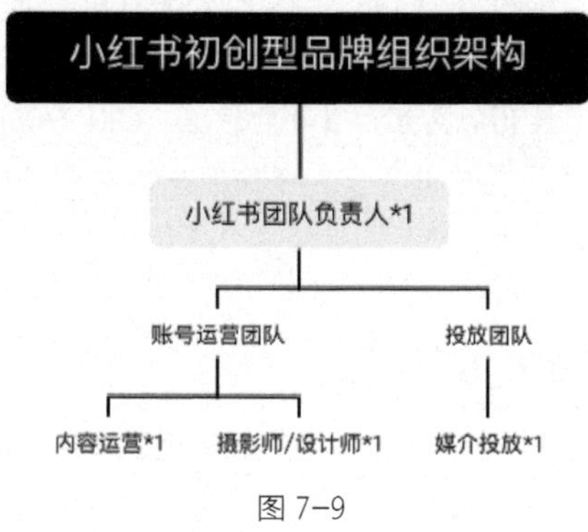

图 7–9

（1）小红书团队负责人

团队负责人主要负责整体的运营方向，包括制订 KOL 投放策略及账号运营策略，以及管理整个团队，其月薪在 15000 ～ 20000 元。

（2）内容运营

内容策划就是小红书的账号运营，需完成账号内容的写作与发布、账号相关功能的设置，以及品牌账号相关活动策划，其月薪在 5000 ～ 7000 元。

（3）摄影师 / 设计师

消费类产品，无论是产品海报还是实拍图都是离不开拍摄和设计。如果要求内容运营既会写文案又会设计图片，还会拍摄，实在有点强人所难。因此还是建议能找个拍摄水平在线的设计师，因为设计是本职技能，摄影技巧可以后期学习。普遍来说，设计师一般拍照技术都不错。摄影师 / 设计师的月薪通常在 6000 ～ 10000 元，但这个岗位的薪资极值区间较大，具体薪资取决于工作人员的实际设计能力。

（4）媒介投放

媒介投放负责与博主对接，完成投放执行工作或者是与合作机构对接来完成投放。一般来说初创品牌因为不熟悉流程和规范，自行投放比较消耗时间，而且投放效果也大打折扣。品牌投放不是为了省钱，而是为了速度和效果。因此，笔者建议品牌方与合作机构对接。媒介投放的月薪在 6000 ～ 8000 元。

以上的组织架构，如果每个岗位设置一名工作人员，按照岗位均价计算，整个团队每月的人力成本在 3.8 万元左右。

品牌方可以根据品牌实际情况做适当地调整，例如跟机构合作投放，媒介投放岗位只需要一个工作人员做好内容把控和审核即可。但如果是自行投放，那么需要考虑增加该岗位的人数，具体加几个人可以按照这个规则来算，一个人一个月正常情况下可投 100 篇左右笔记。

2. 小红书成长型品牌组织架构

成长型品牌在小红书的运营工作，除基础的产品"种草"之外，还涉及各方面的产品营销工作，工作内容较多，因此整个团队设置了 12 个工作岗位，如图 7-10 所示。

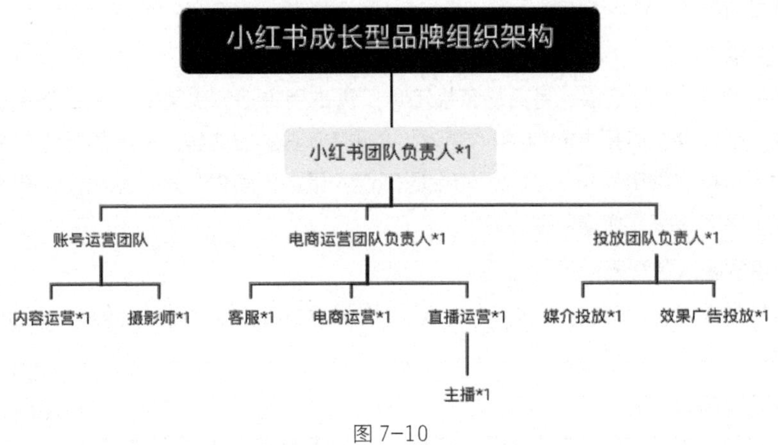

图 7-10

(1) 小红书团队负责人

团队负责人主要负责管理团队及整体的品牌营销策划，把控团队工作进度，其月薪在 20000 ～ 30000 元。

账号运营团队的规模较小，都是执行人员，该团队不需要额外的团队负责人，但并不建议直接把账号运营团队直接合并到其他团队架构下。因为每个部门有每个部门的业绩要求，如果放到其他部门下，容易导致团队间不能很好融合而影响品牌调性，反而导致账号运营效果不佳。

(2) 内容运营

与初创型品牌的该职位内容基本一致。

(3) 摄影师 / 设计师

该岗位的工作内容及薪资与初创型品牌基本一致，但设计师的工作多了一项电商平面设计，如详情页设计、电商活动海报设计等。

(4) 电商运营团队负责人

电商运营团队负责人负责整个小红书电商团队的管理，同时兼顾小红书电商的运营策略把控，该职位属于高级执行岗位。由于小红书并非是唯一的电商渠道，建议品牌方设置一名高级执行岗位人员，满足小团队的领导需求即可。该岗位的月薪在 10000 ～ 15000 元。

(5) 客服

客服负责电商和小红书账号的私域流量的管理和运营，主要工作是在微信里服务客户和小红书里维护客户，其月薪在 5000 ～ 6000 元。

(6) 电商运营

电商运营主要负责商品的上下架、关键词管理、电商活动策划等，因为有领导进行管理和指导，所以对该岗位工作人员的工作能力要求不高，其月薪为 6000 ～ 8000 元。

(7) 直播运营

直播运营主要负责店播的直播间搭建和直播方案策划，另外还需要协助主播完成直播工作，其月薪在 6000 ～ 8000 元。

(8) 主播

直播并非 24 小时直播，每日的直播工作只需占用主播的少量时间。由于主播的作用比较有限，在直播业务拓展的前期，建议团队招聘兼职主播或者直接与第三方代直播公司合作，后期可以根据市场销售情况招聘全职工作人员。该岗位薪资浮动较大，需要综合员工的实际工作时长与工作绩效决定。

(9) 投放团队负责人

投放团队负责人主要负责投放团队的管理和投放方案的策划。其月薪在 10000 ～ 12000 元。

(10) 媒介投放

媒介投放负责与博主对接，完成执行工作或者与渠道对接来完成投放，其月薪在 6000 ～ 8000 元。

(11) 效果广告投放

效果广告投放要与媒介投放或者内容运营配合创作出合适合理的投放标，团队应设置专人负责效果广告投放，并且该工作人员还需要能够总结投放成果、优化广告投放效果。该岗位的月薪在 6000 ～ 8000 元。

以上的组织架构，如果每个岗位设置一名工作人员，除去工资不能确定的主播，其他人按照岗位均价计算，整个团队每月的人力成本在 9 万元左右。该团队架构适合总团队人数在 80 ～ 100 人的成长型品牌使用。

拓展延伸

为了提高团队的工作效率与积极性，建议品牌方为团队设置一定的考核内容。考核没有通用标准，需要按照具体的岗位和公司的需要来综合设定。考核内容主要对应岗位的基础职责，即考虑公司需要相应岗位做什么，该岗位人员需要做出什么，并根据基础职责酌情制订合理的奖惩措施。

例如，对于媒介投放岗位，岗位的基础职责就是需要完成一定数量的投放，考核的标准可以设置为每月最低完成多少篇投放、未完成有何处理办法、额外制作出小红书“爆文”可以给怎样的奖励等。

但并不是所有的工作岗位都适合被量化的考核逻辑，如设计师的工作内容很难有一个量化的工作标准。

以设计师岗位为例，每月完成的设计数量是岗位的基础工作量，作品质量的高低明显偏向主观考核标准，如果作品质量较低，属于没有完成基础工作量，所以该岗位很难制订奖惩标准，只能设定基础薪资。

上述小红书运营团队组织架构方案，更多的是提供一个搭建团队的思路和逻辑，品牌方在搭建团队的过程中，一定要考虑实际的环境情况，这样才能搭建出一个匹配又合理的团队。

7.2 小红书的发展趋势

成立于 2013 年的小红书，距离成立 10 周年并不遥远。在这接近 10 年的时间里，小红书从一个小众 App 逐渐地走向大众生活。曾经的小红书发展过程曲折，现在的小红书发展强势，那么未来的小红书会如何呢？笔者在小红书有史以来的最巅峰时刻的现在，希望能穿透时光，大胆地对小红书的发展和趋势进行展望，以此帮助读者们思考对待小红书未来发展的一些策略和方法。

现在的小红书，最大的核心价值是社区，社区里最大的核心价值是内容，内容里最大的核心价值是用户的口碑，是用户对产品的口碑、对店铺的口碑，甚至是对一切的口碑。在某种意义上，用口碑也很难去定义这种万物皆可分享的产品，所以笔者用“生活”去概括它。

立足于这一切，小红书将会不断地以社区为基石，努力拓展自己的发展领域。因此，小红书未来可能会朝着多元化、去性别化、私域化这三个方向发展。

7.2.1 多元化

多元化代表小红书社区的类目会更多。

在小红书总用户量超过 3 亿之后，小红书的发展方向在一定程度上是受限的，既要结合现有的优势，又要保持稳定的用户增长，不能推翻现有业务重新来一遍。以往小红书给用户的印象是只有美妆和护肤，因此也吸引了国内非常多的女性用户，而这些女性用户入驻小红书后不可能每天只看护肤和美妆。通过用户需求的自然裂变，再加上运营引导，目前小红书的内容类目开始变得丰富起来，已经涉及健身、时尚、旅行、本地生活等类目，甚至还有更小众的类目，如手工、专业技能等。

现阶段，非小红书用户对小红书的印象大多还停留在美妆和护肤的阶段，如果小红书能拓展更多的类目，自然也能吸引更多的用户。因此，小红书需要将拓展类目作为未来的发展方向，这也是小红书发展战略上的重要部署。

小红书多元化的第一步就是通过运营来引导更多的创作者产生更多类目的内容，先积累类目下的内容，才能更多的吸引用户。通过总结和整理能发现，目前的小红书在美妆、护肤、母婴、家居、时尚这几个类目方面足够强势，但其他类目内容还有所欠缺。这也代表着小红书的其他类目还有较大的发展空间，一是竞争很小，二是小红书多元化会给予实际的流量扶持。

小红书运营的博主或者品牌在未来的一两年内布局这些类目，如旅行、本地生活、知识、职场、科技、汽车等，将来会更容易获得成功。

7.2.2 去性别化

国家统计局 2021 年公布的全国第七次人口普查数据显示，中国男性人口为 72334 万人，占总人口的 51.24%；女性人口为 68844 万人，占总人口的 48.76%。其中，15 ～ 60 岁的男女人群合计接近 9 亿人。假设 15 ～ 60 岁的女性用户全部注册小红书，也只有 4.3 亿用户。

如果按照小红书现有的用户数和现有的男女比例来计算，小红书还可以挖掘的女性用户数只剩 2.2 亿的存量。但这 2.2 亿的女性用户的年龄范围是 15 ～ 60 岁，并且地域是全国范围，但实际上超过 40 岁的女性用户使用小红书的概率就不高了，何况这里还有部分人群为乡镇人口，精准匹配的小红书可挖掘的女性用户存量可能还不过亿。

小红书若想更进一步地发展，除了使女性用户内容泛化，引入男性用户已经成为定局。但小红书中的男性内容一直是个缺陷，小红书也一直被外界冠上“女性社区”的帽子。前期这样的固有印象给小红书带来了快速的女性增长，是个超强的加速器，但想改变这个刻板印象来争取男性用户就十分艰难了。

不管发展前景如何艰难，男性内容的拓展，或者说内容去性别化，都是小红书是要做的。于是小红书在 2021 年第二季度推出了男性内容激励计划，并且还匹配了 20 亿的流量扶持。截至 2021 年底，这样的内容扶持依然在持续，也可以看得出小红书对于争取男性用户是十分重视的。

不过，内容并非一天做出来的，用户的印象也不是一天改变的，作为在小红书运营的博主和品牌，可以在未来的两三年，布局男性相关的内容和品牌，虽然此类内容很难出现爆发式增长，但会有一个稳定的线性增长。

7.2.3 私域化

回首 2021 年小红书推出的产品，号店一体化、小清单、知识付费、建群等，无一不是与私域流量有关。图 7-11 所示为小红书的群聊功能。

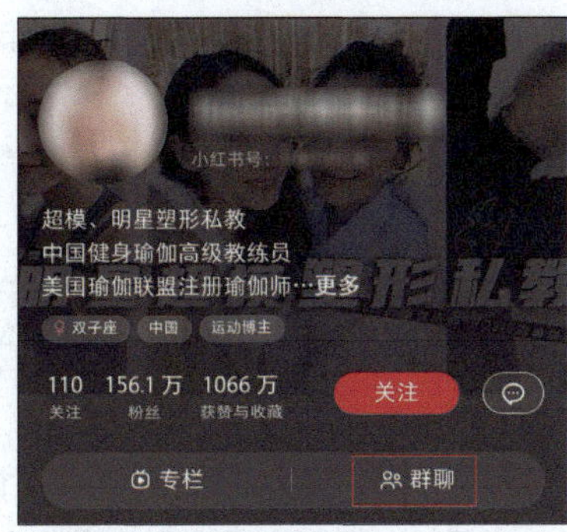

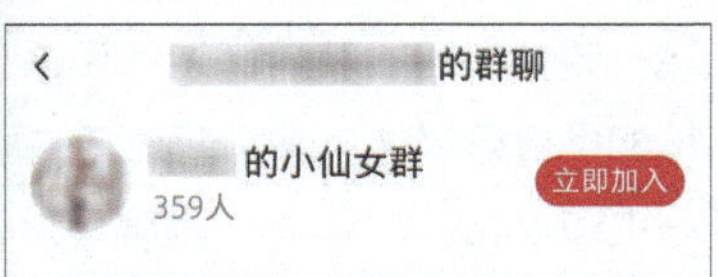

图 7-11

早在 2020 年，小红书的官方人员就曾透露要帮助创作者在小红书上构建私域流量。因此在小红书上构建私域流量似乎将成为小红书的下一个“故事”，起码小红书的官方有过将私域变成第二收入曲线的想法。

其实“私域流量”的概念，早在 2015 年以前就有人提出过，主要是指通过对粉丝群体的精准化营销，带来更高的转化率和明显提升的复购率。但对于私域而言，落地平台大多数都是在微信中。如今，私域的范围和概念都越来越大，再粗浅地认为只有微信才算私域也不太合理。某一个平台上的用户能持续接收博主的信息，并且不会受到干扰，那么也可以认为是私域流量。

小红书千人千面的算法，使得每个博主和品牌都可以更容易地触达粉丝。

例如，健身塑形类目在小红书上进行私域运营。博主在主页内容里发布瑜伽视频，用户对此感兴趣并私聊咨询，之后直接在专栏里购买相关课程，后期还可以通过群聊来进行粉丝维护或者抽奖，如图 7-12 所示。

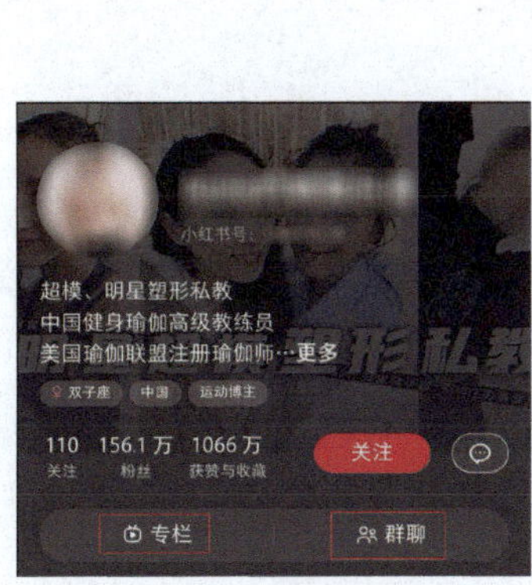

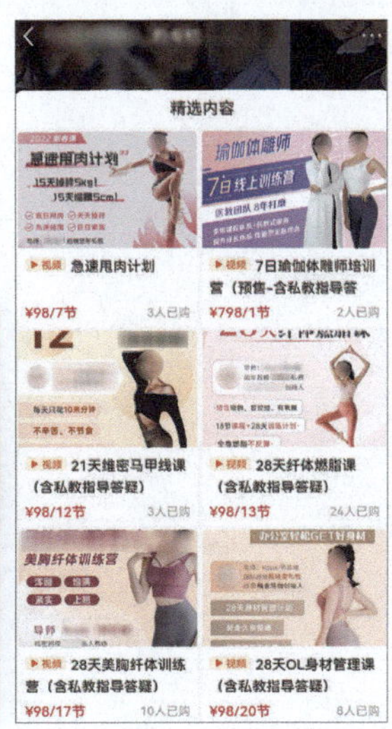

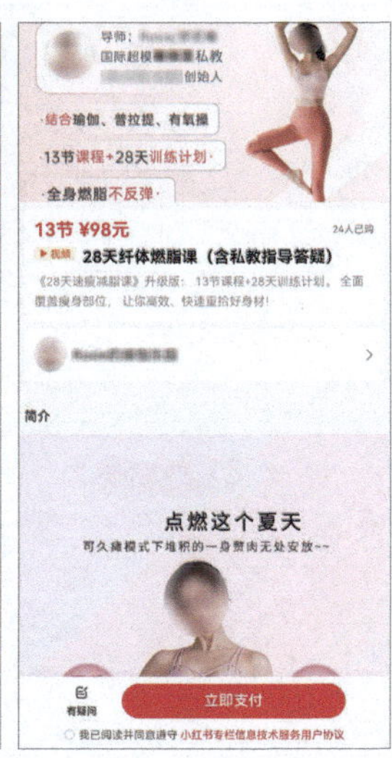

图 7-12

现如今，消费决策时间较短的产品适合在小红书上进行私域运营，消费决策越长的产品越不适合在小红书做私域。或者也可以说，“重”私域的类目不太适合在小红书运营，“轻”私域的类目适合在小红书里运营。听起来可能不太容易理解，但现状的确如此，不过小红书也会不断地改进现有的流程，解决存在的问题。

随着获取用户变难，深度挖掘用户价值会被小红书作为战略级的部署。未来，在小红书上运营私域一定会有所收获。笔者认为这也正是“轻”私域类目在小红书上的红利期，而“重”私域的类目可以在未来的两三年内取得一定的成绩。

在小红书生态里，无论是博主、品牌还是机构都是依附于平台生存的，如果平台消失了，那么曾经的努力也都将化为泡影。而小红书平台能否长久运营，根据笔者根据目前对市场行业的观察，对比其他社区性质的产品综合来看，小红书是可以长久运营的一个互联网平台，甚至它值得大家投入更多的成本进行运营。

小红书虽然已经处在历史上的巅峰，但目前小红书商业化才刚刚开始，而且又有男性用户和多类目拓展的空间，小红书还能进一步发展壮大。从小红书目前的运营情况来看，也没有发现明显的竞品，因此，小红书当前遇到的挑战不是生与死的挑战，而是大公司与更大公司之间的跨越性问题。